幼児期における
運動発達と運動遊びの指導

遊びのなかで子どもは育つ

杉原 隆／河邉貴子
[編著]

ミネルヴァ書房

まえがき

■ 本書のねらい

　本書は，現在，幼稚園教諭や保育士をしている人，子どもの運動指導にたずさわっている人，将来それらの仕事に就こうと勉強している学生さんなど，子どもの運動に関心をもつ人々に読んでいただくことを念頭において書かれている。本書刊行の背景には，幼児教育において，最近，運動の重要性がますます高まってきていることがある。

　子どもの体力・運動能力の低下が指摘されるようになってかなりの時間が経っている。また，糖尿病，高血圧，動脈硬化など運動不足を主要な原因とする，生活習慣病の危険因子である肥満が大幅に増加していることも指摘されている。さらに，いじめや学級崩壊や不登校など，心の発達の歪みも相変わらず大きな問題となっている。このような子どもの心身の発達の歪みは，わが国のみならず先進国に共通する大きな社会問題である。これらの問題は多くの原因が複雑に絡み合って起こると考えられるが，運動遊びの減少がそれらに共通する主要な原因の１つであることは，多くの研究者の指摘するところである。そのため，WHOをはじめ，アメリカ，カナダ，イギリスなど多くの先進国で，子どもが日常生活のなかでもっと活発に運動する機会を増やすよう，運動を奨励するガイドラインが策定され公表されている。わが国でも，2011年に日本学術会議から「子どもを元気にする運動・スポーツの適正実施のための基本指針」が出された。さらに，2012年には，幼児期の子どもに的を絞った，「幼児期運動指針」が文部科学省から公表されている。

　それでは，運動をめぐる幼児教育の現状はどのようになっているのであろうか。幼児教育では伝統的に，子どもの自由な活動である遊びが重視されてきた。遊びは子どもにとって重要な学習であり，遊びのなかで運動することが子どもの心身の発達を促すとされてきたのである。しかし，小学校以降とは異なり，幼児期に経験する必要のある運動がどのようなものかは必ずしも明確にされてこなかった。そのため，遊びを中心とした運動指導を行っている園では，どのような運動をどのように経験させればよいかがよくわからないという声をよく聞く。また，"ただ遊ばせているだけ"では教育ではないという根強い批判もある。"遊んでばかりいないで勉強しなさい"という親のことばに典型的に見られるように，世間では一般的に，遊びは学習と対立する活動と捉えられている。遊びでは子どもの能力が育たないと考える人は多いのである。

　このような状況のもと，体力や運動技能の上達を目指して，マラソンや体操を行わせたり，外部派遣講師によって鉄棒・跳び箱やサッカーなどを指導している幼稚園は少なくない。また，家庭でも，スイミング教室やスポーツ・体操教室に通っている子どもを合わせ

ると半数近くになるという調査報告もある。これらのほとんどは，指導者が決めた運動を子どもに行わせる体力づくり・スポーツ運動の一斉指導である。

このような運動指導が行われる背景は，大きく2つあると思われる。1つは，先にあげた遊び批判である。遊びでは能力が育たないから，教える必要があるというわけである。もう1つは，遊びとは何かという，遊びの定義が極めて曖昧なことである。たとえば，"体育遊び"ということばが示すように，鉄棒・跳び箱や，縄跳び，ドッジボールなどの運動は遊びであるとする考え方がある。そのため，それら体力づくり・スポーツ運動の一斉指導も遊びであるとされることがある。しかし，このような体力づくり・スポーツ運動の一斉指導より，子どもが自己決定的に行う遊びの形での運動の方が，運動能力の発達に，はるかに効果的であることが最近の研究から明らかになってきた。さらに，体力づくり・スポーツ運動の一斉指導は，運動意欲や自我や社会性の発達にとって好ましくない影響を与えることがあることも指摘されている。

■ 本書の構成

本書はこのような運動指導をめぐる状況を考慮し，幼児期の運動発達についての最新の研究から得られた知見に基づき，心身ともに健全でたくましい子どもを育てるための運動指導のあり方を提起することを意図して編纂された。本書は3部からなる。第Ⅰ部は運動発達と遊びの理論，第Ⅱ部は理論から導かれる具体的な指導の方法，第Ⅲ部は運動能力検査である。

第Ⅰ部は，幼児期の発達を生涯発達の視点から捉え直し，指導実践の理論的根拠を明確に示すことを目的としている。言い換えれば，なぜ第Ⅱ部に示すような実践をすることが求められるのか，その根拠を解説した。具体的には，まず，子どもの運動発達を捉える時の前提となる運動能力ということばの意味を，同じような意味でよく使われる体力ということばとの関係で整理した。その上で，指導の基礎となる幼児期の運動発達の特徴を，質的側面に焦点をあてて記述した。このことによって，幼児期に経験しておくべき運動とはどのようなものかを明確に示した。続いて，遊びをどのように捉えればよいかを，教育における遊びの意味という点から考察した。すなわち，遊びの重要性の理解と遊びの指導方法を導き出すという視点から，遊びを「自己決定と有能さの認知を追求する内発的に動機づけられた状態」と捉えることを提案した。そして最後に，これらの考察を踏まえ，幼児期の発達的特徴に応じた遊びとしての運動指導のあり方を，その有効性を客観的に示すデータとともに提示した。

第Ⅱ部では第Ⅰ部の理論を受けて，保育現場における実際の指導場面に焦点をあて，自ら進んで体を動かして遊ぶ子どもを育てるために必要な援助のあり方について述べた。保育において子どもが能動的に運動するようになるには，適切な環境の構成と適切適時な活動の提案が必要である。そこでまず，保育における遊びの基本的な考え方をおさえた上で，

運動遊びの場面における指導のあり方と保育者の役割について論じた。そして，そのような考え方に基づいた運動指導について理解を深めるために，2つの実践例を取り上げた。これらの実践例からは，子どもの主体性は保育者の適切な援助によって育まれることを理解していただけるだろう。第Ⅱ部の最後には，保育者の運動指導のレパートリーを広げることを目的に，具体的な施設や用具の提示の仕方や活動の提案の仕方などを多様な角度から具体例をあげた。

　第Ⅲ部は運動能力検査である。教育は的確な子ども理解に基づいて行われる時，大きな成果が得られる。子ども理解の方法は大きく2つに分けられる。1つは数量的方法であり，もう1つは質的方法である。両者はそれぞれ長所と短所がある。子どもをより的確に理解するには，片一方の方法だけではなく，両者の長所を生かして総合的に行う必要がある。運動能力検査は，数量的方法の代表的なものである。数量的方法の長所は，大まかに言えば，客観的でわかりやすいデータが得られることにある。ここでは，一人ひとりの子ども，クラスや園など集団の運動発達や保育の効果を客観的に捉える有効なツールとしてのMKS幼児運動能力検査を紹介した。この運動能力検査は，多くの研究を背景に作成された日本で唯一の全国標準をもつ検査である。本書ではその実施方法，結果の処理と解釈，日常の保育での利用方法について解説した。

■ 本書の特色

　本書の大きな特色は2つある。1つは，理論と指導実践を緊密に結びつけて記述したことである。すなわち，理論に基づいて指導方法を提案し，なぜそのような指導が望ましいか，指導の理論的背景がはっきりわかるよう配慮した。もう1つは，ただ単なる指導のあり方に関する理論や指導法の例示にとどまることなく，それらの有効性を示す客観的なデータを示したことにある。すなわち，遊びが子どもの心身の発達にとって効果的な活動であることを理論と客観的なデータの両方から示すようにしたのである。

　遊びはマニュアル化できない。一人ひとりの指導者には，本書に書かれた理論と実践例をベースに，子どもの状態や園の環境などを考慮しつつ，創造的に保育を展開していただくことを願っている。

2014年4月

編著者

杉原　　隆

河邉貴子

目　次

まえがき

第Ⅰ部　幼児期の運動発達と指導の基本

第1章　幼児期の運動能力，体力の捉え方 …………………………………… 3
- 1　体力ということばのあいまいさ ………………………………………… 3
- 2　生きる力としての体力 …………………………………………………… 4
- 3　体力を身体的能力に限定する …………………………………………… 4
- 4　体力と健康 ………………………………………………………………… 5
- 5　運動能力と体力 …………………………………………………………… 7
- 6　運動能力を構成する2つの能力 ………………………………………… 7
  - 1　運動体力　8　　2　運動コントロール能力　9

第2章　幼児期の運動発達の特徴 …………………………………………… 12
- 1　発達の複合性 ……………………………………………………………… 12
- 2　運動発達の段階 …………………………………………………………… 14
- 3　幼児期までの運動発達 …………………………………………………… 15
  - 1　胎児・新生児の運動発達　15　　2　乳児期の運動発達　16
- 4　幼児期から児童期にかけての運動発達 ………………………………… 18
  - 1　運動コントロール能力発達の急増期　18　　2　運動コントロール能力発達の敏感期　24
- 5　青年期の運動発達──幼児期との違いを中心に ……………………… 25
  - 1　運動体力の発達の急増期　25　　2　運動体力トレーニングの敏感期　27
  - 3　運動体力の分化　28

第3章　遊びとしての運動の重要性 ………………………………………… 31
- 1　教育における運動の意味 ………………………………………………… 31
- 2　保育に役立つ遊びの捉え方 ……………………………………………… 33
- 3　内発的動機づけとしての遊び …………………………………………… 34
- 4　遊びがなぜ教育において重要か ………………………………………… 35
- 5　遊びとしての運動指導の基本指針 ……………………………………… 36
- 6　遊びと自発性 ……………………………………………………………… 38
- 7　遊びと楽しさ ……………………………………………………………… 39

⑧ つらい苦しい遊びはあるか？ ……………………………………………………… 40
　　　⑨ 運動に対する動機づけの発達 ………………………………………………………… 41
　　　　 1 内発的動機づけ――遊びの起源　41　　 2 社会的動機づけの関わり　42

第 4 章　幼児期の発達的特徴に応じた運動指導のあり方 …………………… 45
　　① 多様な運動経験を通して運動コントロール能力を高める ……………………… 45
　　　 1 多様な運動パターン　46　　 2 多様な運動パターンのバリエーション　47
　　　 3 多様な運動経験を引き出すその他の視点　49
　　② 自己決定を尊重した遊びのなかで運動意欲を高める ……………………………… 50
　　　 1 運動能力の発達における遊びの有効性　51　　 2 遊びとしての運動指導の具体的方法　54
　　③ 遊びのなかで人格の基礎を育む ……………………………………………………… 56
　　　 1 運動による自己概念の形成　56　　 2 自己概念の形成に関与する遊びの有効性　58　　 3 運動遊びで社会性を育む　60
　　④ 運動遊びのなかで知的能力を育む …………………………………………………… 61
　　　 1 乳児期と感覚運動的知能　61　　 2 幼児期の運動と知的活動　61

第 5 章　幼児期の運動発達の時代変化 ……………………………………………… 65
　　① 運動発達の時代変化 …………………………………………………………………… 65
　　　 1 運動能力の変化　65　　 2 基本的な動きの変化　66
　　② 運動発達に影響を与える要因 ………………………………………………………… 67
　　③ 運動遊びの現状と変化――運動発達に影響する直接的要因について ……… 68
　　④ 社会環境・ライフスタイルの現状と変化――運動発達に影響する間接要因について ……………………………………………………………………………… 69

第 6 章　運動発達に関係する園環境と家庭環境 ………………………………… 73
　　① 園環境と運動発達 ……………………………………………………………………… 73
　　　 1 園での運動経験と運動能力　73　　 2 園の物理的環境と運動能力　74
　　　 3 園の心理社会的環境と運動能力　75
　　② 家庭環境と運動発達 …………………………………………………………………… 76
　　　 1 家庭での運動経験と運動能力　76　　 2 家庭の物理的環境と運動能力　77
　　　 3 家庭の心理社会的環境と運動能力　78
　　③ 運動発達と環境要因の構造的把握 …………………………………………………… 79

第Ⅱ部　遊びのなかで進んで運動する子どもを育てる

第7章　「遊びのなか」という考え方……………………………………………85
1　遊びをめぐる保育の現状……………………………………………………85
2　遊びの有用性をどう説明するか……………………………………………87
3　子どもの自発性と保育者の意図性…………………………………………89
4　子どもの運動体験の意味の捉え方…………………………………………90
　　1 子どもの内面の文脈を読み取る　91　　2 トータルな生活のなかの運動の意味を読み取る　93
5　保育における運動指導において大切にしたいこと………………………94
　　1 多様な動きの体験の必要性　94　　2 園における指導の傾向と「運動指針」　96　　3 幼稚園教育要領の捉え方　96
6　保育者の役割…………………………………………………………………98
　　1 よい観察者であること　98　　2 適切な助言と助力を与えること　100　　3 遊びの内容を豊富にしてやること　101　　4 遊具の点検を十分にしておくこと　103

第8章　進んで運動する子どもを育てる保育と援助……………………106
1　忍者になって多様な動きを経験する………………………………………106
　　1 進んで運動する子ども　106　　2 忍者の取り組みにおける複合的な動機づけ　107　　3 基礎的な運動から発展的な運動への流れ　112　　4 園庭における環境の構成　112　　5 保育者の援助　113　　6 進んで運動する子ども　115
2　ボールを使って多様な動きを経験する……………………………………118
　　1 幼児期の豊かな動きの体験を考える　118　　2 ボールを使った遊び　119　　3 ボールを使った遊びの経験を重ねる工夫　119　　4 子どもの姿から環境の構成を考える　122

第9章　発達を支える多様な活動…………………………………………127
1　様々な運動パターンとバリエーションを引き出す施設・用具……………128
　　1 体のバランスをとる動きを引き出す施設・遊具　129　　2 体を移動する動きを引き出す施設と遊具　132　　3 用具などを操作する動きを引き出す施設と遊具　136
2　様々な運動パターンとバリエーションを引き出す自然環境………………142
　　1 体のバランスをとる動きを引き出す自然環境　143　　2 体を移動する動きを引き出す自然環境　144　　3 用具などを操作する動きを引き出す自然環境　145

③　仲間との交流 …………………………………………………………………… 146
　　　　1 1人で行う活動　147　　2 2人で行う活動　149　　3 少人数で，または大
　　　　集団で行う活動　150
　　④　ルールの工夫と発展 ………………………………………………………… 151
　　　　1 鬼ごっこ　152　　2 リレー遊びやボール遊び　155
　　⑤　運動による数量，時間，空間の経験 ………………………………………… 156
　　　　1 「だるまさんがころんだ」の工夫　157　　2 追いかけキャッチ　158
　　　　3 「お届け物でーす」　159
　　⑥　脱中心化と運動 ……………………………………………………………… 160
　　　　1 郵便屋さんリレー　161　　2 リスさんの森　162　　3 グー・チョキ・パー
　　　　鬼　164

第Ⅲ部　MKS幼児運動能力検査とその活用

第10章　MKS幼児運動能力検査とは ……………………………………………… 171
　　①　MKS幼児運動能力検査の特徴 …………………………………………… 171
　　②　作成の経緯 ………………………………………………………………… 172
　　③　MKS幼児運動能力検査実施要項 ………………………………………… 174
　　　　1 25m走　175　　2 立ち幅跳び　176　　3 ボール投げ　177　　4 体支持持続
　　　　時間　178　　5 両足連続跳び越し　180　　6 捕球　181　　7 往復走　182

第11章　検査結果の処理と解釈 …………………………………………………… 184
　　①　検査実施の目的 …………………………………………………………… 184
　　②　集団結果の処理と解釈 …………………………………………………… 185
　　　　1 発達曲線を描く　185　　2 運動能力判定基準　186　　3 運動能力判定基準
　　　　を用いた集団の傾向の整理と解釈　186
　　③　個人結果の処理と解釈 …………………………………………………… 187
　　　　1 個人プロフィールの作成　187　　2 個人の結果の解釈　188

第12章　日常の保育と運動能力検査 ……………………………………………… 190
　　①　運動能力検査の生かし方 ………………………………………………… 190
　　　　1 心身の相関の理解　190　　2 運動経験の偏りを理解し保育の計画に生かす
　　　　191　　3 個々人の経験の偏りを理解し援助に生かす　194
　　②　日常性とのつながり ……………………………………………………… 195
　　　　1 検査がきっかけとなって動きの幅が広がる例　195　　2 検査種目から広がっ
　　　　た遊びの事例　196

巻末資料
　　Ⅰ　MKS幼児運動能力検査の種目別発達曲線及び判定基準表　201
　　Ⅱ　幼児期運動指針　205

あとがき　210
さくいん　211

第Ⅰ部

幼児期の運動発達と指導の基本

　保育者，運動指導者にまず求められるのは，優れた指導力である。指導力は本を読んだり人から聞いたりするだけで養うことはできない。実際に子どもを指導するなかで向上させていくことが不可欠である。しかし，その時，ただやみくもに指導経験を積めばよいというものではない。何の目的で何をどのように指導すればよいのかという理論的背景があり，それに沿って指導を経験することによってはじめて，優れた指導力が身につけられる。たとえば，子どもに逆上がりをできるようにする高い指導力を身につけたとする。しかし，もし，逆上がりをできるようにすることが教育的にほとんど意味がないということになれば，その指導力は優れた指導力とは言えない。このように，優れた指導力は常に理論によって支えられているのである。

　第Ⅰ部では，このような指導力の基盤となる理論を提供する。すなわち，どのような目的で，どのような運動を，どのようなやり方で指導すればよいと考えられるかを，幼児期の発達的特徴に関する最新の研究成果を踏まえ解説する。

　最近の幼児教育では，子どもの指導だけでなく，保護者との連携や子育て支援が重要視されるようになってきている。自分たちの指導実践を保護者にわかりやすく説明して納得してもらい協力を得る。保護者の子育てに対する不安の相談相手になったり，子どもとの接し方などについてアドバイスをしたりする。ここで提供される学問的根拠に基づいた理論は，このような場合にも有力な武器になるはずである。

第1章
幼児期の運動能力，体力の捉え方

導入

　"運動能力"とよく似たことばに"体力"ということばがある。"体力・運動能力"といったように使われることも多い。この2つのことばは同じ意味で使われることもあれば，違う意味で使われることもある。そして，違う意味で使われる場合もその違いが必ずしも明確にされず，あいまいなままで使われることが多い。この章では，まず，体力ということばが非常に広く包括的な意味から，狭く厳密な意味にまで様々な意味で使われているあいまいなことばであることを示す。そのうえで，心理学で使われてきた運動能力ということばとの関係で，本書で使用する体力の意味を明確にする。本書には，一般に教育現場で体力と呼ばれている内容も含まれている。しかし，本書では運動能力に焦点を当てている。というのは，以下に述べるように，体力ということばが非常に多義的かつあいまいであることに加えて，本書では指導実践という視点から子どもの運動活動に焦点をあてることを意図したからである。この章では，よく似た意味で使われる運動能力と体力ということばのもつ意味を整理することによって，運動指導を行う際の幼児期の運動発達の捉え方を明確に整理して示すことにしたい。

1 体力ということばのあいまいさ

　体力ということばは日常会話のなかでもよく使われるが，その意味は実に様々である。よく，相撲取りのように体が大きくて力の強い人のことを体力があると言う。体も小さくて力もなさそうだけれど長時間急な坂道を歩いて高い山に登るお年寄りにすごい体力ですねと言ったりする。病気にかかりにくい人，徹夜をしたり長時間働いたりしても平気な人，暑さや寒さに強い人のことなども体力があると言う。体力ということばのあいまいさは日常用語としてだけではない。幼児教育においても体力づくりの重要性が注目されるようになってきたが，具体的な実践内容は多岐にわたっており，体力の捉え方が様々であること

を示している。それでは学問的には体力ということばはどのように考えられているのであろうか。残念ながら，学問的にも統一された体力の定義はない。様々な考え方があるが，整理すると，体力を広く包括的に捉える立場から狭く厳密に捉える立場まで大きく4つの立場に分けることができよう。

2 生きる力としての体力

　第1は，体力ということばが意味する内容を最も広く包括的に捉える立場で，多くの事典等にも示されている図1-1がそれである（猪飼・江橋，1965）。一番広い意味では，体力ということばが身体的要素だけでなく知的能力や性格などの精神的要素も含め，人間のもつほとんど全ての資質を意味していることがわかる。知的能力や性格も脳という"体"の働きであると考えれば，精神的な要素を体力に含める考え方にも一理ある。また，一例をあげれば，頑張るという強い精神力がなければつらく苦しい運動はできないなど，両者には密接な関係がある。このように，第1の立場は人間を全体的，総合的に捉えることを強調している。この意味での体力は"生きる力"とほとんど同じである。

　心身の発達が未分化で両者に密接な関係がある乳幼児期においては，両者をはっきり分けないで子どもを全体として捉えることが重要な意味をもつことが多い。乳幼児期においては，遊びなどの生活体験を通して心と体が一緒に発達していく。運動遊びについて言えば，体を活発に動かして遊ぶことによって，体だけでなく意欲や自我や社会性や知的能力などの精神面も同時に発達するのである。そのため，幼稚園教育要領や保育所保育指針では，遊びや生活での体験を総合的に捉えることを求めている。運動経験を体力や運動能力など身体面を向上させる活動としてだけではなく，精神的な側面の発達を促す活動としても位置付けているのである。

　このような事実はあるにしても，体力ということばを精神的要素も含めて幅広く使うことには問題も多い。体力ということばをこのような広い意味で使うと，同じ体力ということばを使っていても人によって意味する内容が大きく異なってしまい，話が正確に伝わらず誤解される恐れが高い。幼児教育について言えば，領域「健康」は言うに及ばず，「人間関係」，「環境」，「言葉」，「表現」など全ての領域の指導がみな体力づくりと呼ばれることになってしまう。このような体力ということばの使い方には多くの人が違和感をもつと思う。それは，体の働きと心の働きには関係があるにしても，この2つは性質や働きがまったくと言っていいほど異なっているからである。

3 体力を身体的能力に限定する

　このような理由で最近では，心身の発達を総合的に捉えるということと，体力というこ

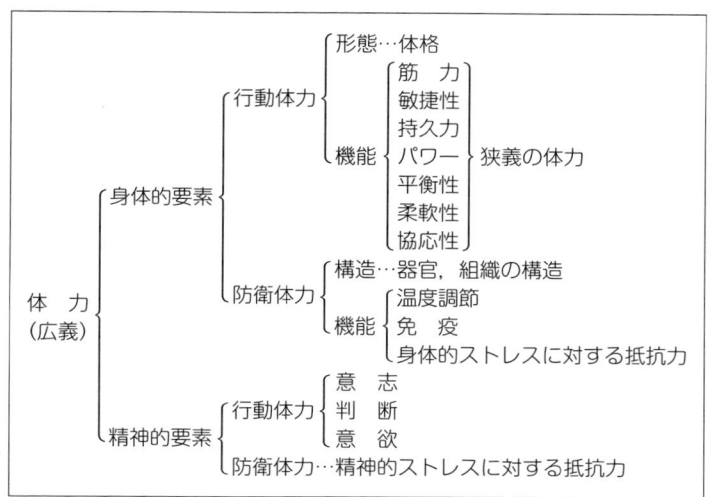

図1-1 体力の概念
出所：猪飼・江橋（1965）より。

とばを広く心身の働きの両方を含めて使うということは分けて考えるのが一般的である。これが体力の第2の捉え方で，体力ということばから図1-1の精神的要素を除き，身体的要素に限定して使うのである。したがって体力とは，病気に対する抵抗力である防衛体力と，体を動かして運動をする時に働く行動体力のことを指すことになる。第2の立場は，運動によって持久力などの行動体力を高めることが糖尿病や高血圧をはじめとする様々な病気予防に効果的であることや，行動体力を十分発揮するためには健康でなければならないことなど，両者の密接な関係を重視している。

体力を身体的要素に限る第2の立場は，幼児教育における領域「健康」のねらいとかなり近い。領域「健康」では，健康な心と体を育てることに関するねらいがあげられ，精神的な要素も含んでいるという点では第1の立場と似ている。領域「健康」の3つのねらいのうち，第1の「明るく伸び伸びと行動し，充実感を味わう」というねらいは精神的な側面を示している。心と体の発達を総合的に捉えているからである。しかし一方では，「人間関係」，「環境」，「言葉」，「表現」という精神面を中心とした別の領域が立てられており，他の領域との違いは，領域「健康」では身体的な側面に重点が置かれているという点にあると言えよう。「自分の体を十分に動かし，進んで運動しようとする」，「健康，安全な生活に必要な習慣や態度を身に付ける」という領域「健康」の第2，第3のねらいがこのことを示している。前者は行動体力に，後者は防衛体力にほぼ対応している。

4 体力と健康

体力ということばの第3の捉え方は，体力と健康を分けて考える立場である。幼児教育でも"体力"ということばのほかに，"健康"ということばもよく使われる。それでは"健

康"と"体力"ということばはどのように考えておけばよいのであろうか。体力づくりと健康づくりは同じと考えればよいのか，それとも区別して考えた方がよいのであろうか。これも様々な考え方がある難しい問題である。よく引用される世界保健機関（WHO）の健康の定義は「健康とはたんに病気あるいは病弱でないというだけでなく，身体的，精神的，社会的に完全に良好な状態である」というものである。この"健康"の捉え方は広く行動体力を含めているだけでなく，図1-1の精神面も含めた最も広い第1の立場での体力の内容とほとんど同じと言ってよい。WHOの定義は理念としては納得できるが，体力と同様あまりにも多くの内容が含まれてしまうことに加え，健康と体力の区別がつかなくなってしまうといった点で問題もある。一方，広辞苑では健康を「身体に悪いところがなく心身がすこやかなこと」と防衛体力の側面を強調している。こちらの意味の方が，われわれが日常病気と対比させ使っている健康ということばの意味に近く，内容もより明確である。

　体力と健康を分けて考えるこの第3の立場は，体育・スポーツ科学でも広く受け入れられている。スポーツでは「より速く，より高く，より強く」というオリンピックの標語に典型的に見られるように，運動で高い成績をあげることや勝つことが重視される。そこで，体力ということばから防衛体力を外し，運動でより高い成績を上げることに関与する身体的能力すなわち行動体力だけを体力と呼ぶという第3の立場がとられることが多い。"体力"テストとか"体力"トレーニングと言った時の体力ということばの使い方がその代表例である。体力テストには健康診断の項目は含まれていないし，スポーツ選手の体力トレーニングは運動成績の向上が目的で病気予防の視点はほとんどない。また逆に，激しいトレーニングによってけがをしたり病気になったりすることも少なくない。相撲取りは平均寿命が短いこともよく知られた事実である。運動による行動体力増進は健康を害することもあるのである。このような事実を重視しているのが，体力ということばを行動体力だけに限定する立場である。

　様々な考え方があるにしても，体力づくりは行動体力に，健康づくりは防衛体力に対応した実践活動として捉えておくことが混乱を防ぐわかりやすいことばの使い方ではないかと思われる。幼児教育について言えば，いろいろな遊びのなかで十分に体を動かすとか，進んで戸外で遊ぶというのは体力づくりに関連する事柄，健康な生活のリズムを身につけるとか，自分の健康に関心をもち，病気の予防などに必要な活動を進んで行うというのは健康づくりに関連する事柄として区別するのである。体を活発に動かして十分に運動することがお腹を空かせおいしくしっかりと食事をすることにつながるだけでなく，運動による快い疲労が早寝早起きにもつながり，健康的な生活習慣を形成して健康増進に役立つというように，体力づくりと健康づくりの間には密接な関係がある。しかし，走ったり跳んだりと活発に運動することと，病気にかからないようにする免疫の働きや手洗いやうがいをするなど病気予防の活動はまったく性質が異なり，それらの活動・指導も大きく異なることもまた事実である。このようなことを考慮すると，具体的な指導を考える場合は，体

力を行動体力，健康を防衛体力というように2つのことばを整理しておくと混乱を避けることができる。

5 運動能力と体力

　体力や健康と比べれば，運動能力ということばの意味はずっと明確である。心理学では，なんらかの活動をしたり課題をやり遂げたりする時に働いている心と体の力のことを能力と呼んでいる。したがって，体を活発に動かして運動する時に働いている心と体の力が運動能力ということになる。この働きの良し悪しによって運動の成績・出来栄え（パフォーマンス）が変わってくる。速く走ったり，上手に縄跳びができたりするなどいろいろな運動がうまくできるのは運動能力が高いからであり，うまくできないのは運動能力が低いためであると考える。言い換えれば，運動がどのくらい上手にできるか，運動パフォーマンスを決めているのが個人のもつ運動能力ということになる（杉原，2010）。

　私たちの周りを見渡すと，大人でも子どもでも一人ひとり運動の仕方が異なり大きな個人差が見られる。同じように一生懸命走っているのに速い子や遅い子があり，大またで走る子もいれば小またでチョコチョコ走る子もいる。鬼ごっこをしても相手の子どもの逃げる方向を素早く予測して先回りする子もいれば，後手後手に回ってなかなか追いつけない子もいる。なぜ，このような個人差が出てくるのかといえば，それは人によって運動能力が異なるからだと考えるのである。さらに，できなかった運動ができるようになるのは運動能力が向上したからであり，練習しているのに運動が上達しないのは運動能力が向上していないからだということになる。このように，運動能力とは運動パフォーマンスの個人差を説明するための心理学用語なのである。

　運動能力を図1-1に示された体力との関係で説明すると，行動体力から形態（体格）を除いた機能にほぼ対応する。その意味では運動能力ということばの意味は行動体力に近い。図1-1では行動体力として筋力や敏捷性など運動能力を構成する様々な要因が並列で並べられている。しかし，心理学では少し異なった考え方をしている。

6 運動能力を構成する2つの能力

　運動パフォーマンス，すなわち運動がどのくらい上手にできるかは，運動に必要な身体的エネルギーを生産する能力と，体の動きを巧みにコントロールする能力という2つの能力で決まると考えられる（図1-2）。言い換えれば，運動能力は性質の大きく異なる2つの能力によって構成されているのである。幼児期の運動発達の特徴がこの2つの能力の発達時期の違いから生じるという意味でも，この区別は重要である。

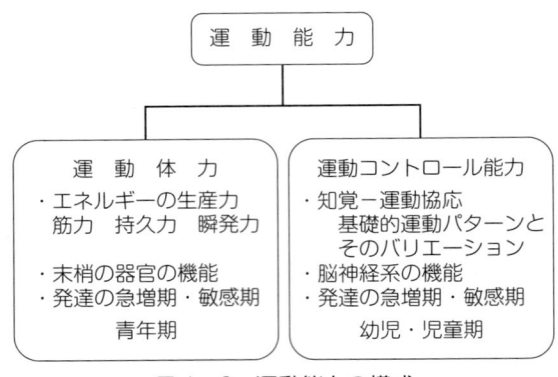

図1-2 運動能力の構成
出所：杉原（2010）より。

1 運動体力

　体力ということばにはこれまで述べてきた3つの意味のほかに，最も狭く厳密な意味で使おうとする第4の考え方がある。体力を運動する時に必要な身体的エネルギーを産出する能力に限定する立場である。体力とは「筋活動によって外部に仕事をする能力とし，時間あたりの発揮できるエネルギーで評価する」（宮下，1997）といった定義がそれである。この体力の捉え方は図1-1との関連で言えば，行動体力の機能からさらに敏捷性や平衡性や柔軟性といったエネルギーの生産に関係しない能力を除いている。すなわち，体力を行動体力に限定する第3の立場をさらに絞り込んでいる。この意味での体力は心理学で言う運動能力を構成する身体的エネルギーの生産力に相当する。そこで，運動する時に必要な身体的エネルギーを生み出す能力のことを"運動体力"と呼ぶことにする。ただ単に体力ということばを使うと，前述したように様々な意味にとられ誤解される恐れが高い。そこで，体を動かして運動をする時に働く体力という意味で運動体力と呼ぼうというのである。

　運動体力とは，具体的には「筋力」，「瞬発力（パワー）」，「持久力」を指す。筋力とは重い物を持ち上げたり全力で押したり引いたりする時のように，筋肉がゆっくり収縮する時に発揮される力のことである。筋力は筋繊維の太さと収縮させる筋繊維の数で決まるとされている。全力で跳んだり投げたり短距離を走ったりする時のように，筋肉を短時間で瞬間的に収縮させ大きな力を出す能力は瞬発力と呼ばれる。持久力とは長い時間走ったり歩いたりする時のように，比較的強度の低い運動を長時間続ける能力のことである。持久力は呼吸によって空気中から酸素を取り入れて，血管を通して全身の筋肉に供給するという肺や心臓などの呼吸循環器の働きが中心となる。このような運動体力を高め，身体的エネルギーを多く出せるようになることによって，運動の成績は向上する。

　以上の説明からわかるように，運動体力は主として筋肉や心臓や肺などの末梢の器官の

機能である。そのため，第2章で詳しく述べるように，幼児期における発達は緩慢で，トレーニング効果も小さい。青年期に入ると成長ホルモンの働きにより体が急激に大きくなって運動体力も急増する。青年期はまた，運動体力のトレーニング効果が最も大きくなる時期でもある。

2 運動コントロール能力

　一方，運動コントロール能力は運動体力と対照的な性質をもつ。運動コントロール能力とは知覚を手がかりとして運動を自分の思うように巧みに制御（コントロール）する働きのことを指す。知覚とは視覚，聴覚，筋運動感覚など，感覚器官を通して身の周りのできごとや自分の体の状態を知る働きである。飛んでくるボールをキャッチするという運動を例に挙げて説明しよう。ボールをキャッチするためには，飛んでくるボールのコースや速さを目で見るという知覚の働きが不可欠である。ボールの飛んでくるスピードが速いとか遅いとか右に来るとか左に来るという知覚から得た手がかりをもとにして，どの位置にどのタイミングで手を出すかという運動の仕方を決めて実行する。ボールをキャッチする場合の知覚手がかりは視覚が中心的な役割を果たしている。ブランコをこぐ時には体の動きの知覚（筋運動感覚）が重要な役割を果たしている。体の揺れや力の入れ方などの知覚が重要な手がかりになっているのである。後ろに一番高く振れたと感じた時に足や腰や腕に力を入れて体を後ろに倒すように力を入れるといった動きをすることによって，ブランコを大きく揺らすことができる。また，音楽に合わせて体を動かす場合は，聴覚と運動の協応ということになる。このような働きが知覚を手がかりとして運動をコントロールするという意味であり，知覚－運動協応とも呼ばれる。

　この説明から明らかなように，運動コントロール能力は知覚，予測，状況判断，意思決定，記憶などの心理的な働きが中心となっている。このことは，運動コントロール能力が中枢神経，特に高次の精神的な働きをつかさどる大脳皮質を中心とした働きであることを意味している。神経系は乳幼児期に急激に発達し，児童期には大人とほとんど同じレベルに近づく。運動コントロール能力は神経系の急激な発達に支えられて，乳幼児期から児童期にかけて急激に発達する。また，この時期は運動することによって運動コントロール能力を最も容易に高めることができる発達の敏感期であると考えられている。

　運動コントロール能力の発達は様々な運動によって観察されるが，第2章で詳しく述べるように，運動パターンの形で現れるのが幼児期の特徴である。運動のコントロールは3つの要素で行われるとされている。1つは体のどの部位をどの方向に動かすかといった空間的コントロールである。もう1つはどのような順序やタイミングで動かすかといった時間的コントロールである。最後の1つはどのくらいの力の入れ具合で動かすかといった力量的コントロールである。この3つの要素の多様な組み合わせにより，走る，跳ぶ，ぶ

ら下がる，投げる，蹴るなどなどといった様々な体の動きが生み出される。これらの動きは運動パターンと呼ばれている（表2-1参照；p.20）。人間のもつすべての運動パターンが乳幼児期から児童期までに現れる。すなわち，運動パターンの数という点では，幼児期にすでに大人とほとんど同じ発達水準に達するのである。それだけではなく，跳ぶというパターンであれば前後左右に跳んだり，跳び上がったり跳び下りたり，片足で跳んだり，両足をそろえて跳んだり，スキップしたりといった様々な跳び方のバリエーションも可能になる。このような運動パターンのバリエーションも運動コントロール能力発達の現れでもある。

　したがって，幼児期の運動指導は，様々な運動パターンとそのバリエーションを経験することによって運動コントロール能力を高めることが中心になる。高い運動コントロール能力を身につけておくことによって，大きくなってから様々なスポーツを行った時，スムースに上達して高いレベルに達するための基礎が形成されると考えられている。

　運動は筋肉の収縮によって生み出される身体的エネルギーによって引き起こされるが，筋肉の収縮は神経からの指令によって起こる。したがって，どのような運動をする時にもこの2つの能力が関係しており，どちらか一方の能力だけで運動が行われることはない。

まとめ

　体力ということばは非常に多義的なことばである。最も広い意味では体力には意欲など精神的な要素も含まれる。しかし，これではあまりにも多くの内容を含むため，一般的には，身体的な要素に限定して使われる。身体的な要素に限定する立場にも2つある。1つは病気に対する抵抗力としての防衛体力と，体を動かして運動する行動体力の両者を含めて体力ということばを使う立場である。もう1つは行動体力だけを体力と呼ぶ立場である。

　行動体力に限定して捉えられる体力ということばは，心理学でいう運動能力に近い。運動能力とは活発に体を動かして運動する時の心と体の働きのことである。言い換えれば，どのくらい運動が上手にできるか，運動の出来栄えを決める能力のことを言う。運動能力は，運動をする時に必要とされる身体的なエネルギーを産出する運動体力と，知覚を手がかりに巧みに体の動きを制御する運動コントロール能力の2つから構成されている。このような運動能力の捉え方は，両者の発達する時期の違いから，幼児期の運動発達の質的特徴を把握するという点でも重要な意味をもつことになる。

参考文献

宮下充正（編著）（1997）体力を考える——その定義・測定と応用．杏林書院．
　⇨ 日本と欧米における代表的な研究者が体力をどのように捉えてきたか，また，体力を測定する方法としてどのような方法が用いられてきたかなど，体力とは何かという問題を包括的に論じている。

引用文献

猪飼道夫・江橋慎四郎（1965）体育の科学的基礎．東洋館出版社，p. 102.

杉原隆（2010）保育内容健康．光生館，p. 18.

宮下充正（編著）（1997）体力を考える──その定義・測定と応用．杏林書院．

第2章
幼児期の運動発達の特徴

> **導入**
> 　発達に応じた運動指導を行うには，幼児期の運動発達の特徴を知る必要がある。運動発達の特徴をどのように捉えるかによって，具体的な指導の方法が大きく変わってくるからである。従来，発達とは量的増大，能力の進歩向上であると考えられてきた。運動発達においても，何歳になるとどういう運動ができるようになるとか，何秒で走れるようになるとかというように，量的変化の記述が中心であった。しかし，発達心理学研究の進歩とともに，上昇的変化と下降的変化は一生を通して同時並行的に生じていることが明らかになってきた。つまり，発達をいろいろな能力の上昇的変化と下降的変化が合わさった一生涯を通しての質的変化と捉えるようになってきたのである。それとともに，運動の発達的特徴の捉え方も，年齢中心の量的な記述から質的変化の側面の解明へと重点を移してきている。この章では幼児期の発達の質的特徴に焦点をあて，運動の発達について解説する。

1 発達の複合性

　子どもと大人はどこがどのように違うのであろうか。このことに関して古くから受け継がれ，現在も一般に広くいきわたっているのが，子どもは大人を小さくしたものだという捉え方である。子どもと大人は本質的に同じで，違いは量的なものであり，子どもは小さな大人，能力の低い大人と見なされる。つまり，発達とは小さな子どもが大きくなっていく，能力が向上していくことだと考える。このように，発達を人生の前半に生じる量的増大・能力の進歩向上とする捉え方を模式的に示したのが図2-1である。発達は量的減少，能力の衰退である老化と対比され明確に区別される。

　しかしながら，発達心理学研究の進展とともに，発達の中核は量的な変化ではなく質的な変化であり，子どもを小さな大人とする捉え方が間違っていることが明らかになってきた。このことを明確に主張したのが生涯発達心理学である。生涯発達心理学では，量的増

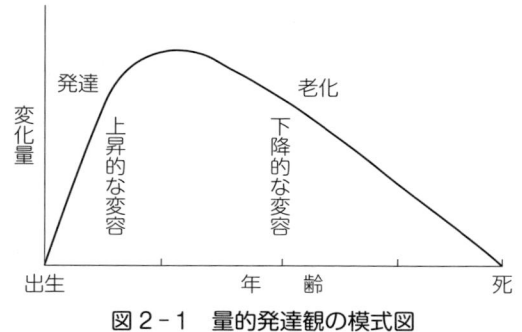
図2-1　量的発達観の模式図
出所：杉原（2008）より。

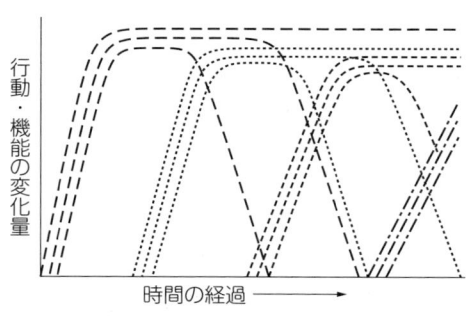
図2-2　生涯発達過程の複合性
出所：村田（1989）より。

大や進歩向上と，量的減少や能力の衰退は一生を通じて同時に起こっていることを重視する。単純に幼児期・児童期・青年期が進歩向上で，中高年期が衰退ではないというのである。

　このことを示す具体的な例をいくつかあげてみよう。大脳皮質の神経細胞の数は出生直後から減少し始め，神経細胞同士をつなぎ回路を形成する接合点であるシナプスの数も，部位によっては1歳頃がピークで乳児期からすでに減少することが明らかにされている（中澤，2011）。聴力については高い音を聞く能力は乳児期からすでに低下を始めること，老眼の原因となる水晶体の弾力性も測定可能となる幼児期から低下を始めることが知られている。最近では，言語音を聞きわける能力や，顔を見分ける能力は大人より赤ん坊の方が優れていることも実験的に確かめられてきた。運動についても，小さい時にできた鉄棒などが中・高校生になるとできなくなってしまうことなどはよく経験されている。

　逆に，年をとっても向上する能力がたくさんあることもわかってきた。一生の間に出会う心理・社会的危機を克服することによって，生涯にわたって自我が成長し続けることを示したエリクソンの理論はその代表的な例である。また，知的能力についても，生活経験によって培われる結晶性知能と名づけられた語彙，聞く能力，一般的理解（事典的な知識），判断力などは，健康である限り高齢になっても生涯にわたって向上するとされている。運動についても，定年退職してから水泳やゴルフやゲートボールなどのスポーツを始め，どんどん上達していく人を見るのはまれではない。新聞紙上では，92歳になってマスターズ水泳大会で自己新記録を出した女性や，90歳を過ぎてから砲丸円盤やり投げを始め102歳でマスターズの世界新記録を出して年を取るほど記録が伸びると豪語する男性が報道されている。最近，渡辺玉枝氏は73歳で，三浦雄一郎氏は80歳でエベレスト登頂に成功したことも報道された。

　このように，一生を通して全ての時期で様々な能力が向上，停滞，低下するという事実は発達の複合性と呼ばれる（村田，1989：図2-2）。発達の複合性が意味することは，人間は20～30代が発達のピークになるという単線型の発達をするのではなく，生まれてから死ぬまで質的に変化しながら一生を送るということであり，その全過程を発達と呼ぶのであ

る。生涯発達の視点からすれば、量的な増大や能力の進歩向上は発達のごく一部に過ぎず、運動を小型化して子どもに指導しても発達に応じたことにはならないということになる。

2 運動発達の段階

　幼児期の運動発達の特徴を的確に理解するためには、幼児期の子どもの運動発達を知るだけでは不十分で、一生涯にわたる運動発達における幼児期の位置づけ、特に前後の時期との違いについて知る必要がある。人間の一生を見通した運動発達の経過について最も広く知られているのがガラヒュー（Gallahue, D. L.）の運動の生涯発達モデルである（ガラヒュー，1999：図2-3）。このモデルでは運動の発達が大きく4つの段階に分けられている。それぞれの段階から段階への移行は連続的で、移行の時期にもかなりの個人差があり、前の段階の発達は次の段階に大きな影響を与えることが想定されている。以下にガラヒューのモデルを中心に、生涯にわたる運動発達を簡単に見通してみよう。

①反射的な運動の段階

　最初は、胎児から1歳くらいまでに見られる反射的な運動の段階である。この段階の運動は遺伝に大きく規定される不随意で無意識的な運動である反射によって特徴づけられる。生後2～3か月までの新生児の運動である反射は、その運動をしようという赤ん坊の意志に基づいて行われている運動ではないのである。

②初歩的な運動の段階

　精神活動をつかさどる大脳皮質が発達してくると、体を動かそうという意志に基づいた随意運動が現れる。人が行う随意運動のなかでも、まず最初に、人間を特徴づける移動運動である安定した姿勢のもとでの直立二足歩行と、対象物に手を伸ばして握り放すという手の操作運動が習得される。この段階は初歩的な運動の段階と呼ばれ、誕生から2歳くらいまでで、反射的な運動の段階とオーバーラップしている。

③基礎的な運動の段階

　初歩的な随意運動が習得されると、運動発達は次の基礎的な運動の段階へと入っていく。基礎的な運動とは基礎的運動パターンとも呼ばれ、走る、跳ぶ、滑る、投げる、蹴る、打つなどの体の動きの形態のことである（表2-1参照；p.20）。この段階では自分の体がどのように動くのかを様々に試しながら、人間のもつ全ての運動パターンが習得される。すなわち、人間の生活に必要な運動のための幅広い土台をつくる時期であると言えよう。この時期にしっかりした幅広い土台を築いておくことが、大きくなってからのスムースで高いレベルの運動の学習につながると考えられている。この段階はほぼ幼児期に相当する2歳から6・7歳くらいまで続く。

④専門的な運動の段階

　7歳頃になるとしだいに専門化された運動の段階に入っていく。この段階では基礎的な

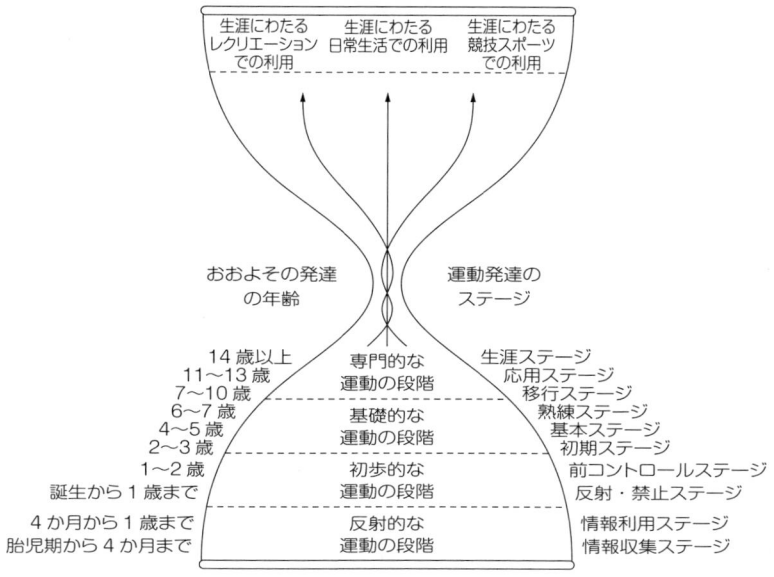

図2-3　運動発達の段階とステージ
出所：ガラヒュー（1999）より。

運動パターン，たとえば，跳ぶというパターンであれば，幅跳び，高跳び，バスケットボールでシュートする時のジャンプ，バレーボールのスパイクを打つ時のジャンプ，ダンスでの様々なジャンプなどといったように，同じ跳ぶというパターンであってもそれぞれの運動における効果的な跳び方へと分化し特殊化されていく。言い換えれば，筋力や持久力などの運動体力の発達ともあいまって，スポーツや日常生活で行われる専門的な運動へと発展していくのである。このような運動の高度の専門化は，知的発達や社会的発達にも支えられ，スポーツや職業として行われる様々な運動の形をとることになる。

　以上，大まかな運動発達の段階について説明してきたが，以下に幼児期を中心にその前後の時期を含め，もう少し詳しく運動発達の様子を見てみよう。

3 幼児期までの運動発達

1 胎児・新生児の運動発達

　人間の一生は受精によって始まる。受精卵は子宮のなかで細胞分裂を繰り返し，体を構成する器官をつくり上げていく。受精後8週頃になると全ての器官が形成され外見的にも人間としての形態を整える。この頃になると胎児は運動を始める。近年，超音波診断装置の進歩により，胎児の運動についての新たな知見が得られるようになってきた。このころ以降現れる運動には指しゃぶり，頭の回転，手足の曲げ伸ばし，スタートル（急に抱きつくような運動），ジェネラルムーブメント（全身を屈曲回旋させる複雑で流暢な協調運動：図

第Ⅰ部　幼児期の運動発達と指導の基本

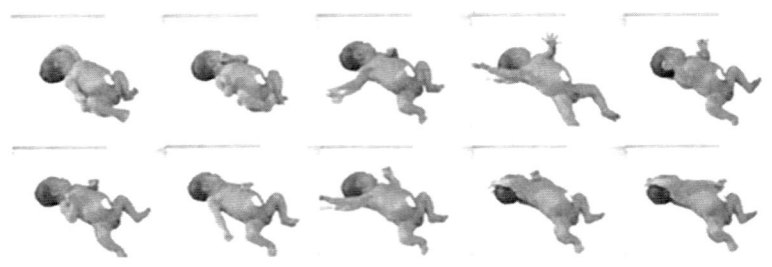

図2-4　ジェネラルムーブメント
出所：多賀（2002）より。

2-4）など様々な動きがある（小西，2013；多賀，2002）。これらの運動は胎動と呼ばれ，自発的に行われる運動であると考えられているが，反射であるという説もあり，結論は出ていない。さらに胎生10〜30週頃にかけて，特定の外的刺激によって引き起こされる原始反射と呼ばれる運動が見られるようになることが，早産児の観察から明らかにされている。体を支えて直立させ足を床に付けて重心を前に移してやると歩くように足を踏み出す歩行反射，手のひらに入るくらいのものを押しつけるとしっかり握る把握反射，口の周りを指先などで軽く触れると口にくわえようとする口唇反射などがその代表的なものである。胎児と新生児に見られるこれらの運動には，指しゃぶりや手足の曲げ伸ばしのようにその後も持続する運動，ジェネラルムーブメントやスタートルのように出生後間もなく消失する運動，歩行やはいはいや音の方に頭を回転させる運動のように一度消失した後再び随意運動として現れるU字型現象を示す運動がある。

最近では，自発運動から随意運動が発達してくると考えられており，新生児でも一部の運動は意識的，随意的に行われると考えられるようになってきた（小西，2013）。

2　乳児期の運動発達

生後2・3か月頃になると，大脳皮質によってコントロールされる子どもの行おうという意志によって実行される随意運動が現れる。人間が乳児期以降，日常生活のなかで行う様々な運動はそのほとんどが随意運動であるが，数多くの随意運動のなかでも最初に習得されるのが直立二足歩行と，対象物に手を伸ばして握り放すという手の操作運動である。

(1)移動運動

直立して二足歩行を行うためには，姿勢を安定させることが前提になる。首がすわり，背中がしっかりとし，腰がしっかりしてひとり座りができるようになり，足で体を支えて立てるようになってはじめて，ひとり歩きができるようになる。このように，直立歩行の発達には頭から脚へという方向性が認められる。ひとり歩きができるようになるまでの最近の乳児の運動発達の様子を図2-5に示した。約半数の子どもが歩けるようになるのは12か月頃になっている。同様の調査は1970年から行われており，1990年までは全体的に

発達が早くなる傾向が見られたが、それ以降はわずかではあるが遅くなる傾向が見られている。

(2) 操作運動

乳児は3か月頃になると、眼の前にある興味を引くものに手を伸ばして触れようとするようになる。この動きはリーチングと呼ばれている。リーチングでは、物のある位置を目で見て、目からの情報を手がかりにして正確に腕を動かすという目と手の協応が必要になる。最初は、半円を描くように側面から遠巻きに手を近づけるが、しだいに直線的に手を伸ばすようになってい

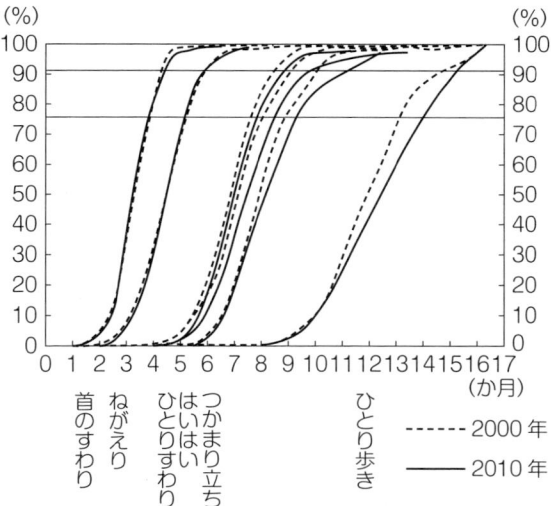

図2-5 一般調査による乳児の運動機能通過率
出所：厚生労働省雇用均等・児童家庭局（2012）より。

き、目と手の協応ができあがっていく。この動きは主として、肩と肘の動きがうまくコントロールされることによって可能になる。4・5か月頃になると、触れたものを手で握ることができるようになる。最初は、全ての指と手のひらを使って、いわゆるわしづかみにするが、7・8か月頃になると親指がほかの4本の指と独立し対向して動くようになる。その後さらに、人さし指なども独立して動くようになり、手のひらはほとんど使わなくなる。そして、1歳頃になると指先で小さなものがつまめるようになっていく。このように、操作運動の発達には体の中心（肩）から末梢（指先）への方向性が認められる。

(3) 発達における成熟と学習

この時期に見られる頭から脚へ、中心から末梢へという発達の方向性は、ほとんど遺伝によって決められていると考えられている。発達が遺伝によって大きく決められる場合、成熟による発達と呼ばれる。これとは対照的に、環境・経験によって生じる発達は学習と呼ばれる。以前は、乳幼児期の運動発達は学習ではなく成熟によるものであると考えられてきた。言い換えれば、どのような環境に置かれてもある年齢になれば遺伝の力で自然にできるようになるとされていたのである。しかしその後の研究から、成熟より学習の方が大きく関係していることがわかってきた。生育環境が極端に劣悪であった昔の孤児院などで育てられた乳幼児の心身の発達に、顕著な発達遅滞が生じることが示されたのである。たとえば、昔のある孤児院では、4歳児の85％が歩くことができなかったと報告されている。そして、環境を豊かにすることによって発達が大きく改善されることも様々な研究から明らかになっている（ハント、1978）。多くの乳児がほぼ同じ頃に這ったり歩いたりするようになるのは、遺伝のせいではなく、環境がよく似ているからであると考えられる。最近、はいはいをしないで歩くようになる子どももいることが指摘されているが、これも環

境が関係していると思われる。

　乳幼児に限らず，一般的に運動発達は遺伝によって決められると思っている人が多いが，決してそうではない。歩いたり走ったり跳んだりする能力，さらには野球やサッカーなどスポーツをする能力を決める遺伝子があるわけではないことは，最近の遺伝子研究から明らかである。遺伝子は筋肉や内臓や神経などわれわれの体をつくり上げる設計図であるが，体の形成には栄養や運動など環境・経験も大きく関係している。運動能力が遺伝子によって直接遺伝されるわけではないのである。

4 幼児期から児童期にかけての運動発達

1 運動コントロール能力発達の急増期

　知覚的手がかりを基にした状況判断，予測，意思決定，記憶など高次の精神活動が重要な役割を果たす運動コントロール能力は，脳の働きが中心となることは第1章で述べた。脳重量は乳幼児期に急激に増大し，7〜8歳で成人の約90％に達することはよく知られている。また，脳神経細胞の働きを表す脳波の出現パターンも脳重量とほとんど同様の発達を示すことが明らかにされている。幼児期はこのような大脳皮質を中心とした神経系の発達に支えられて，運動コントロール能力が急激に発達するという特徴をもった時期である。そのため，経験したことのないまったく新しい運動を学習する能力は，運動によっては大人と同じか，時には大人より優れていると考えられる。したがって，教えれば子どもでも跳び箱が跳べるとか逆上がりができるというのは驚くべきことではなく，当然のことである。だからと言って教えればいいということにはならない。幼児期は何か特定の運動を繰り返し練習し上達させるという時期ではない。多くの様々な運動を経験することによって運動コントロール能力を高め，生涯にわたる運動の基盤を形成することが重要である。

(1) 基礎的運動パターン

　脳が行う運動のコントロールには，手や足など身体の様々な部位をどちらの方向に動かすかという空間的コントロール，どのような順序やタイミングで動かすかという時間的コントロール，どのくらいの力で動かすかという力量的コントロールの3つの要素がある。これら3つの要素の組み合わせにより様々な基礎的運動パターンと運動パターンのバリエーション（変化）が生じる。基礎的運動パターンとは走る，跳ぶ，ぶら下がる，投げる，蹴るなどの外見的に区別されるまとまりをもった体の動きの形態のことである（表2-1参照；p.20）。基本的な動作とか基礎的な動きなどと呼ばれることもある。発達が進むとたとえば，同じ走るというパターンの運動でも，短距離を走る，長距離を走る，高跳びの助走，サッカーで走る，テニスで走るなどなど，それぞれの運動場面で異なった走り方をするようになる。それぞれの運動種目に必要とされる独自の効果的な走り方へと特殊化さ

第2章 幼児期の運動発達の特徴

れ分化していくのである。このように特殊化された特定の運動のコントロール能力は運動技能と呼ばれる。基礎的運動パターンの基礎的という意味は、そのように分化・特殊化される前の発達の基盤となっている運動パターンという意味である。運動パターンのバリエーションとは、同じ走るという運動パターンでも方向を変えたり、駆け上ったり駆け下りたり、スピードを変えたりといった走り方の変化のことである。これら運動パターンのバリエーションもすべて運動の空間的、時間的、力量的なコントロールの仕方の違いによって生じる。跳ぶというパターンを例にとれば方向を変えて跳ぶのは空間的、速さやリズムを変えて跳ぶのは時間的、距離や高さを変えて跳ぶのは力量的コントロールということになる。このように、幼児期では運動コントロール能力の発達が基礎的運動パターン（以下運動パターンと記述する）の形で現れるという特徴をもつのである。

　これまでの研究によれば、大人が行う運動パターンはすべて6・7歳頃までに習得されることが明らかにされている。体育科学センター体育カリキュラム作成小委員会は、国語辞典から人間の動きを表す84の言葉を抜き出して一覧表にし、1日1時間2週間にわたって"自由遊び"の場面での子どもの動きを観察した（石河ほか、1980）。対象は年少、年中、年長合わせて136クラスである。その結果、84全ての動きが見られたとしている。表2-1はそれらの動きを参考に、保育者が観察しやすいように類似の運動パターンをまとめて調査した結果を示したものである（杉原ほか、2011）。対象は全国の幼稚園・保育所108園の4・5・6歳児約1万1,500名を含む538クラスであり、担任が園生活のなかでの子どもの動きを1週間観察し、動きが見られた子どもの割合と頻度の2点から回答したものである。走る、運ぶ、登るなど非常に多くの子どもに頻度高く見られたパターンがある一方、逆立ちするといったあまり見られないパターンもあるが、全ての運動パターンが観察されていることに注目してほしい。これらの事実は、運動パターンのレパートリーという点では幼児期の段階ではすでに大人とほとんど同じレベルにまで発達していることを示している。

　運動コントロール能力の発達は走る、跳ぶ、投げるなど様々な運動パターンができるようになることに端的に現れるが、同じ運動パターンの身体各部位の動き（フォーム）の変化にも認められる。ボールを投げる時のフォームの発達的変化を図2-6に示した。パターン①は1歳児、②は2歳児の典型的な動きである。3歳に

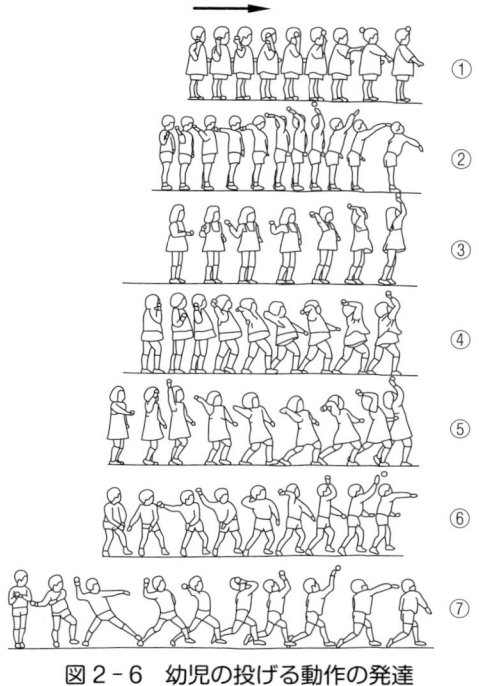

図2-6　幼児の投げる動作の発達
出所：宮丸（2011）より。

第Ⅰ部　幼児期の運動発達と指導の基本

表2-1　運動パターンの出現割合と頻度の回答分布

割合（％）					運動パターン	頻度（％）			
どの子にもまったく見られない	一部の子に見られた	半数位の子に見られた	多くの子に見られた	ほとんどすべての子に見られた		まったく見られない	見られた日が1～2日あった	見られた日が3～4日あった	ほとんど毎日見られた
0.2	2.4	7.6	23.4	66.4	走る,追いかける,逃げる(A)	0.4	3.9	12.0	83.7
1.7	6.2	13.6	20.4	58.1	運ぶ,動かす(B)	2.3	7.5	19.1	71.1
1.9	9.7	15.3	28.7	44.5	登る,降りる(A)	1.5	13.6	22.1	62.8
7.3	16.0	15.1	22.4	39.2	持ち上げる(B)	7.0	18.3	21.3	53.5
5.8	17.4	15.9	18.5	42.3	かつぐ,持つ(B)	6.8	21.7	19.6	52.0
1.5	20.8	19.5	21.0	37.2	跳ぶ,跳びこす(A)	2.1	27.1	29.9	41.0
4.5	17.1	25.0	26.8	26.6	積む,のせる(B)	5.0	21.6	27.9	45.4
3.5	22.7	20.3	22.7	30.7	ステップ,スキップする,はねる(A)	4.0	25.5	32.6	37.9
8.0	27.9	18.2	22.3	23.5	押す(B)	8.2	27.3	27.7	36.7
10.4	26.4	16.9	24.3	21.9	すべる(A)	11.0	25.6	26.0	37.4
5.6	31.9	20.7	16.6	25.2	投げる(B)	6.4	41.9	29.6	22.1
9.4	32.3	22.9	20.5	14.8	乗る(A)	10.4	29.6	24.1	35.9
9.3	28.9	25.0	20.7	16.2	掘る(B)	10.5	30.1	31.0	28.4
6.7	39.0	22.5	19.5	12.3	ぶらさがる(A)	7.3	35.3	29.7	27.6
6.7	49.6	10.6	11.6	21.5	寝ころぶ,寝る-起き上がる(A)	7.5	37.1	25.1	30.3
10.6	38.9	18.1	14.5	17.9	ひく,ひっぱる(B)	10.5	41.9	28.1	19.5
9.0	39.6	21.3	17.0	13.2	ころがす(B)	9.2	40.2	30.8	19.8
7.1	48.0	20.4	16.8	7.7	ける(B)	7.5	40.2	30.8	21.6
8.9	38.8	21.4	14.9	16.0	くぐる(A)	10.1	49.9	26.5	13.5
13.0	40.6	15.3	14.5	16.6	まわる(A)	13.7	38.8	28.3	19.1
13.8	37.7	24.3	14.0	10.3	かわす(A)	14.5	37.9	25.4	22.2
20.0	32.3	14.3	12.9	20.5	踏む(A)	20.5	39.4	19.1	21.0
21.0	33.0	15.5	15.3	15.3	わたる(A)	20.6	36.6	23.8	18.9
18.9	36.4	16.4	10.3	17.9	うける,捕る(B)	18.9	45.2	23.1	12.8
18.3	41.7	14.4	11.0	14.6	うつ,たたく(B)	19.2	42.0	21.5	17.4
18.7	40.3	18.8	12.3	9.9	まわす(B)	19.3	43.2	24.8	12.8
15.9	48.5	14.7	13.1	7.8	振る,振りまわす(B)	17.1	41.7	29.1	12.1
21.3	36.2	18.5	11.3	12.8	ささえる(B)	21.5	45.5	21.5	11.5
36.6	23.7	19.1	13.8	6.7	こぐ(B)	37.9	16.8	16.0	29.2
20.4	44.6	17.6	10.9	6.6	入り込む(A)	20.4	45.1	23.0	11.5
19.8	53.2	11.8	7.1	8.2	負う,おぶさる,組む(B)	20.1	45.7	20.7	13.5
25.1	45.3	10.1	7.9	11.6	ころがる(A)	24.8	45.0	19.5	10.8
36.1	31.8	11.7	7.6	12.7	しばる(B)	39.0	25.7	14.7	20.5
24.0	53.0	11.0	7.9	4.1	たおす,押したおす(B)	23.7	46.8	18.8	10.7
28.1	49.4	6.7	6.3	9.5	はう(A)	28.7	46.3	15.7	9.4
41.2	37.6	9.9	5.2	6.0	つく(B)	42.3	40.2	12.0	5.5
87.5	9.9	0.9	0.7	0.9	逆立ちする(A)	87.2	9.6	1.9	1.3

（注）クラス数は幼稚園416，保育所119，認定こども園3の合計538クラス。(A)は姿勢・移動，(B)は操作。
出所：杉原ほか（2011）より。

20

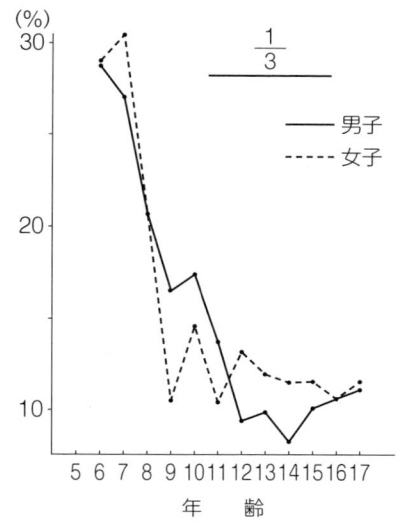

図2-7 再現握力の誤差の年齢的推移
出所：末利（1984）より。

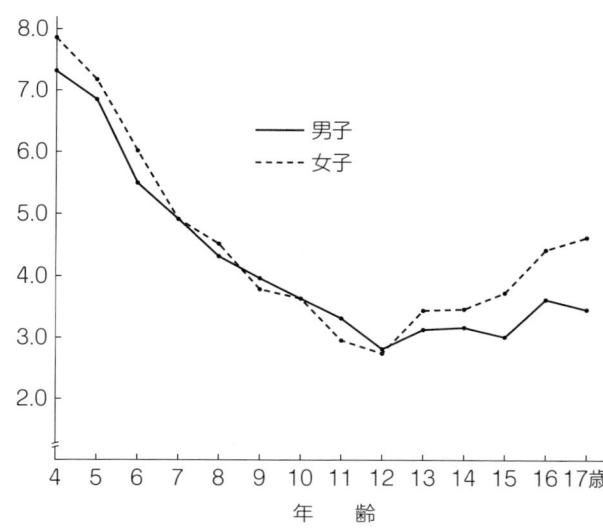

図2-8 緩衝能の発達曲線
出所：末利（1984）より。

なると男女差が現れる。男児は3歳になるとパターン③が多くなるが女児は②のままが多い。男児の4〜5歳児はパターン④と⑤が，女児は③と④が中心で，6歳になると男児はパターン⑤〜⑥に達するが，女児は③〜④にとどまる。パターン⑥は野球選手のように専門的な練習をしていない大人の動きであり，練習をすると⑦のようになる（宮丸，2011）。このことは，投げるという運動をよく経験する男児のなかには，6歳くらいでほぼ大人と同じレベルにまで発達するものがいることを示している。幼児期から児童期にかけてほぼ大人と同じレベルに達することがあるというフォームの発達傾向は走る，跳ぶ，蹴るなどその他の多くの運動パターンでも認められており（Haywood & Getchell, 2005; Wickstrom, 1983; Williams, 1983），運動コントロール能力が幼児期に急激に発達することを示している。

(2)力量的コントロール能力

全ての運動には大なり小なり空間的，時間的，力量的コントロールの全てが含まれているので，1つの要素だけを取り出すことは非常に難しい。先にあげた運動パターンの発達はこれら3つの要素の総合的な発達を示すものである。一方，運動によっては3つの要素のどれかが特に重要な役割を果たしているものがある。そのような運動を中心に幼児期の運動コントロール能力の発達を要素別に見てみよう。

最初に，比較的測定しやすい力量的コントロールをとりあげよう。図2-7は覚えた力の入れ具合を再現する正確さの発達を示したものである（末利，1984）。握力計の針を見ながら最大握力の1/3の力で4〜5回握らせて力の入れ具合を覚えさせた後，目を閉じて同じ力と思われるところまで力を入れた時（再現握力）の誤差を縦軸に％でとっている。これを見ると，手を握る時の力量的コントロールは5歳から10歳頃にかけて急激に発達して大人と同じ水準に達することがよくわかる。同様の結果は，背筋力についても，入れる力

第Ⅰ部　幼児期の運動発達と指導の基本

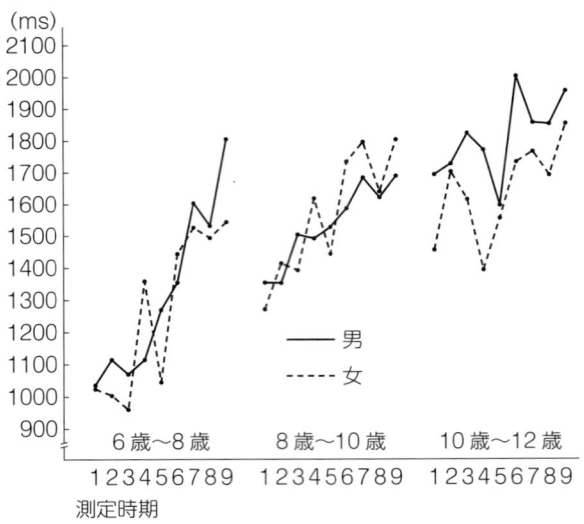

図2-9　速度見越反応時間の年齢的推移
（3年齢群の追跡的資料）

出所：末利（1984）より。

の大きさを変えても認められている。力量的コントロールの発達について，もう1つデータをあげておこう。図2-8は60cmの台の上からできるだけショックを小さくするようにして床に跳び降りた時の，体重1kg当たりショックの大きさ（緩衝能）を示したものである（末利，1984）。力をうまく加減して柔らかく膝を曲げふわっと降りるとショックは小さくすることができる。発達傾向は再現握力とほとんど同じで，幼児期から児童期にかけて急激に発達し，小さなショックで降りられるようになることがわかる。

(3)時間的コントロール能力

　運動コントロール能力の時間的要素の発達としてよく取り上げられるのがタイミングコントロールである。タイミングを合わせるということは早すぎてもよくないし，かといって遅すぎてもよくない。予測に基づいてどれくらい時間的に正確に動けるかということがタイミングコントロールである。図2-9は6歳児，8歳児，10歳児の3群の子どもを対象として，年3回3年間にわたって追跡して測定を行い，発達の様子を示したものである（末利，1984）。課題は水平に移動する光源が遮蔽板（幅30cm）に遮られて見えなくなった後，板の反対側にあるスポットに再び現れるタイミングを予測して反応するというものである。縦軸には時間がms（1/1000秒）単位で示されている。正反応は2080msで，これに近いほどタイミングが正確に合っていることになる。測定対象の人数が少ないのでデータの変動が大きいが，一番発達が急激なのは6～8歳であり，次いで8～10歳，10～12歳と続く。12歳以降についても測定したところほとんど発達が見られなかったことも報告されている。

　動くものに対して予測して反応するというタイミングコントロールは，鬼ごっこや縄跳びやボール遊びなど子どもが行う多くの運動に関係している。子どもの前を横切って転がっていくボールを走っていって正面に付けた印のところで拾うという運動の発達を図

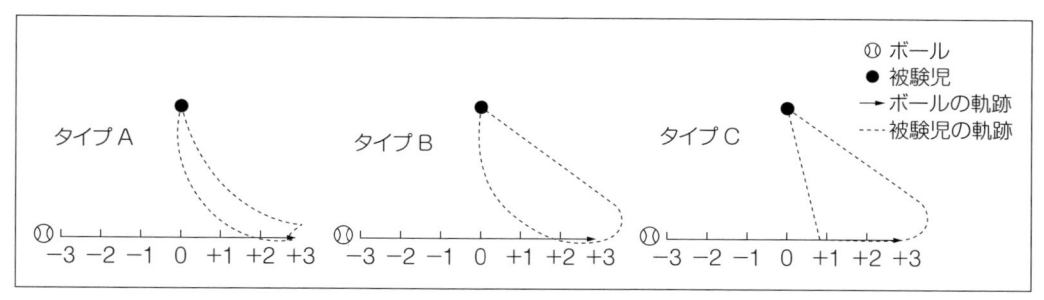

図2-10 ボールに対する Body Control の軌跡の変化
出所：森ほか（1993）より一部改変。

表2-2 幼児のボールに対する Body Control の軌跡の変化のパターンと人数および年齢

変化パターン	男児	女児
タイプA	31人 （1歳10か月～5歳0か月）	39人 （2歳2か月～6歳6か月）
タイプB	16人 （4歳8か月～6歳6か月）	7人 （6歳3か月～6歳9か月）
タイプC	14人 （5歳11か月～6歳9か月）	3人 （6歳1か月～6歳5か月）

出所：森ほか（1993）より。

2-10に示した（森ほか，1993）。実線はボールが転がるコースを，点線は5回連続して行った時の子どもが走った軌跡の変化を表している。タイプAは5回ともボールが自分の正面近くに来てから走り始め，ボールの後を追いかけて拾うという動きをする。タイプBは，始めはタイプAと同じようにボールの後から追いかけるが，しだいに早くから走り始めて先回りしてボールを前から拾うようになる。タイプCは最初から先回りして前から拾うが，しだいにボールが自分のほぼ正面にころがって来る時に自分もその位置に到着するよう時間を見計らって直線的に走って行って拾う。タイプAは走り出すタイミングや方向がボールの転がる速さにうまく対応できていない場合の動きである。BからCになるにつれてボールの転がる速さを手がかりに自分が走りだすタイミングや走る速さや方向をうまくコントロールした正確な予測に基づく動きになっていく。対象となった1歳6か月から6歳9か月までの子ども110名について，タイプ別の人数と年齢を示したのが表2-2である。全体的には未熟なタイプAが多いが，4歳後半になるとタイプBが見られるようになり，6歳頃になると完成されたタイプCを示す子どもが現れている。

以上のように，動くものに対して予測して反応するというタイミングコントロールが幼児期から児童期にかけて急激に発達することは，補球やボールの落下地点予測などの研究からも示されている（Keogh & Sugden, 1985; 宮丸，2011）。

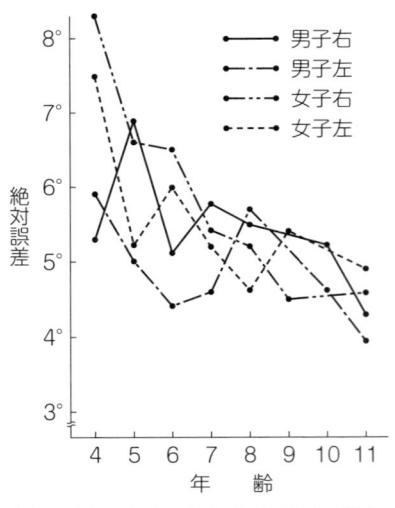

図2-11 腕を水平にあげる時の誤差
出所：藤田ほか（1974）より。

(4)空間的コントロール能力

最後に残った空間的コントロールの発達については，先にあげた運動パターンの研究によってもうかがうことができるが，それらにはかなり時間的コントロールも関わっている。主として空間的コントロールだけが大きく関わっている運動についての研究はほとんど見当たらないが，肩の高さを基準に地面に対して水平の位置に腕をあげる時の正確さの発達を図2-11に示した（藤田ほか，1974）。肩を固定して腕を水平にあげさせた後，その位置の感じを覚えておいて同じと思われる位置まで腕をあげさせるという課題である。測定対象の人数が少ないのでデータの変動が大きいが，男女とも4歳から6歳にかけて誤差の減少が顕著で，空間的コントロール能力が急激に発達することが示されている。

2 運動コントロール能力発達の敏感期

動物は一生の間に様々な能力を発達させるが，それらの能力の発達に影響する環境刺激や経験の働きは一定ではなく，特にそれらの影響を強く受ける時期とそうでない時期が存在する。最初にこの事実を明らかにしたのは比較行動学者のロレンツ（Lorenz, K.）らである。彼らは，鴨のヒナは孵化してから10数時間の間に親のそばにいないと一生親について歩くことができなくなることを発見した。そして，その時間をヒナが親への追従行動を身につけるための決定的に重要な時期という意味で臨界期と呼んだ。その後の研究で他の動物にもこれに似た現象が認められ，発達過程における初期経験とか初期学習の重要性が指摘されるようになった。ただし，人間の場合は，期間が数時間とか数日といったように明確に区切られた短期間で，その期間中でなければ決して習得できないといった現象はほとんど見られない。その代わり，期間は数年という長期にわたり，また，その期間であれば他の時期より容易に習得できるという，臨界期のように厳密ではない時期が存在する。そこでこのような時期は，環境刺激や経験の影響を受けてある能力が急激に伸びる発達の敏感期とか，他の時期よりも容易にある能力が習得できる学習の最適期などと呼ばれている（スラッキン，1976）。

乳幼児期から児童期にかけては大脳の神経細胞のシナプスが過剰形成されるとともに，不要なシナプスが消滅するという刈り込みが盛んに行われ，神経回路が柔軟に変えられるという脳の可塑性が非常に大きいという特徴をもつ。そのため，脳にどのような神経回路が形成されるかに知覚・運動刺激が大きく関わっていると考えられる（津本，1986；前川，

1997)。言い換えれば，この時期に様々な運動を幅広く豊富に経験した子どもは，運動をコントロールする大脳の神経回路がよく発達する，俗に言う運動神経のいい人になるのである。すなわち，この時期は運動コントロール能力発達の敏感期であると考えられている（ガラヒュー，1999）。逆に，運動経験が不足したり偏ったりすると運動の不器用な子になってしまい（宮丸，2011），大きくなってから直すのは難しくなってしまうと考えられている。

5 青年期の運動発達——幼児期との違いを中心に

青年期に入ると運動体力が急増すると同時にそのトレーニング効果も最大になり，一生のうちで運動体力が最も高くなるとともに，運動能力が分化するという運動発達の特徴をもつようになる。幼児期に高めた運動コントロール能力と，青年期に高まる運動体力とが合わさって，特定のスポーツの成績向上を目指す練習が効果的に行われるようになるのである。ところが近年，世界的に，スポーツ参加年齢がどんどん早くなる傾向にある。心身の発達を総合的に考慮すると，小学生になるまではスポーツに参加させない方がよいと考えられている（スモール・スミス，2008）。また，一流選手の多くは，幼児期・児童期には専門化されたスポーツとしてではなく，遊びとして多くの運動を経験していることも明らかにされている（中本，2011）。

1 運動体力の発達の急増期

先に説明したように，運動体力とは運動に必要な身体的エネルギーを産出する能力のことで，具体的には「筋力」，「瞬発力（パワー）」，「持久力」を指す。

「筋力」とは筋肉が収縮することによって発揮される力のことであり，最大限の努力で

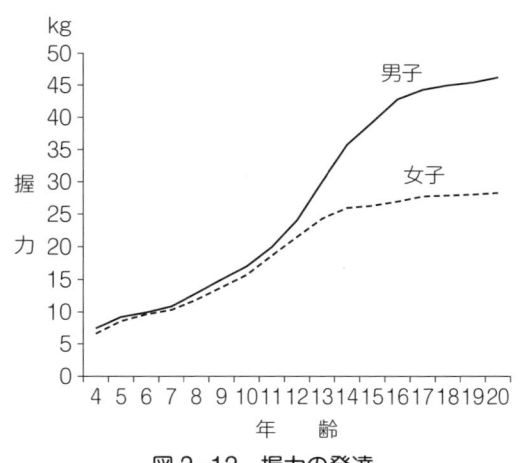

図2-12　握力の発達
出所：首都大学東京体力標準研究会（2007）より作成。

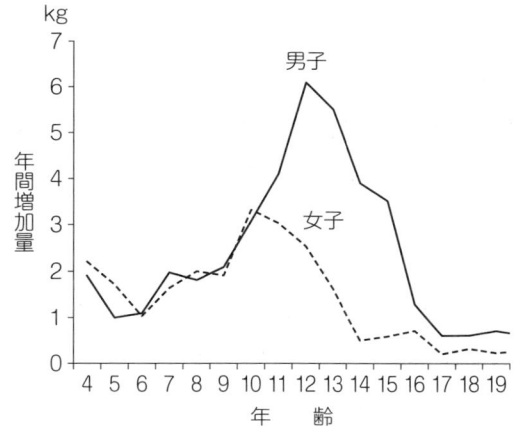

図2-13　握力の年間増加量
出所：首都大学東京体力標準研究会（2007）より作成。

第Ⅰ部　幼児期の運動発達と指導の基本

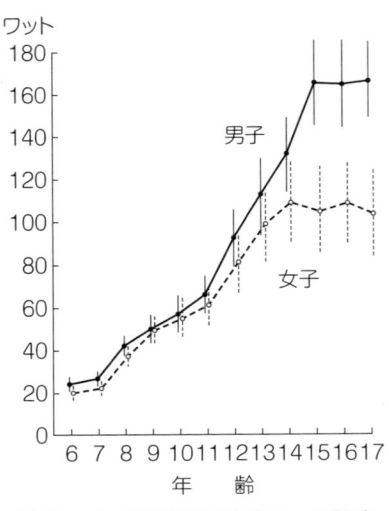

図2-14　膝関節伸展パワーの発達
出所：金子（1974）より。

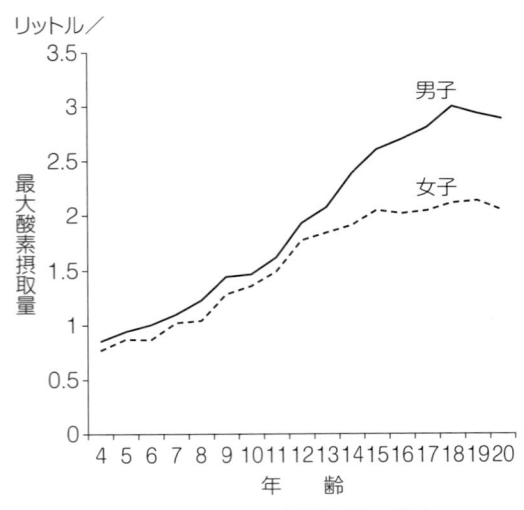

図2-15　最大酸素摂取量の発達
出所：首都大学東京体力標準研究会（2007）より作成。

発揮できる力は最大筋力と呼ばれる。最大筋力は主として筋繊維の太さと収縮させる筋繊維の数で大きく決定される。重い物を持ち上げたり，全力で押したり引いたりするといった運動をする時に大きく関係してくる能力である。測定には背筋力計や握力計などの力量計や懸垂などの運動が使われる。握力の発達曲線を示した図2-12，図2-13からわかるように，幼児期から児童期にかけての発達は年間約1～2kgと安定しており，男女差も非常に小さい。しかし，女子では9歳頃から，男子では11歳頃から年間発達量が急増し，男女差も大きくなっている。

「筋力」が比較的ゆっくり筋肉が収縮する時の力であるのに対して，跳んだり投げたり短距離を走ったりする時のように短時間で瞬間的に筋肉を収縮させ大きな力を出す能力のことを「瞬発力」という。青年期以降の場合，一般に瞬発力の測定は立ち幅跳びや垂直跳びやボールの遠投などの運動で行われる。しかし幼児期では，運動パターンの所で述べたように，それらの運動のフォーム（全身の動かし方＝運動コントロール能力）が急激に発達するためフォームの個人差が大きく，そのことが記録に大きく関係してくる。そのため，立ち幅跳びや垂直跳びの記録が瞬発力を的確に表しているとは言い難い。そこで図2-14には，椅子に座って膝関節を曲げた状態から最大努力で一気に伸展させるという，フォームがほとんど関係しない形で測定した瞬発力の発達を示した（金子，1974）。これによると，6・7歳児の瞬発力の発達は非常に緩慢で，思春期を迎える11歳頃から急増が始まるとともに，男女差も顕著になることがわかる。

「持久力」とは比較的強度の低い運動を継続して行う能力のことで，長い時間走ったり歩いたりする時のように体の多くの筋が働く全身持久力と，ある一部の筋だけが働く筋持久力がある。持久力は呼吸によって空気中から取り入れられた酸素を，血管を通して全身の筋肉に供給するという肺や心臓などの呼吸循環器の働きが中心となる。そこでこの働き

図2-16 スキャモンの器官別発育曲線
出所：Scammon（1930）より。

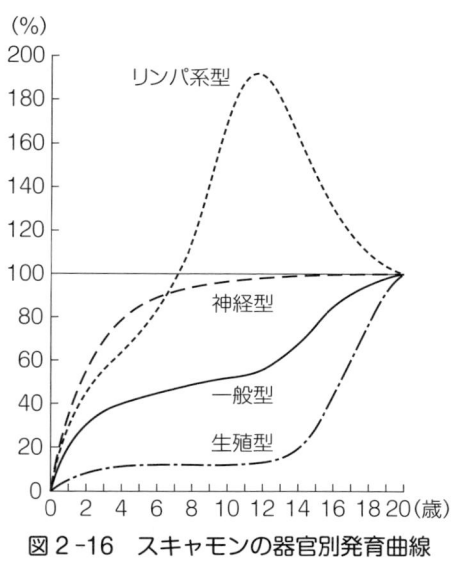

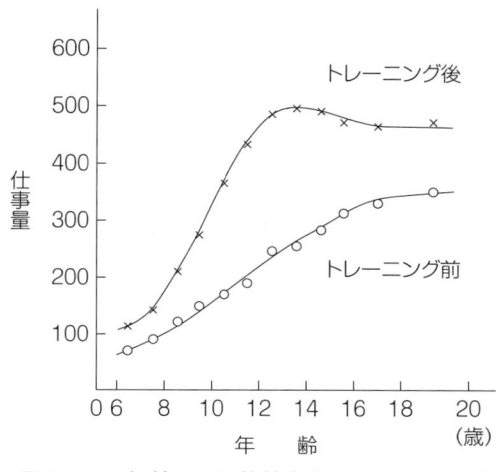

図2-17 年齢による筋持久力のトレーニング効果の相違（仕事量＝負荷×回数）
出所：猪飼（1973）より。

を最もよく表す，運動した時の1分間あたりの酸素摂取の上限値である最大酸素摂取量の発達を図2-15に示した。全体的な発達傾向は筋力や瞬発力と同様である。

以上見てきたように，幼児期においては運動体力の発達は緩慢で男女差も小さいが，思春期から青年期にかけて急激に発達し，男女差も顕著になることがわかる。思春期から青年期にかけては成長ホルモンや性ホルモンの分泌が盛んになる。骨格や内臓や心臓を含む筋肉などの発達には成長ホルモンや性ホルモンの働きが強く関係しているため，この時期に運動体力が急増するとともに，男女差も大きくなるのである。このような急増傾向は身長や体重などを含むスキャモンの言う一般型の身体発達の第二急伸期と密接に関係する（図2-16）。すなわち，体が大きくなる時期と運動体力が強くなる時期は一致するのである。

2 運動体力トレーニングの敏感期

青年期は運動体力発達の敏感期である。すなわち，運動刺激が運動体力の向上に最も敏感に作用する，言い換えれば体力トレーニングの効果が最も大きくなる時期である。このことをはっきり示しているのが図2-17に示した猪飼（1973）の研究データである。肘の関節を曲げて最大筋力の3分の1の重さのおもりを持ち上げるという運動を使い，5週間にわたってトレーニングを行った時の効果を年齢との関係で示している。これを見ると6〜8歳くらいまではトレーニング効果は極めて小さく，10歳くらいからしだいに大きくなり，20歳でもかなり大きなトレーニング効果が認められている。トレーニング効果が大きくなる時期が運動体力の急増期と一致していることに注目したい。このことは，青年期は先に述べたように，成長ホルモンや性ホルモンの分泌が盛んになることによって，運動刺

激が運動体力の発達に敏感に関与する時期であることを示している。

　これとは対照的に，児童期は筋力や全身持久力の体力トレーニングを行っても明確な効果が認められないという研究報告もある（青木ほか，1986；Haywood & Getchell, 2005）。いずれにせよ，幼児期においては体力トレーニングの効果は，あるとしても極めて限定的であると考えられる。

3 運動体力の分化

　人間の発達の質的変化には未分化から分化へという一般的な発達の方向性が認められる。体力についてもこのことは例外ではない。幼児期には未分化な体力が児童期を経てしだいに分化していき，青年期になるとはっきり分化する。

　体力が分化するということは2つのことを意味する。1つは，筋力，持久力，瞬発力といった能力がお互いに独立性を増して関係がなくなるということである。つまり，体力が未分化な幼児期においては，筋力の高い子どもは瞬発力も持久力も高い傾向があるというように，体力相互の間に関係が認められる。しかし，青年期になると筋力の高いものが持久力も高いとは限らないというように関係がなくなるのである。事実，青年期においては，瞬発力の高い人ほど持久力が低くなるといった逆相関が見られることもある。

　2つめは，体力トレーニング効果の独立性である。つまり，体力が分化する青年期以降になると，筋力を高めるような運動を行って筋力を高めても，瞬発力や持久力は高まらない。筋力を高める運動と持久力や瞬発力を高める運動が大きく異なるのである。したがって，体力トレーニングは筋力を高める運動，持久力を高める運動，瞬発力を高める運動というように，運動処方に基づいてそれぞれ別々に行う必要がある。

　このこととは対照的に，体力の未分化な幼児期においては，たとえば，鬼ごっこといった活発に体を動かす運動をすると，筋力や瞬発力や持久力が全体的に高まるという総合的な効果をもつことを意味している。その結果，筋力の高い子どもは瞬発力や持久力も高くなるといった関係が認められると考えられる。ちなみに，鬼ごっこなどの活発な運動が，子どもの持久力を高める運動強度をもつことを示すデータがある。加賀谷ら（1981）は4歳児クラスを対象に鬼ごっこを10分間行わせて心拍数を測定したところ，平均，男児で171拍/分，女児で183拍/分であったことを報告している。最も高かった子と低かった子の10分間の心拍数の変動を図2-18に示した。最も低かった子でも鬼ごっこをしている10分の間，ほとんど150拍/分を超えている。また，15分間の平均心拍数を調べた小林（1990）によれば，手つなぎ鬼，高鬼，玉入れ，フープ転がし，砂遊び，滑り台など多くの活動で150拍/分を超えたり，それに近くなっている。小林（1990）は160拍/分を超える運動を運動強度〈強〉と分類しており，それらの活動は持久力の発達に貢献すると考えられる。

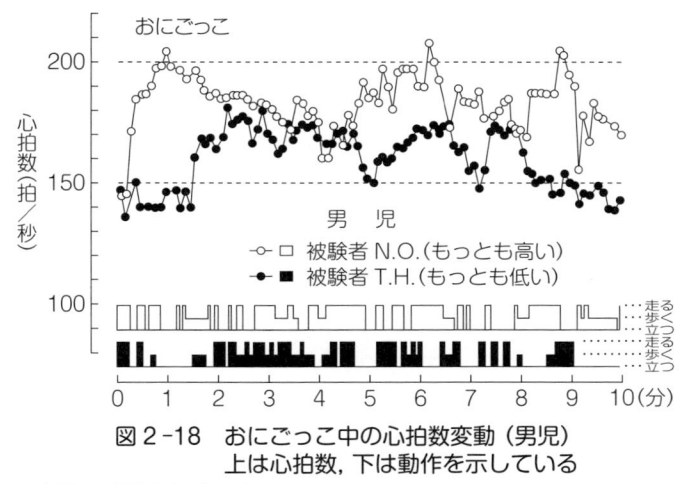

図2-18　おにごっこ中の心拍数変動（男児）
上は心拍数，下は動作を示している
出所：加賀谷ほか（1981）より．

> **まとめ**
>
> 　従来，子どもは小さな大人と捉えられ，小型化した運動指導がかなり広く行われてきた。しかし，最近では，発達の中核は質的変化にあるという生涯発達の視点から，運動発達の特徴を捉え直すことが求められている。幼児期は中枢神経系の働きである運動コントロール能力が急激に発達し，そのことは基礎的運動パターンの習得という形で現れる。また，様々な運動パターンとそのバリエーションを経験することによって，運動コントロール能力を最も容易に高めることができる敏感期でもあると考えられている。このように，幼児期は人間のもつすべての運動の幅広い基盤を形成する時期である。何か特定の運動を繰り返し練習させ上達させる時期ではない。また，幼児期は筋力や持久力や瞬発力など運動体力の発達は緩慢で，トレーニング効果も極めて限定的である。そのため，特別なトレーニングをしなくても，活発に運動遊びをしていれば，幼児期にふさわしい運動体力は総合的に高まると考えられる。

参考文献

ガラヒュー，D. L.（杉原隆監訳）（1999）幼少年期の体育．大修館書店．
　⇨　子どもの発達を身体・運動的側面だけでなく，認知的，人格的，情緒的側面などを含め全体的に捉え，それに基づいて体育のあるべき姿について，具体的な方法も含めて解説されている。

宮丸凱史（2011）子どもの運動・遊び・発達——運動のできる子どもに育てる．学研教育みらい．
　⇨　豊富な研究資料を取り上げて幼児期の運動発達の過程を論じるとともに，幼児期における運動と，運動発達における自発的・創造的な運動遊びの重要性を指摘している。

引用文献

青木純一郎ほか（1986）思春期前のトレナビリティに関する研究（第3報）．昭和61年度日本体育協会スポーツ科学研究報告，1-3．

猪飼道夫（編著）（1973）身体運動の生理学．杏林書院．

石河利寛ほか（1980）幼稚園における体育カリキュラム作成に関する研究Ⅰカリキュラムの基本的な考え方と予備調査の結果について．体育科学，**8**，150-155．

Wickstrom, R. L. (1983) *Fundamenntal motor patterns*. 3rd. Ed. Lea & Febiger.

Williams. H. G. (1983) *Perceptual motor development*. Prentice-Hall.

加賀谷淳子・横関利子（1981）幼児の日常生活の運動量．体育の科学，**31**(4)，245-252．

金子公宥（1974）瞬間的パワーからみた人体筋のダイナミクス．杏林書院．

ガラヒュー，D. L.（杉原隆監訳）（1999）幼少年期の体育．大修館書店．

Keogh, J. and Sugden, D. (1985) *Movement skill development*. Macmillan.

厚生労働省雇用均等・児童家庭局（2012）平成22年　乳幼児身体発育調査報告書．

小西行郎（編）（2013）今なぜ発達行動学なのか．診断と治療社．

小林寛道（1990）幼児の発達運動学．ミネルヴァ書房．

首都大学東京体力標準研究会（編）（2007）日本人の体力標準値（第2巻）．不昧堂出版．

末利博（1984）身体発達の心理学．不昧堂出版．

杉原隆（編著）（2000）新版幼児の体育．建帛社．

Scammon, R. E. (1930) The measurement of the body in childhood. Harris, J. A. (Ed.) *The Measurement of Men*. University of Minnesota.

杉原隆ほか（2011）幼児の運動能力と基礎的運動パターンとの関係．体育の科学，**61**(6)，455-461．

スモール，F.・スミス，R.（市村操一ほか監訳）（2008）ジュニアスポーツの心理学．大修館書店．

スラッキン，W.（佐藤俊昭訳）（1976）人間と動物の初期学習．誠信書房．

多賀厳太郎（2002）脳と身体の動的デザイン．金子書房．

津本忠治（1986）脳と発達．朝倉書店．

中澤潤（2011）幼児期．無藤隆ほか（編）　発達心理学Ⅰ．東京大学出版会，pp. 220-262．

中本浩揮（2011）青年・成人期の運動発達の特徴とスポーツ技能の熟達．杉原隆（編著）生涯スポーツの心理学．福村出版，pp. 108-120．

ハント，J. M.（宮原英種ほか訳）（1978）乳幼児教育の新しい役割．新曜社．

藤田厚ほか（1974）知覚・運動系の機能の発達的変化に関する研究．体育の科学，**2**，278-289．

Haywood, K. M. & Getchell, N. (2005) *Life span motor development*. 4th. Ed. Human Kinetics.

前川喜平（1997）成育小児科学．診断と治療社．

宮丸凱史（2011）子どもの運動・遊び・発達——運動のできる子どもに育てる．学研教育みらい．

村田孝次（1989）生涯発達心理学の課題．培風館．

森司朗ほか（1993）転がってくるボールに対する幼児の対応動作に関する研究．スポーツ心理学研究，**20**(1)，29-35．

第3章
遊びとしての運動の重要性

導入

「幼児教育の父」と呼ばれるフレーベル（Fröbel, F. W. A.）が，遊びを中心に据えた子どもの教育施設として世界で初めて幼稚園をつくって以来，遊びは幼児教育において中心的な地位を占めてきた。しかし，一般社会においては，また一部の幼児教育界においても，遊びが本当に幼児教育において適切な方法であるかどうかについては，様々な疑問や批判があることも事実である。わかりやすい例をあげれば，親が"遊ばせてばかりいないで勉強させてください"と言ったり，"幼稚園で遊ばせてばかりいるから小学校で学級崩壊が起きる"などと言われたりする。このような背景には大きく2つの問題があると思われる。1つは，遊びとは何かについて様々な考え方があり，遊びについての理解が極めてあいまいで混乱していることである。もう1つは，遊びによってどのような能力が育つかが，誰もが納得するような形で十分に示されていないことである。この章では前者の問題を取り上げ，まず，教育においてなぜ遊びが重要であるかをわかりやすく理解できるような形で遊びを定義する。その上で，その遊びの定義から運動遊びをどのように指導すればよいかについての基本指針を導き出し，楽しさや自発性との関連で考察する。

1 教育における運動の意味

人間はなぜ運動をするのか，人間にとって運動がどのような意味や価値をもっているのかは古くから問い続けられてきた問題である。これらの問いに対する答えは運動を学習内容の中心においた教育，すなわち体育の目的に凝縮されていると言っていいだろう。現在，体育の目的は大きく2つに整理されている。1つは，運動を健康・体力づくり，さらには人間形成などといった身体的，精神的な目的を達成するための手段として価値づける立場である。つまり，運動そのものが重要な価値をもっているのではなく，誰もが認める運動以外の何らかの価値をもたらす手段として捉えられている。この考え方は誰にもわかりや

すぐ古くから広く受け入れられてきた。もう1つは，運動をプレイすることそれ自体が人間にとってかけがえのない重要な意味や価値をもつという立場である。前者が運動手段論であるのに対して，後者は運動目的論ということになる。遊びとしての運動とは後者の運動目的論に属する考え方である。

運動目的論の考え方のおおもとは，19世紀までさかのぼることができるという（シーデントップ，1981）。それまで，不真面目で非生産的かつ不道徳で罪深い行動などと否定的に捉えられることが多かった遊びに，積極的な意味が見出されるようになったのである。その代表的な思想家が，ベートーベンの交響曲第9番第4楽章の合唱で歌われるもとの詩を書いたことで有名なシラー（Schiller, F.）である。彼は遊びについて「人間はことばの完全な意味において人間である場合にのみ遊び，また，彼が遊ぶ場合にのみ，完全に人間として存在している」ということばを残している（西村，1989）。このことばの意味することは，遊びは人間が人間らしく生きている時の人間らしい営みであるということである。人間は遊ぶために生まれてきた，遊んでいる時に生きがいを感じると言ってもいいかもしれない。したがって，遊びは人間に欠かせない根源的な行動であり，遊ぶ能力を育てることは人間を育てることになる。つまり，遊ぶことそれ自体に人間らしさという価値があるというのである。このような遊びの考え方は，ホイジンガ（Huizinga, J.）ら遊びの研究者によってさらに発展させられる。ホイジンガはその有名な大著『ホモ・ルーデンス』のまえがきのなかで，「人間文化は遊戯のなかに─遊戯として─発生し，展開してきた」と述べている（ホイジンガ，1963）。ホモ・ルーデンスとは遊ぶヒトという意味で，人間の生物としての基本的な特徴を言い表している。人間の生物学的な正式の学名はホモ・サピエンスである。古くから考えることが人間を他の動物から区別する基本的な特徴であるとされ，知恵・知性をもった生き物という意味で人間はホモ・サピエンスと名づけられたのである。しかし，ホイジンガはそうではなく，遊びこそが人間の最も基本的な存在のあり方であると考えた。そして，他の生き物にはない人間に特有の文化は，遊ぶという行動によって生み出され発展してきたと主張したのである。フレーベルはシラーらの思想から大きな影響を受けて，世界で初めて子どもの遊ぶ場所として幼稚園を創設したとされている。幼児教育における遊び重視の考え方と，体育における運動目的論は同じ思想から生まれてきたのである。

運動目的論は運動文化論とも呼ばれ，運動は遊びであり音楽や美術などの芸術と同じ文化であるとする。運動，なかでもスポーツは，その語源において"気晴らし"とか"遊び"という意味をもつことばであり，ホイジンガもスポーツを遊びと捉えている。運動を文化と捉えるこのような考え方は，プレイ（遊び）教育とかスポーツ教育などと呼ばれ，運動に対する高い意欲と運動で遊ぶ能力を育成することを体育の主要な目的としている（シーデントップ，1981）。簡単に言ってしまえば，体育の目的は運動好きで毎日の生活のなかで楽しんで運動する人間を育てること，ということになろう。幼稚園教育要領の領域「健康」

の内容の取扱いに,「十分に体を動かす気持ちよさを体験し,自ら体を動かそうとする意欲が育つようにすること」とあるが,この記述はプレイ教育の考え方と共通するものである。

2 保育に役立つ遊びの捉え方

　このように,遊びを肯定的に捉える考え方は近年かなり広く認められるようになってきた。そこでは遊びを自由で自発的な,活動そのものを純粋に楽しむ自己目的的な行動であるとか,日常生活とはっきりと区別された非現実的な本気でない虚構であるという意識を伴った行動であるなどとされることが一般的である。一方,依然として否定的な捉え方も根強く残っている。日常会話のなかで"遊び人"と言えば,仕事をしないでギャンブルなどをして毎日ぶらぶら過ごしている人のことを言う。遊びを勉強や仕事の対極にある非生産的で不真面目で不道徳的な活動と捉えているのである。このように,遊びとは何かについての考え方には非常に大きなギャップがあり大きな混乱が見られる。

　遊びは保育学だけでなく哲学,教育学,心理学,社会学,文化人類学,生物学などなど非常に多くの学問で問題にされる,人間にとって極めて普遍的な現象である。当然のことながら,学問によって遊びの捉え方・考え方が大きく異なるだけでなく,同じ学問領域においても,研究者によって遊びの捉え方は微妙に異なる。そのため,遊びとは何かを定義することはできないという研究者がいるくらいである。しかし,遊びを幼児教育の中心に位置づける以上,遊びとはどのようなことかを明確にして,その遊びが子どもの発達に貢献していることを示すことが求められる。遊びの捉え方,定義には様々な考え方があることを認めたうえで,本書では子どもの教育,なかでも運動の指導という視点に立った場合,遊びをどのように捉えればよいかという問題に迫ることにする。

　様々な遊びの捉え方があるなかで,教育における運動の指導という視点に立って遊びを考える場合,指導理念と指導実践の両者に役立つ捉え方が求められる。両者に役立つためには重要な2つの基準を考慮する必要がある。第1の基準は,その遊びの捉え方,定義を聞けば誰もが教育にとって遊びが重要であるという理念が容易に理解できることである。言い換えれば,遊びを学習や仕事と対立する概念ではなく,遊びが人間の発達にとって欠くことのできない重要な営みであることがわかりやすく示されることである。親が幼稚園に"遊ばせてばかりいないで勉強させてください"とは言えなくなる捉え方と言っていいかもしれない。第2の基準は,その遊びの捉え方,定義を聞けばどのように指導すればよいかという実践的な指導指針が直接すぐ導き出されるということである。先に述べたような一般的に考えられている遊びの捉え方では,この2つの基準を満たすという点で極めて不十分と言わざるを得ない。

3 内発的動機づけとしての遊び

　上記の2つの基準を考慮して様々な遊びの捉え方を検討してみると，この基準を満たす遊びの定義が見つかる。最もよくこの基準を満たすと筆者が考える定義に，遊びを「自己決定と有能さの認知を追求する内発的に動機づけられた状態である」とする考え方がある。

　この考え方を理解するためにはまず，動機づけについて知る必要がある。動機づけとは，人間に行動を起こさせるための精神的なエネルギーを供給する働き，行動の原動力のことである。わかりやすく言えば，なぜある行動をするのかその理由を心理学の立場から整理・体系づけた概念で，日常の用語で言えば意欲とかやる気に近い。最近の心理学では，動機づけを将来こうなりたいとか，こうなればいいなという期待であると考えている。

　動機づけは大きく，外発的動機づけと内発的動機づけに分けられる（図3-1）。外発的動機づけとは行動が外的報酬のための手段となっている状態のことである。たとえば，縄跳びをすると先生がほめてくれるので，先生にほめられたいためにその手段として縄跳びをするといった場合がそれである。この場合，縄跳びをするという行動が先生にほめられるという外的報酬を求めて引き起こされている。先生にほめられることが縄跳びをするという行動のエネルギー・原動力となっているのである。これに対して，内発的動機づけとは報酬が行動のなかにある，言い換えれば，行動することそれ自体が目的となっている状態のことである。縄跳びのもつ独自のおもしろさ，魅力・醍醐味に惹きつけられて縄跳びをしている状態が内発的に動機づけられている状態と言える。他の活動では経験できにくい縄跳びという運動そのもののもつ独自の魅力が縄跳びをするという行動の原動力になっている状態が，縄跳びで遊んでいるということになる。これに対して外発的動機づけの場合は，行っている運動それ自体は二次的で，先の例で言えば縄跳びそのものは重要ではなく，先生にほめられるという外的報酬が得られさえすれば縄跳びでなくほかの活動でもよいのである。

　このように，自己目的的な行動であることを遊びの条件の1つとする考え方は古くからある。有名なホイジンガの古典的な遊びの定義のなかにも，決められた時間，空間の範囲

外発的動機づけ → 行　動 → 外的報酬
　　　　　　　　　手段

内発的動機づけ → 行　動＝内的報酬
　　　　　　　　　自己目的的

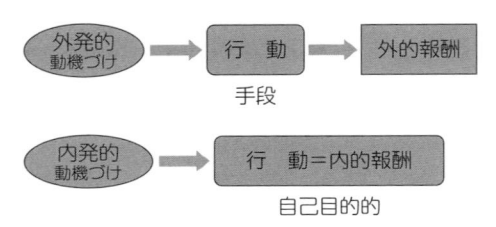

図3-1　内発的動機づけと外発的動機づけの違い

出所：杉原（2008）より一部改変。

内で行われるとか，自発的な活動であるとか，日常生活とは別物だという虚構性の意識などとともに，「目的は活動そのもののなかにある」と述べられている（ホイジンガ，1963）。一般的に，遊びの定義はこのようにいくつかの複数の条件を想定しているものがほとんどである。しかし，遊びを内発的に動機づけられた活動であると考える立場は，行動の原動力が実行するその行動に内在するという1つのシンプルな条件のみで遊びを定義していることに注目してほしい。

4 遊びがなぜ教育において重要か

それでは，遊びを内発的に動機づけられた状態と捉えると，なぜ，遊びが教育にとって重要なのかをどのように説明できるのであろうか。それは，なぜ行動することそれ自体が目的になるのか，すなわち行動に内在する報酬，原動力，その行動のもつ独自の魅力とは何かが答えとなる。この点に関しても微妙に異なるいくつかの考え方があるが，2つの基準という点から見て最も当てはまりがいいのがデシ（Deci, E. L.）の考え方である。デシは内発的に動機づけられている時の行動に内在する報酬は「自己決定と有能さの認知」であると考えた（デシ，1980）。人間は自分が生きていくうえで自己決定的で有能でありたいという生まれつきの欲求をもっているというのである。この考え方の背景には，人間はもともと能動的・活動的な存在で，効果的に自分の周りの環境に働きかける能力，すなわち有能感を追求する性質をもって生まれてくるとする人間観がある。人間は基本的に賞や罰（あめとムチ）など外的報酬によって動かされると考えてきた古い人間観とは対照的である。

遊びを自己決定と有能さの認知を追求する内発的に動機づけられた状態であるとする考え方は，二重の意味で教育の目的と整合性をもつ。1つは，自己決定的に行動するということは自分らしく行動し生きることであり，必然的に自分らしさを育み個性を育て，自立した人間を育てることにつながる。一人ひとりを大切にするという教育でもある。もう1つは，有能さを追求することは，個人が潜在的にもって生まれてくる様々な可能性を実現する，自己の能力を向上させるという点にある。よりよく充実して生きると言い換えてもいいかもしれない。このように，自己決定によって個性を伸ばすということは有能さを高めることであり，個人一人ひとりの有能さが発達するから個性が生まれる。その意味では，自己決定と有能さは2つの別々のことではなく，同じ内発的動機づけを異なる視点から表現していると言ってよいだろう。

「遊びの場面で，A君は台やはしごや長い板など巧技台を組み合わせ，登ったり跳び下りたりぶら下がって渡ったりして楽しんでいる。毎日，それらの用具の新しい組み方を工夫し，新しい動きに挑戦して夢中になっている。」

「何人かが集まって鬼ごっこをしている。お互いに自分の意見を出し合って自分たちでルールを決めたり発展させたりし，逃げ方や追いかけ方を考え工夫して全力で走りま

わっている。」

　このような子どもの遊びの様子を観察すると，自己決定的に行動することが有能さを発揮することであり，有能さの発揮の仕方がその子の個性となっていることがよくわかると思う。上の例からも明らかなように，巧技台における自己決定と有能さは，様々な用具をどのように組み合わせるかを工夫し，それらを使ってどのように動くかを決めて挑戦し，始めはうまくできなくても一生懸命に取り組むなかでいろいろな動きができるようになっていくといったことにある。鬼ごっこにおける自己決定と有能さは，逃げる相手をどのように追いかけるかや，どのように逃げるかを決めて全力で追いかけたり逃げたり，つまらなくなればさらに挑戦的な新しい決まりを工夫して鬼ごっこを発展させるといったことにある。一般的な言い方をするなら，自分たちで遊びを創り上げていくということになろう。このように，巧技台における自己決定と有能さは，鬼ごっこにおける自己決定と有能さとは大きく異なる。様々な活動にはそれぞれの活動に独自性の高い自己決定と有能さがあり，それらがそれぞれの活動のもつ独自の魅力，内在する報酬であると考えられる。他の活動では得にくい，その活動をしないと味わえない魅力，楽しさといってよいであろう。

　よく，有能さと優越感が混同されるので，この点についても触れておきたい。どちらが上手にできるか，どちらが優れているかについて自分と他者とを比較して，自分の方が優れている時に感じるのが優越感である。典型的には，優越感は競争して勝った時に感じる。これに対して，有能感は他者との相対的な比較ではない。自分が一生懸命努力して何かをやり遂げたとか，以前できなかったことができるようになったなど，自分の能力が発揮されたり向上したりした時に得られる感覚である。自己に対する信頼感と言っていいかもしれない。

　デシ（1980）は自己決定と有能さの認知を追求する内発的動機づけは2種類の行動を引き起こすとしている。1つは自分が今もっている全力を発揮するような行動である。もう1つは，自分の能力をさらに高めようとする挑戦的な行動である。このように，自分らしく自分の能力を向上させることを追求する内発的に動機づけられた行動である遊びは，まさに教育の目指す姿そのものであり，誰もが教育において遊びが中心的な役割を果たすという考え方に納得するであろう。

5 遊びとしての運動指導の基本指針

　遊びを内発的に動機づけられた行動と考えると，どのような遊び指導の指針が導き出されるのであろうか。この点についても，自己決定と有能さの追求が重要なポイントとなる。すなわち，運動を自己決定的に行わせるということが運動指導の基本指針ということになる。子どもが自分のやりたい運動を，自分のやりたいように自分の頭で考え工夫し挑戦し，もてる力を最大限に発揮して有能感が得られるようにすることが，遊びとしての運動指導

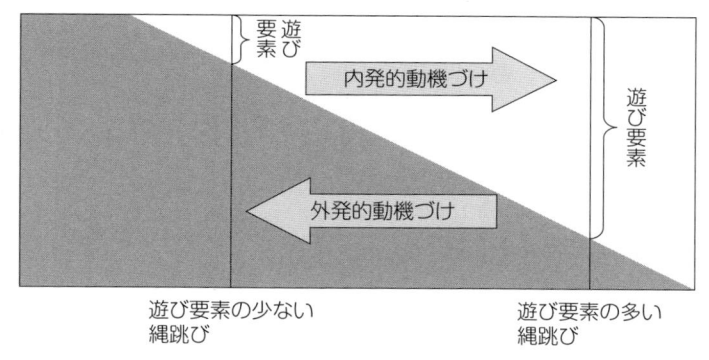

図3-2 連続体として捉えた遊び
出所：杉原（2008）より。

なのである。

　この指針に基づいて指導を行う時，動機の複合性が重要な意味をもってくる。というのは，人間はただ１つの動機づけだけで行動することはまれで，１つの行動に２つ以上の動機づけが関係していることが多いという事実がある。たとえば，縄跳びそれ自体がおもしろくてやりたいし，同時に上手に跳べることを先生に認められたいということで縄跳びをするといったことはしばしばある。前者は縄跳びという活動そのもののもつ魅力が原動力になっている内発的動機づけであり，遊びと言える。しかし，後者は縄跳びが先生に褒められるための手段となっている外発的動機づけ（承認動機）であり，遊びとは言えない。このような場合，縄跳びという活動に目的と手段の両方が関係している。このことは縄跳びは遊びか遊びでないかという２分法的な捉え方ができないことを意味している。２分法ではなく，内発的動機づけを遊び要素，外発的動機づけを非遊び要素と捉え，両者の関与の強さの違いから，遊び要素が多く含まれている縄跳びから少ない縄跳びまである連続体と捉えることが必要になる（図３-２）。そして，同じ縄跳びという活動でも子どもによって，また，場面によって遊び要素が含まれる程度は変わってくる。つまり，子どもが縄跳びをしているからといって遊んでいるとは断定できない。書店の本棚には○○遊びといった表題の本がたくさん並んでいるが，そこに書かれている活動をしているからといって，子どもが遊んでいるとは限らない。"水遊び"と呼ばれる活動をしているからといって必ずしも遊んでいるとは言えないのである。行っている活動によって遊びか遊びでないかが決まるのではないことに十分注意する必要がある。

　したがって，遊びの指導において指導者には，子どもがその活動をどのような動機で行っているかを見抜く眼が求められる。子どもの行動の背後にある動機，心の働きを理解する力を高めることが必要になるが，このことは容易なことではない。しかし，遊びを自己決定と有能さの認知を追求している行動と捉える立場からすると，運動場面の子どもと指導者の外見的行動から，誰でも比較的容易に遊び要素を客観的に見分けることができる。というのは，行動における子どもの自己決定が遊び要素になるからである。鬼ごっこをす

るかほかの活動をするか，どのような鬼ごっこをするか，どのような決まりでするかなどを子どもたち自身が決めて行う場合は遊び要素の多い鬼ごっこになる。今日はみんなで高鬼をします，決まりはこうです，最初はじゃんけんで負けた人が鬼になりますなどと多くのことを指導者が決めて行う鬼ごっこほど，遊び要素の少ない鬼ごっこということになる。

　以上のように，「子どもができるだけ自己決定的に運動するように援助する」という遊び指導の具体的な基本指針が導き出されるのである。

6 遊びと自発性

　保育現場ではよく"子どもの自発的，自主的な活動としての遊び"といった言い方がされる。また，多くの遊びの定義のなかにも，自発的な活動であるという条件があげられている。これまで述べてきた自己決定は自発性と同じで，両者は言い換えられるのであろうか。子どもの自己決定を尊重するという運動遊び指導の基本指針に従って実践を展開する時，自発性とか自主性ということと自己決定の関係を明確にしておく必要がある。

　国語辞典によると，自発性とか自主性は他からの働きかけや強制ではなく自ら進んで物事に取り組むこととされている。自発性をこのように捉えると，自己決定をしている状態は自発的であると言えるが，自発的であることが常に自己決定的であるとは言えない。具体的に説明しよう。内発的動機づけの自己決定理論では，自発性にはいくつかの水準があり，最も高い水準の自発性だけを自己決定と考えている。まったく自発性のない状態は，親や先生に叱られるからやるというように，やりたくないのに無理やり強制的にやらされている状態である。わずかながら自発性が出てくる最も低い水準の自発性には，みんながやっているから自分もやろうかとか，やらないと親や先生に悪いからやっておこうなど，消極的ではあるが本人のやろうとする意思が入ってくる状態がある。さらに自発性が高まると，親や先生に認められ褒められたくて一生懸命やるとか，友達と一緒に活動したくてやるといったように，自分の意思でやりたいと思って進んで積極的に活動する水準になる。このような2番目と3番目の状態は先にあげた辞典の意味では自発的と言えるが，運動は手段であり外発的動機づけである。先に説明したような内発的に動機づけられ，自己決定と有能さの認知を追求している遊びとは異なるのである。したがって，自発的であれば遊びである，ということにはならない。

　だからと言って自発性が重要でないということではない。たとえば，最初は，ほめられたいとか友達と仲良くしたいという外発的な自発性で活動を始めた。しかし，やっているうちに挑戦すること，工夫すること，上達することなど内発的に動機づけられ，褒められなくても，友達がやらなくても自己決定的に一生懸命取り組むようになるといったことはまれではない。このように，自発性と自己決定は区別して考え，自発性を自己決定へと高めていくといった指導が大切になる。

7 遊びと楽しさ

　多くの遊びの定義のなかで自発性とともによくあげられるのが，楽しい活動とか，楽しみのための活動などと言われる，楽しいという条件である。保育の現場でも子どもが楽しんで活動していれば遊んでいるのだと判断され，遊びイコール楽しいということが常識のようになっている。それでは，楽しさと自己決定と有能さによって内発的に動機づけられた状態である遊びはどのような関係にあるのであろうか。

　ある対象に対して抱く楽しい，つまらない，好き，嫌い，おもしろい，怖いなどといった快－不快の軸をもった精神状態は感情と呼ばれる。感情は一種の評価システムであり（上淵，2008），その対象が自分にとって利益をもたらすもの，よいものと評価されると快の感情が，有害であり，よくないものと評価されると不快の感情が生じるとされている。

　運動に対するこのような評価には，自分が運動に対してもつ動機が満足されるか阻止されるかが大きく関係する。すなわち，ある運動をする時，その運動に対して自分がもっている動機が満足されると，その運動は自分にとって良いものだと判断され，快の感情が生じる。先生にほめられたいという動機で縄跳びをし，先生にほめられると動機が満足され，楽しいとかうれしいといった快感情が生じる。逆に，無視されたり下手ねと言われたりしてほめられたいという動機が阻止されると，つまらないとか嫌いといった不快の感情が生じる。同じ運動でもその運動をする動機が満足されるか阻止されるかで全く異なった感情が生じるのである。

　このように，快感情の代表である楽しいという感情は，外発的動機づけが満足されても生じることになる。つまり，遊びでない外発的動機づけが満足されても楽しいのである。したがって，楽しいからといってその活動が内発的に動機づけられた遊びであることにはならない。人間は様々な動機で運動と関わる。したがって，運動には様々な楽しさがあり，そのうち，内発的動機づけが満足される楽しさだけが遊びの楽しさということになる。運動に関わる主な動機とそれらが満足される運動の楽しさを，内発的動機づけが満足される遊びとしての楽しさと，外発的動機づけが満足される遊びではない楽しさに分けて表3－1にあげておく。

　これまでの研究によれば，もともと高い内発的動機づけをもって活動している子どもに対してご褒美などの外的報酬が与えられると，多くの場合，その活動における内発的動機づけが低下することが明らかにされている（デシ，1980；速水，1998）。つまり，ご褒美をもらうなどの外発的動機づけが満足される楽しさを経験してしまうと，ご褒美などの外的報酬が得られないと運動しなくなると考えられる。一方，もともと内発的動機づけが低い場合は，ご褒美など外的報酬によって動機づけることが内発的動機づけを高めることを示す研究もある（速水，1998）。このことは，もともと内発的動機づけが低い運動嫌いや運動

表 3-1 運動の楽しさ

内発的動機づけが満足される楽しさ	社会的動機づけが満足される楽しさ
・全力を出し切って運動する ・上達する（できるようになる） ・新しいやり方や難しいやり方に挑戦してやり遂げる ・自分で考え工夫して運動する ・その運動のもつ独自の楽しさを味わう 例：ドッジボール 　　相手にボールを当てる 　　投げられたボールをかわす 　　味方にうまくボールをパスして当てさせる 　　当てられないところに逃げる 　　ボールをもって相手を追いかける 　　　　　　　　　　　　　　　　　など	・指導者や親や仲間に褒められる（承認動機） ・友達と一緒に仲良く協力して運動する（親和動機） ・競争して勝つ（優越動機） ・人から注目される・目立つ（顕示動機） ・ご褒美をもらう（獲得動機） ・自分の意見が受け入れられる（支配動機） ・人から励まされ支援される（救護動機） ・人を援助し助ける（養護動機） ・ルールに従って相手を攻撃する（攻撃動機） 　　　　　　　　　　　　　　　　　など

出所：杉原（2008）より一部改変。

に興味・関心のない子どもの場合，ご褒美をもらうとか褒められるなどの外発的動機づけが満足される運動の楽しさがきっかけとなって，内発的動機づけが高まることがあるということを意味している。

　一般的には，楽しいなどの快の感情は，高い意欲と結びつくことが多いという意味で，内発的動機づけが満足される楽しさ，外発的動機づけが満足される楽しさにかかわらず，運動指導において重要である。しかし，上に述べたような事実を考慮すると，外発的動機づけが満足される楽しさと内発的動機づけが満足される楽しさは区別して捉えておくことが指導の場において必要になる。何でもかんでも楽しければそれでよい，ということにはならないのである。

8 つらい苦しい遊びはあるか？

　自己決定と有能さの認知を追求している内発的に動機づけられた状態を遊びと捉えると，楽しければ遊びであるとは言えないことを述べてきた。それでは，つらいとか苦しいといった不快の感情と遊びの間にはどのような関係があるのであろうか。

　先に述べたように，感情は評価システムであることから，当然，内発的動機づけが阻止されるとつらいとか苦しいとか嫌だといった負の感情が生じる。このことは遊びの指導において好ましいことではない。だからと言って，運動遊びの場面でこのような感情を全く否定してしまうことには問題がある。というのは，つらい苦しいことを乗り越えることが強烈な自己決定と有能さの認知をもたらすことがあるからである。一生懸命取り組んでいるのに思うようにいかない，情けなくつらい。にもかかわらず，強制されたわけでもないのにそれをやると自分で決めて，つらい苦しい思いを我慢してやり遂げた時，強烈な自己決定と有能感が得られる。

やりたい子どもたちだけが集まって鬼ごっこをしている場面を観察していた時のことである。ある子が鬼になった。一生懸命追いかけて捕まえようとするが、もう少しのところでなかなかつかまらない。そのうちに「捕まらないよー」と叫びながら泣きべそをかき始めた。つらい嫌な思いをしているからもうすぐやめるだろうと思って見ていたが、なかなかやめない。泣きべそをかきながら頑張っている。追いかける相手を選んだり、追いかけ方を工夫したりして、やっとのことで逃げられない場所に追い込んで捕まえた。その時のこの子どもの表情には楽しいというよりは、つらい苦しいことをやり遂げたという何とも言えない充実感・満足感が浮かんでいた。

このように、自己決定と有能さを追求している過程のなかで、一時的につらい苦しい思いをすることがある。つまり、つらい苦しい遊びがあるのである。したがって、つらい苦しいといった感情を全く良くないものと否定してしまうのではなく、時には遊びのなかでつらい苦しいことに挑戦する経験をもつことも認めていくことが大切になってくる。

9 運動に対する動機づけの発達

1 内発的動機づけ——遊びの起源

運動発達のところで述べたように、胎児・新生児も様々な運動をするが、それらは反射という生得的な刺激－反応の結びつきによって引き起こされ、大脳皮質の心の働きである動機づけは関係していないと考えられている。乳児期になり随意運動が現れると、しだいに運動に動機づけが関係してくる。乳児は手足をバタバタと曲げ伸ばしたり、支えて立たされると脚をぴんぴんとリズミカルにうれしそうに動かしたりする。ガラガラのようなものを持たされると舐めたり振ったり、持ったものをみんなポンポン投げたりする。このように、乳児は自分の体を自分の思いどおりに動かすことや、ガラガラが鳴ったり投げたものが転がっていったりするなどといった自分の運動が引き起こすおもしろい環境の変化に惹きつけられて運動していると考えられる。

このことは乳児のモビール実験からも確かめられている（図3-3）。乳児が寝ているベッドの上にモビールを吊るす。乳児の様子は隣の部屋からよく見えるようになっており、モビールは隣の部屋で観察している実験者がスイッチで回転させたり停止させたりできるようになっている。乳児が偶然頭を一方に回転させた時モビールを回転させ、反対の方向に回転させた時に止める。このようにしてやると、乳児はさかんに頭を左右に動かし、モビールを動かしたり止めたりして喜

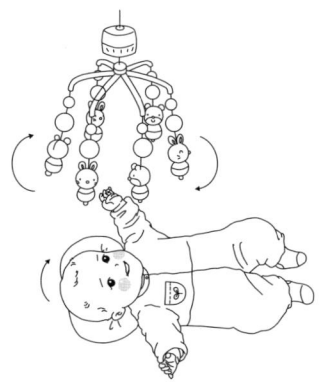

図3-3 乳児のモビール実験
出所：中島（2002）より。

んで楽しそうに遊ぶようになる。乳児は自分が頭を動かすことによって、モビールが音を出して回転するというおもしろい環境の変化を引き起こすことができることに気づいていると考えられる。このような現象は、有能感の芽生えを表しており、乳児が体を動かす動機として内発的動機づけがすでに働き始めていることを示している。人間の運動が内発的動機づけによって行われるという傾向が、生まれつき備わっていると解釈されているのである。乳児期から幼児期にかけては、自分の体がどのように動くのか、運動によってどのようなことができるのかといった内発的な運動好奇心が極めて旺盛な時期であると言える。

2 社会的動機づけの関わり

　幼児期に入ると内発的動機づけに加えて、外発的動機づけの一種である社会的動機づけが運動に関係してくるようになる。運動にかかわると思われる社会的動機づけの主なものについては先にあげた表3-1に示した。幼児期にこのような社会的動機が分化しているかどうかは必ずしも明確ではないが、子どもの行動を観察していると、社会的動機が運動に関わっていることは明らかである。社会的動機づけとは人と人との関係のなかから生まれてくる動機づけである。赤ん坊は他者から保護してもらわないと生きていけない無力の状態で生まれてくる。したがって、赤ん坊にとって自分を保護し養育してくれる人と緊密な人間関係を築くことは何よりも大切なことである。幼児期になるとこのような人間関係は大人から同年代の他者にも広がっていく。以下に運動と関係の深いいくつかの社会的動機づけの例をあげておこう。

　仲良くしたい、友達をつくりたい、友達と一緒に遊びたいといった時に働いているのは親和動機である。親和動機は保護してくれる人と良好な人間関係をつくりたいという気持ちが、それ以外の人にも広がったものと考えられる。子どもの社会的発達は仲間関係の形成が中心になる。運動には自分一人ではできない活動がたくさんある。たとえば、子どもは追いかけっこが大好きであるが、追いかけっこは仲間がいて初めて楽しむことができる。このような対人的交流の経験から他者と仲良くしたいという親和動機が発達してくると思われる。そして親和動機が発達してくると、たとえば、縄跳びそれ自体をやりたい（内発的に動機づけられている）わけではないが、友達と一緒に活動したいという親和動機で縄跳びに参加するようになる。このことは他の社会的動機にも当てはまる。

　幼児期には重要な他者にいい子だねとか、よくやったねとか、すごいねと認められたいという承認動機も見られるようになる。何かできるようになると、"見て見て！"と親や先生のところに飛んでくる。このような場合は褒めてもらいたいという気持ちが強く承認動機が働いている。

　優越動機は他者と比較して自分の方が優れていることを示したいという動機である。典型的には競争して勝ちたいという気持ちに現れる。幼児期はまだ、運動の上手下手を自分

で客観的に評価できないことが多いので，自ら進んで他者と比較するという競争をすることは少ない。しかし，競争意識は親や指導者などの周りの大人の影響を大きく受ける。そのため，周りの大人が勝ち負けや上手下手を強調すると，競争意識の高い負けず嫌いの子どもになるので，注意が必要である。

お金や物など物質的な報酬を得たいという獲得動機も幼児期に現れる。好きな食べ物やおもちゃなどのご褒美がほしくて，大人が勧める運動をするといった時に働いている。

以上，社会的動機について簡単に説明してきた。この他の外発的動機づけとして，痛いとか苦しいといった身体的な苦痛を避けようとするホメオスタシス性動機も生まれた時から働いている。さらに，好き嫌いや楽しい苦しいなどといった感情も外発的動機づけの一種で，幼児期の運動にも大きく関わっていることは先に述べた。

まとめ

　幼児教育においては遊びが中心的な役割を果たす。この考え方の背後には，遊びが人間に欠かすことのできない人間らしい活動であり，人間の文化の担い手であるという思想がある。認知心理学ではこのような人間らしい行動を遊びと捉え，自己決定と有能さの認知を追求する内発的に動機づけられた行動が遊びであるとする考え方がある。つまり，人間は生まれつき自分らしく自分の能力を向上させようとする根源的な傾向をもち，それを追求している行動が遊びであるとする。遊びをこのように捉えると，なぜ教育において遊びが重要かがよくわかる。それだけでなく，子どもたちの自己決定をできるだけ尊重するという運動指導の原則が導かれる。具体的に言うと，たとえば鬼ごっこをする時，子どもがどのくらい自己決定をしているかが遊び要素であり，指導者が決めることが多いほど遊び要素は少なくなる。遊びとしての鬼ごっこの指導とは，できるだけ子どもたち自身で決めて鬼ごっこができるようにすることになる。

　乳幼児期は特に，内発的動機づけの働きが強い時期である。この時期に遊びとして自己決定的に運動と関わることにより，運動能力が向上するだけでなく，有能感が育ち高い運動意欲をもった子どもが育まれる。言い換えれば，生涯にわたって運動を生活のなかに取り入れ，健康で充実した人生を送るための基盤が形成されるのである。

参考文献

杉原隆（2008）新版運動指導の心理学．大修館書店．
　⇨　運動という視点から外発的動機づけと内発的動機づけについてわかりやすく説明している。その上で，遊びを内発的に動機づけられた活動と捉え，楽しさや競争との関係についても触れている。

デシ，E. L.（安藤延男ほか訳）（1980）内発的動機づけ．誠信書房．
　⇨　内発的動機づけに関する非常に多くの研究をレビューし，その本質，発達，外発的動機づ

けとの関係について論じた内発的動機づけに関する原典。内発的動機づけについて勉強する人がまず最初に読むべき書。

引用文献

上淵寿（2008）感情と動機づけの発達心理学．ナカニシヤ出版．

シーデントップ，D.（高橋健夫訳）（1981）楽しい体育の創造．大修館書店．

杉原隆（2008）新版運動指導の心理学．大修館書店．

デシ，E. L.（安藤延男ほか訳）（1980）内発的動機づけ．誠信書房．

中島信船（2002）心理学入門．日本文化科学社，p. 73.

西村清和（1989）遊びの現象学．勁草書房．

速水敏彦（1998）自己形成の心理．金子書房．

ホイジンガ，J.（高橋秀雄訳）（1963）ホモ・ルーデンス．中央公論社．

第4章
幼児期の発達的特徴に応じた運動指導のあり方

導入

　学習者の発達的特徴に応じた指導を行う必要があることは誰もが認めるところである。しかしながら，発達に応じた指導とは具体的にどのような方法かについては，必ずしも考え方が一致しているわけではない。なぜかというと，発達的特徴の捉え方が異なるからである。子どもは大人より体が小さい，力も弱い，走るのも遅い，理解力も低い。子どもと大人の違いをこのように量的に捉えると，発達に応じた指導とは，大人や小中学生の行っているスポーツや体力づくり運動をやさしく小型化することになる。具体的にいえば，大きくて重いボールは小さく軽いものにする，大きなコートは狭くする，多い人数は少なくする，ルールはやさしく簡単にする，大きな器具用具は小さくする，長い距離は短くするなどなどである。しかし，発達を質的変化と捉える生涯発達の立場からすると，このような小型化した運動指導は幼児期の発達的特徴に応じた指導とは言えない。

　また，多くの幼児教育関係者の間では，遊びが幼児期の発達的特徴に応じた最も効果的な方法であるとされている。しかし，一部の幼児教育関係者や保護者をはじめとする一般の人々の間には，遊ばせているだけでは子どもの能力は育たないという，根強い遊び不信感があることも事実である。この章では，第2章で述べた運動発達の質的特徴を踏まえ，第3章で述べた遊びの定義に基づいて，遊びとしての運動指導の基本的な考え方を提示する。それとともに，質的特徴を踏まえた遊びとしての運動指導が幼児期の子どもの能力を育む有効な方法であることを，客観的なデータによって検証する。

1 多様な運動経験を通して運動コントロール能力を高める

　幼児期の運動指導に当たってまず考慮すべき発達の質的特徴は，幼児期は運動コントロール能力が急激に発達する時期であり，かつ最も効果的に高めることができる敏感期であるということである。自分の思うように巧みに体を動かす運動コントロール能力を高める

ための原則は、運動の多様性であるとされている。様々な体の部位をいろいろな方向に、いろいろなスピードやタイミングで、力の入れ方を様々に変化させて多様な運動をすることによって、急激に発達している脳神経に知覚と運動を結びつける豊富な回路が形成され、自分の体を自分の思いどおり巧みに動かす運動コントロール能力が高まると考えられる。運動を幅広く経験し、多様な運動パターンを身につけながら運動コントロール能力を高めることが重要なのである。幼児期に運動経験が不足したり偏ったりして運動コントロール能力の発達が阻害されると運動不器用になり、大きくなってからの運動の学習が阻害されることになる（ガラヒュー，1999；宮丸，2011）。

幼稚園教育要領では、領域「健康」のなかに「いろいろな遊びの中で十分に体を動かす」という内容があげられている。この「いろいろな」ということばを幼児期の運動発達の質的特徴という視点から捉えると、運動の多様性を意味していると言っていいだろう。決して、どのような運動でもよいということではないのである。

1 多様な運動パターン

運動コントロール能力を高める運動の多様性で最も基本となるのが、子どもが経験する運動パターンの多様性である。事実、多くの運動パターンを経験している子どもほど運動能力が高いというデータがある。筆者らは幼児の運動能力全国調査の際、保育者に1週間の間、クラスの子どもたちが経験している運動パターンを、割合と頻度の2点から観察してもらった。割合はクラスの何割くらいの子どもに見られたかを「どの子にもまったく見られない」から「ほとんどすべての子の見られた」までの5段階で評定された。頻度は「まったく見られない」から「ほとんど毎日見られた」の4段階で評定された。その回答結果が表2-1（p.20）であり、おおむね、多くの子どもが頻度高く経験している運動パターンから順に並べられている。この評定点をもとに、全37の運動パターン観察項目の評定点を合計し、その合計点でクラスを高・中・低の3群に分けて運動能力を比較したものが図4-1である（杉原ほか，2011）。縦軸の運動能力は、MKS幼児運動能力検査6種目（第Ⅲ部参照）の合計点であり、子どもの総合的な運動能力を表している。これを見ると、割合では高・中・低群の順で統計的に有意に運動能力が高く、頻度では高群が中・低群より高くなっている。すなわち、多くの子どもが頻度高く多くの運動パターンを経験しているクラスの子どもほど運動能力が高いのである。

ただし、3群に認められた運動能力の差は大きなものではない。差が大きくないのは運動パターンの観察がクラス単位であり、一人ひとりの子どもではなかったことが関係していると思われる。この研究では保育者の評定だけでなく、運動能力6種目合計点の高い子どもと低い子どもを抽出して、自由な運動遊び場面をビデオにとって観察分析している。その結果、運動能力の高い子どもは低い子どもより行っている運動パターンの数がはっき

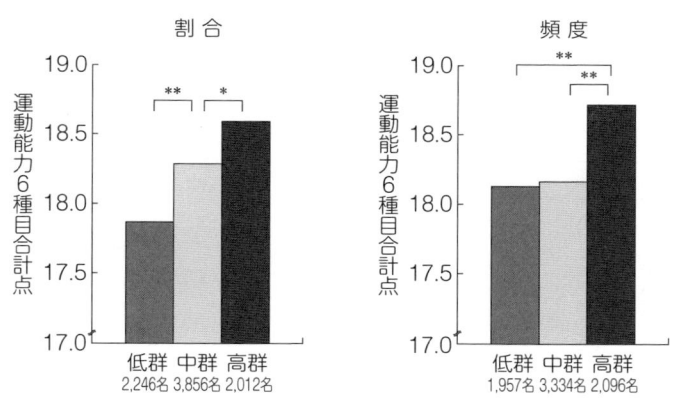

図 4-1 運動パターン経験による運動能力の比較
(注) ** p＜0.01, * p＜0.05
出所：杉原ほか (2011) のデータより作成。

りと多いことが明らかになった。これらの事実は，幼児期はある特定の同じような動きを繰り返し練習するといった偏った運動経験が，運動発達にとって好ましくないことを示している。たとえば，毎日毎日同じ動きを繰り返すいわゆるマラソンや体操といった運動は，幼児期の運動発達の点から見てふさわしい運動とは言えないのである。

　子どもが多様な運動パターンを経験できるようにするには，まず，普段の園生活で子どもたちがどのような運動パターンを経験しているか，していないかを観察することから始めるのがよい。そのために利用できる運動パターン観察表を表4-1にあげておいた。一つひとつの運動パターンを独立させて取り上げると項目数が多くなりすぎ，観察が煩雑で困難になるので，よく似たものや同時に観察されやすいものはまとめてある。このような観察表を利用して1か月，1学期単位くらいで観察して現状を把握する。その結果に基づいて，経験割合や頻度の少ない運動パターンに注目して，そのようなパターンが経験できる活動にはどのようなものがあるかを教材研究する。その際，これまでの保育活動との連続性や発展性，子どもの能力や興味・関心，施設用具，園の行事なども考慮する必要があろう。これまで運動遊びに関する著書は多数出版されているが，それらのほとんどは固定遊具を使った遊び，縄を使った遊び，鬼ごっこなどといった形で紹介されており，運動パターンという視点からはほとんど取り上げられていない。幼児期の発達的特徴に応じた指導のためには，含まれている運動パターンという視点から運動活動を捉え直す必要があろう。

2 多様な運動パターンのバリエーション

　第2章でも説明したように，様々な運動パターンのバリエーションも運動コントロールの仕方の違いによって生じる。そのため，多様な運動パターンのバリエーションを経験することによって運動コントロール能力が高まると考えられる。先にあげた運動能力の高い

第Ⅰ部　幼児期の運動発達と指導の基本

表4-1　運動パターン観察表

担当学年（○をつけてください）：3歳児・4歳児・5歳児　　　クラス名＿＿＿＿＿＿＿＿＿＿＿＿＿＿＿＿＿

あなたのクラスの子どもは最近，どのような動きをしていますか。（最近：1か月 or 1学期）
以下の動きについて「行っている子どもの割合」と「その頻度」の2点から当てはまる欄に○印をしてください。

クラスで行っている子どもの割合					運動パターン	クラスで観察された頻度				
どの子にもまったく見られない	一部の子に見られた	半数くらいの子に見られた	多くの子に見られた	ほとんどすべての子に見られた		ほとんど見られない	半数以下の日に見られた	ほぼ半数の日に見られた	半数以上の日に見られた	ほとんど毎日見られた
1	2	3	4	5	1　寝ころぶ－起き（立ち）上がる	1	2	3	4	5
1	2	3	4	5	2　逆さまになる，逆立ちする	1	2	3	4	5
1	2	3	4	5	3　バランスをとる	1	2	3	4	5
1	2	3	4	5	4　ぶらさがる	1	2	3	4	5
1	2	3	4	5	5　走る，追いかける－逃げる	1	2	3	4	5
1	2	3	4	5	6　跳ぶ，跳びこす，跳びつく，跳びはねる，スキップする	1	2	3	4	5
1	2	3	4	5	7　ころがる，でんぐり返しをする	1	2	3	4	5
1	2	3	4	5	8　這う	1	2	3	4	5
1	2	3	4	5	9　浮く，泳ぐ，もぐる	1	2	3	4	5
1	2	3	4	5	10　乗る，こぐ	1	2	3	4	5
1	2	3	4	5	11　登る，降りる	1	2	3	4	5
1	2	3	4	5	12　すべる	1	2	3	4	5
1	2	3	4	5	13　身をかわす	1	2	3	4	5
1	2	3	4	5	14　まわる，回転する	1	2	3	4	5
1	2	3	4	5	15　くぐる，入り込む	1	2	3	4	5
1	2	3	4	5	16　持つ，つかむ，にぎる	1	2	3	4	5
1	2	3	4	5	17　かつぐ，持ち上げる－下ろす	1	2	3	4	5
1	2	3	4	5	18　積む，のせる，置く	1	2	3	4	5
1	2	3	4	5	19　運ぶ	1	2	3	4	5
1	2	3	4	5	20　投げる，当てる，落とす	1	2	3	4	5
1	2	3	4	5	21　捕る（キャッチする），受ける	1	2	3	4	5
1	2	3	4	5	22　打つ，たたく，つつく	1	2	3	4	5
1	2	3	4	5	23　（ボールなどを）つく，はずませる	1	2	3	4	5
1	2	3	4	5	24　ころがす	1	2	3	4	5
1	2	3	4	5	25　蹴る	1	2	3	4	5
1	2	3	4	5	26　踏みつける	1	2	3	4	5
1	2	3	4	5	27　組む，抱く	1	2	3	4	5
1	2	3	4	5	28　負う，おぶさる	1	2	3	4	5
1	2	3	4	5	29　押す，押さえる	1	2	3	4	5
1	2	3	4	5	30　ささえる	1	2	3	4	5
1	2	3	4	5	31　振る，振りまわす，まわす	1	2	3	4	5
1	2	3	4	5	32　引く，引っ張る，引きずる	1	2	3	4	5
1	2	3	4	5	33　縛る，巻く	1	2	3	4	5
1	2	3	4	5	34　たおす，押したおす	1	2	3	4	5
1	2	3	4	5	35　掘る	1	2	3	4	5

出所：筆者作成。

子どもと低い子どもの運動場面におけるビデオ観察からも，運動能力の高い子どもの方が低い子どもより運動パターンのバリエーションが顕著に多いことが示されている（杉原ほか，2011）。

表4-1の運動パターン観察表には歩くという人間にとっては最も基本となる運動パターンはあげられていない。その理由は，歩くという運動パターンは日常生活のなかで全ての子どもが頻度高く経験している運動であり，わざわざ観察する必要がないからである。だからと言って，運動指導において無視してよいというわけではない。歩くとか走るなどの多くの子どもが頻度高く経験している運動パターンについては，指導に当たってバリエーションという視点が重要になる。つまり，いろいろなバリエーションが経験できるよう配慮することが大切になる。たとえば歩くというパターンであれば，大股で歩いたりちょこちょこと歩いたり，腿を高くあげてドタドタ歩いたり，忍び足でそっと歩いたり，すり足で歩いたりなど色々な足の動かし方で歩く。後ろや横や曲がるなど色々な方向に歩く。丸太の上やタイヤの上など高いところ不安定なところを歩く。でこぼこや滑りやすいところや水のなかなど様々な地形のところを歩く。竹馬や缶ポックリを履いて歩いたり裸足で歩く。音楽に合わせて様々なリズムで歩く。このような運動パターンのバリエーションという視点からの指導が重要になる。いつも同じような走り方で，同じような速さで，同じ場所を走るいわゆるマラソンのような運動はほとんどバリエーションがなく，幼児期にふさわしい運動とは言えない。同じ走るなら，いろいろな場所を，いろいろな方向に，様々にスピードを変えて，時には狭いところをすり抜けて走ったりする追いかけっこのような活動の方がはるかにバリエーションが多く，幼児期の運動発達にとってふさわしい運動と言える。

3 多様な運動経験を引き出すその他の視点

運動コントロール能力を高めるための多様な運動経験を引き出す視点としては，運動パターンとそのバリエーション以外にも考慮すべきいくつかの視点がある。

施設・用具の多様性と柔軟な使用はその1つである（近藤，1995）。施設，用具は多様な運動パターンやバリエーションを引き出すという効果もあるが，それだけではない。様々な対象物と体で関わることにより，身の回りの物の性質や仕組みに気づき，いろいろ試したり工夫したりして活動することにより運動好奇心や知的発達を刺激し，領域「環境」のねらいを達成するよい活動にもなる。したがって，遊具を固定的に考えたり，いつも同じような施設や用具を使ったりしていることは好ましくない。たとえば，縄といえば縄跳びといったようなステレオタイプな発想は禁物である。引っ張りっこをしたり，いろいろなやり方で振り回したり，木などに引っかけてぶら下がったり，短く結んで投げっこをしたり，地面の上にいろいろな形においてその上を歩いたり跳んだり，両端を結んで電車ごっ

こをしたりといったように様々な使い方ができる。また，いわゆる運動遊具だけでなく，新聞紙や段ボールや木の棒や落ち葉など身の回りの物をうまく利用するといった柔軟な発想が求められる。年中園庭にある鉄棒でもロープをぶら下げたり，竹や板などを斜めに立てかけたり，大型積木と組み合わせて基地にしたりして変化をつけることができる。子どもたちがいろいろな施設・用具の使い方を工夫し発見し，与えられた環境を再構成して活動していけるようにすることが求められる。

施設用具という視点から特に考慮する必要があるのが，自然との触れ合いである。山や川や野原などの地形，草木や昆虫や魚などの動植物，これら自然は子どもの感性を豊かにするだけではなく，多様な運動を引き出す。自然に触れると体が自然に動きだすのである。近年，都会で生活する子どもは特に，自然と触れ合うことが少なくなっている。自然豊かな地方でも，自然のなかで遊ぶ子どもを見かけることが少なくなっている。近くの公園など自然のある場所を利用したり，できるだけ園のなかに自然を取り入れる工夫をするなどの配慮が求められる。

多様な運動経験という視点からは，一緒に活動する子どもの人数やきまり・ルールなども考慮する必要がある。1人で活動に集中する経験，2人でやり取りして活動する経験，少人数で一緒に活動する経験，クラス全体など大人数で活動する経験などである。2人以上で活動する場合には，きまり・ルールや協力が関係してくることが多い。これまでの研究によれば，3歳を過ぎる頃からきまりのわかる子，守れる子が増え始めるが，まだ決まりのない遊びが多い。しかし，5・6歳になると決まりのない遊びは少なくなり複雑な決まりのある遊びが増えていく（西頭，1974）。このような発達を考慮し，子どもの実態に合わせて活動のなかで様々なきまりをもった活動が経験できるよう配慮していくことが大切である。このような運動経験は，領域「人間関係」のねらいを達成するための重要な活動にもなる。さらに，自分の考えを伝えたり，人の意見を聞いたりすることを通して領域「言葉」のねらいを達成することにもつながる。

2 自己決定を尊重した遊びのなかで運動意欲を高める

運動指導に当たって考慮すべき発達の質的特徴の2番目は，運動に対する動機づけである。乳幼児の運動は，内発的動機づけが中心的な役割を果たしている。自分の体を自分の思うように動かすこと，自分の運動によって様々な環境の変化を引き起こすことができるという自己決定と有能感が運動の主要な原動力になっており，体を活発に動かした時の爽快感や楽しいとかおもしろいといった快感情とも強く結びついている。このように，内発的動機づけに基づいて遊びとして運動し，内発的動機づけが満足されることによって，運動意欲の高い運動好きの子どもが育つ。人から言われなくても自ら進んで運動遊びをする子どもになるのである。獲得や承認や優越といった外発的な社会的動機づけも働き始めて

はいるが，その働きは年長者に比べるとはるかに弱い。そのため，幼児期の発達的特徴という視点からは，内発的に動機づけられた活動である遊びとして運動を経験するという運動指導の原則が導かれる。

遊びによって育まれた運動意欲は，生涯にわたって生活のなかにスポーツを取り入れ健康で活力ある生活を営む基礎を形成する。その結果，運動から健康・体力だけでなく充実感や生きがいなどといった精神面を含む多くの恩恵を受けることが可能となる。この意味で運動の好きな子ども，運動に対して高い意欲をもつ子どもを育てることは運動指導における最も重要な目標になると言えよう。幼稚園教育要領に「自分の体を十分に動かし，進んで運動しようとする」というねらいがあげられ，内容の取扱いでは「……自ら体を動かそうとする意欲が育つようにすること」とされていることに注目してほしい。

1 運動能力の発達における遊びの有効性

以下に，筆者らが行ってきた幼児の運動能力全国調査の分析結果から，幼児期の発達にとって遊びとしての運動経験が非常に効果的であるという客観的なデータを示す（杉原ほか，2010）。

幼稚園に保育時間内に何らかの運動を指導しているかどうかを尋ね，指導していると回答した園については運動種目と指導者を聞いた。その結果が表4-2と表4-3である。最も多かったのは体操で約6割，次いで水泳，マット・跳び箱・鉄棒などの器械運動，縄跳びが半数弱，サッカー，マラソンなどが3割弱の園で指導されていた。指導者は外部派遣講師が約半数，クラス担任が約3割，園の体育専任が約2割となっている。これを見ると，小中高の体育の授業で行われている運動が体育の専門といわれる指導者によって指導されている，すなわち，冒頭で述べた指導者主導の小型化した運動の技術指導が行われていることがわかる。このような運動指導の効果を見るために，運動指導をしていない園としている園，している園を指導頻度が高い園と低い園に分け，3群の運動能力を比較したのが図4-2である。最も運動能力が高いのは指導していないと回答した園で，次が指導頻度の低い園，最も運動能力の低かったのが指導頻度の高い園である。これは2002年調査結果であるが，2008年調査でもほぼ同様の結果が得られている。これらの結果は，運動能力を高めようとして指導者主導の小型化した運動の技術指導をすればするほど，運動能力が低くなってしまうことを示している。しかもその差はかなり大きい。このような指導は幼児期の発達的特徴に合っていないことが如実に示されている。特定の運動の上達を目指した技術指導が子どもの育ちを阻害することは以前から指摘されていたが（近藤，1994），このデータはそのことをはっきりと裏づけている。ここで注意してほしいのは，遊びとしての運動指導が運動の上達そのものを否定しているのではないということである。遊びのなかで一生懸命取り組んだり，動きを工夫したり，自分のやりたい動きに挑戦したりするとい

表4-2 幼稚園で保育時間内に指導されている運動（2002年調査選択法複数回答）

運動種目	園数	％
体操	44	61.1
水泳	32	44.4
マット・跳び箱・鉄棒	29	40.3
縄跳び	29	40.3
サッカー	20	27.8
散歩	19	26.4
マラソン	17	23.6
野外活動	12	16.7
いろいろな運動遊び	8	11.1
その他	18	25.0

出所：杉原ほか（2010）より。

表4-3 保育時間内の運動指導者の属性

指導者	園数	％
外部派遣講師のみ	25	43.9
クラス担任のみ	17	29.8
園の体育専任のみ	10	17.5
体育専任と外部派遣講師	2	3.5
担任と外部派遣講師	1	1.8
担任と体育専任	1	1.8
担任と体育専任と外部派遣講師	1	1.8

出所：杉原ほか（2010）より。

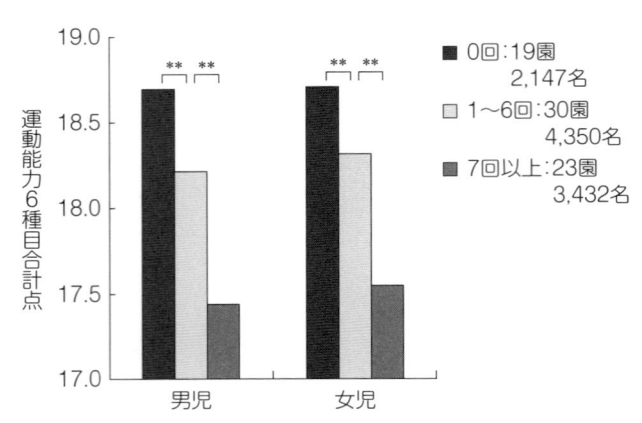

図4-2　幼稚園での運動指導頻度による運動能力の比較
（注）** $p<0.01$
出所：杉原ほか（2010）より。

う運動経験を通して，結果として様々な運動が上達していくのが幼児期にふさわしいと考えているのである。特に何らかの運動を指導していないと回答した園では，運動の指導を何もしていないというわけではない。跳び箱やサッカーや縄跳びといった特定の運動の上達を目指した系統的な技術指導はしていない。しかし，多くの園では，子どもたちがそれぞれ自分の好きな運動をして遊ぶようにするという指導がなされている。その結果，遊びのなかで様々な運動ができるようになり上達していくというかたちで運動能力が向上していると考えられる。

自己決定と有能さの認知を追求している内発的に動機づけられた状態である遊びが運動能力の発達に効果的であるという，もっと直接的な証拠をあげよう。これまで説明してきたように自己決定を遊び要素と捉え，子どもが園で運動する時に遊び要素がどの程度含まれているかを，①どのような運動を行うか，②運動のやり方，③きまりやルール，④目標や課題の4点から調べた。それぞれ「ほとんど指導者が決めている」（1点），「子どもと指導者がほぼ半々」（3点）を経て，「ほとんど子どもが決めている」（5点）までの5段階

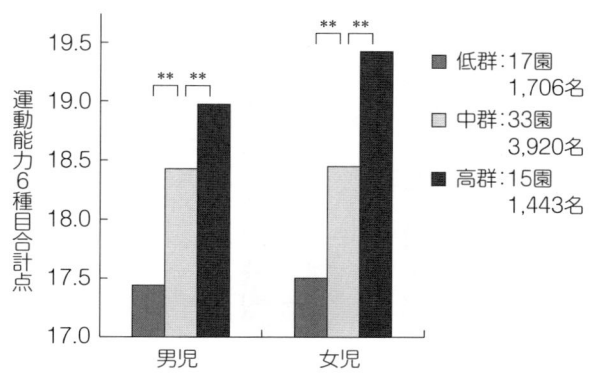

図4-3 遊び志向得点別に見た運動能力の比較
（注）** p＜0.01
出所：杉原ほか（2010）より。

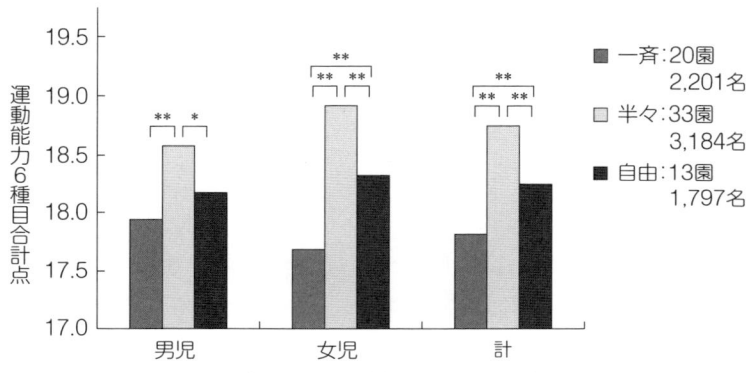

図4-4 幼稚園の保育形態別に見た運動能力の比較
（注）** p＜0.01，* p＜0.05
出所：杉原ほか（2010）より。

評定で回答を求め，4項目の合計点を遊び志向得点とした。この遊び志向得点を使って園を高，中，低の3群に分けて運動能力を比較したのが図4-3である。男女とも運動能力が最も高いのは遊び志向得点高群であり，中群，低群の順で統計的に有意に運動能力が低くなっている。しかも高群と低群の差は非常に大きい。この結果は，遊びが子どもの運動能力を高める非常に効果的な方法であることを明確に示している。ただ，注意しておかなければならないのは，高群の遊び志向得点は12点以上で，指導者が決めるより子どもたちが決めることの方が多い園であった。このことは，全てを子どもたちに決めさせることが必要なのではなく，子どもたちの自己決定と保育者の指導性（決定）のバランスが重要であることを意味している。ちなみに，一番運動能力の低い遊び志向得点低群は6点以下であり，ほとんど全てを指導者が決めている園であった。

もう1つは，幼稚園の活動全般の保育形態と運動能力の関係を分析したデータである（図4-4）。子ども一人ひとりが自由な活動をする遊び保育中心の園，クラスの子どもが保育者の決めた同じ活動をする一斉保育中心の園，両者ほぼ半々の園に分けて運動能力を比較

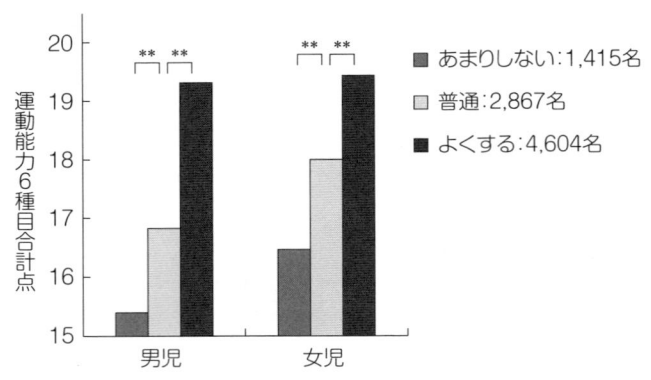

第Ⅰ部　幼児期の運動発達と指導の基本

図4-5　自由遊びのとき運動遊びをする頻度と運動能力の関係
（注）** $p<0.01$
出所：杉原ほか（2010）より。

すると，一斉保育中心の園より遊びを取り入れている園の方が有意に運動能力が高いのである。

さらに，子どもが自由に何をしてもいいという時に運動遊びをする頻度と運動能力の関係を分析したデータも，遊びの重要性を明確に示している。クラスの子ども一人ひとりについて，「ほとんどしない」から「普通」を経て「非常によくする」の5段階で評定してもらい，子どもを「普通」を中心に3群に分けて運動能力を比較したのが図4-5である。何をしてもいいという自由な時間に，運動を自己決定的に行う頻度が高い子どもほど，運動能力が顕著に高い。

以上のデータは全て，遊びが運動能力を効果的に高める有力な方法であることを明示している。できるだけ子どもたちの自己決定を尊重し，遊びのなかで運動することによって高い運動意欲をもった子どもを育てることの重要性が理解できる。

2　遊びとしての運動指導の具体的方法

現実の指導場面では，子どもたちに全てを決めさせると，何をしていいかわからず遊びが成立しなかったり続かなかったりすることもまれではない。また，経験する運動が偏ってしまうこともあるだろう。このような時には，ある程度指導者が決めることが必要になる。子どもの自己決定を尊重するということは決して自由放任ではなく，経験させたい活動を子どもがやりたいと思うような遊び要素を多く含んだ指導をするということである。具体的には先にあげた施設用具の工夫をはじめいろいろな方法が考えられる。基本となる指導の形態という点からは，いくつかの選択肢を示して子どもたちがやりたいことを決めることができるようにすることが考えられる。そのような指導形態の考え方の一例を表4-4に示したので参考にしてほしい。子どもの自己決定である遊び要素の多いものから少ないものの順に連続体として並べてある。子どもたちのこれまでの経験や興味・関心，

第4章　幼児期の発達的特徴に応じた運動指導のあり方

表4-4　遊び要素（子どもの自己決定）から見た運動指導の形態の一例

遊びA型	指導者は子どもに経験させたい活動が生じるよう，施設用具などの環境を用意するが，ほとんど一日中，行う活動は子どもが自由に決める
遊びB型	指導者は施設用具などの環境を用意し，時間や場所を指定するが，行う活動は子どもが自由に決める 　例：自由に活動できる時間を設ける 　　　公園へ連れ出したり，今日はみんなお外で遊ぼうというように場所を指定
混合A型	指導者が活動をいくつか提案して子どもに選択させ，活動の仕方は子どもが自由に決める 　例：アスレチックか縄跳びかボールで自由に遊ぶ
混合B型	指導者が子どもの活動を1つ決めるが，活動の仕方は子どもが自由に決める 　例：アスレチックを使って活動するが，やり方は子どもが自由に決める
混合C型	指導者が子どもの活動をいくつか提案して子どもに選択させるが，指導者が活動の仕方を決める 　例：アスレチックでは動きが，縄跳びでは跳び方が，ドッジボールではルールなどが指導者によって指示される
指示型	指導者が子どもの活動を全て決め，指導者の指示によって活動を行わせる 指導者が決めた運動の仕方やルールなどを説明したり師範したりし，子どもは指導者の指示どおりに運動をする

（注）子どもの状態や経験させたい活動を考慮して，適切な指導形態を選択し，できるだけ遊び型に移行していくようにする。
出所：筆者作成。

経験させたい活動などを考慮して適切な指導形態を選び，できるだけ遊び要素の多い形態へと移行発展させていくことが大切である。

　その他の指導の方法も遊び要素の多少という視点から捉えておくとよい。遊び要素の非常に多い指導としては施設用具など物的環境を整えて待つ，見守るなどがある。子どもは周りの環境や仲間の様子をじっと見て，自分が何をどのようにしたいかをじっくり考えていることがある。遊べないからといってすぐ指示したり教えたりするのではなく，時には待つことが必要なことがある。また，子どもは保育者に見守られているだけで安心して遊ぶことができる。指導者が楽しく運動しているのがモデルとなり，子どもが自分もやりたいと自己決定することも少なくない。さらに誘いかけたり，励ましたり，認めたり，仲間となって一緒に遊んだりするのも遊び要素の多い指導である。工夫させる，相談させる，ヒントを与える，提案する，挑戦させる（めあて・目標を決めさせる）といった指導も遊び要素をかなり含んでいる。指示や命令は危険な行為の禁止など必要な場合もあるが，遊び要素はほとんどないので最小限にとどめるのがよい。

　よく"運動遊びプログラム"という言葉を耳にする。プログラムとは一般的には，番組表や計画表を意味する。運動会や音楽会のプログラムからもわかるように，あらかじめどのような活動をどのような順序でどのくらいの時間行うかを決めたものである。しかし，遊びは子どもたち自らが工夫し発展させるなど自己決定するため，そのときどきの状況によって活動の展開は大きく変わる。予測していない方向に発展することも多い。このように遊びは融通無碍，変幻自在である。したがって，活動を細かくプログラム化すればするほど遊び要素は少なくなり，遊びではなくなってしまう。"遊び"と"プログラム"化は

3 遊びのなかで人格の基礎を育む

　運動指導と言うと，健康・体力や運動能力といった身体面が注目されがちであるが，幼児期の運動は心の発達と密接に結びついているのが大きな特徴である。見方によっては，運動遊びの教育的効果は身体面より精神面の方が重要であると言ってもよいかもしれない。というのは，遊びとしての運動は運動意欲を育て，自我の形成や社会性の発達に大きく影響するとともに，知的な発達とも密接に関係しているからである。

　体育の目標には古くから，健康・体力とともに人格形成があげられてきた。スポーツではルールを守ってプレイするので道徳性が高められる，チームで協力して行うので協調性や社会性が養われるなどと考えられていたのである。しかし，運動がどのようにして人格形成に影響するかというメカニズムに関する研究が進み，運動の経験の仕方により好ましい人格が形成されることもあれば，逆に教育的にマイナスの影響もあることが明らかになってきた。運動と人格形成を結びつける主要な理論的背景には，自己概念の発達に関する研究成果がある（ガラヒュー，1999；Horn, 2004；杉原，2008）。

1 運動による自己概念の形成

　新生児は自分と自分以外の区別がない未分化の状態で，自分という意識はない。生後半年から1年頃の乳児はさかんに自分の手足をじっと眺めて，つかんだりなめたり引っ張ったり時には噛んだりする。このような運動は自己刺激的運動と呼ばれている。自分の手は引っ張ったり噛んだりすると痛いが，タオルは痛くはない。このような感覚運動的フィードバックの違いを通して，自分の体とそれ以外のものを区別するようになる。最初に意識される自分＝自分の体であり，身体的自我と呼ばれる。3歳頃になると身体的特徴に加えて，自分は「○○する」とか「△△できる」といった行為が加わり，客体としての自己概念が形成される。自己概念とは，わかりやすく言えば，自分の身体的特徴や能力や性格などについてもつ自分自身についてのイメージのことである。

　子どもは自分をいくつかの視点で捉えているが，それらのなかでも運動的側面が非常に重要な位置を占める。毎日の生活のなかでボールで遊んだり鬼ごっこをしたりするといった運動経験が自己概念のなかに取り入れられ，子どもの意欲や行動傾向に大きく影響するのである。この時に働いているメカニズムをわかりやすく模式的にあらわしたのが図4-6である。力いっぱい楽しく運動したり，努力して運動をやり遂げたりするといった達成経験を積んだ子。また，そのことが指導者や親や仲間など重要な他者によかったねとかよくやったねと受け入れられた子は，自分は楽しいことがいっぱいできるんだという運

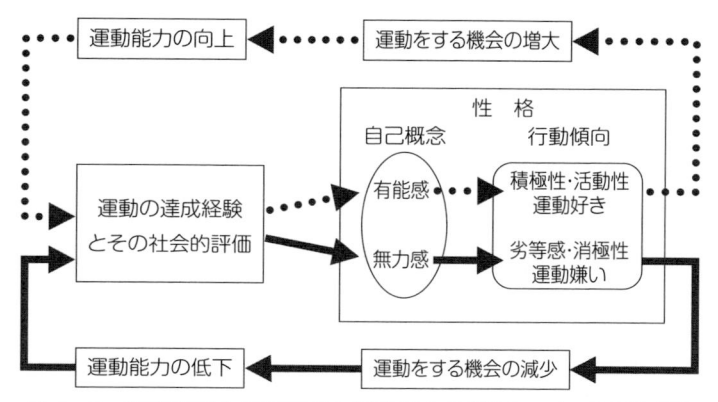

第4章　幼児期の発達的特徴に応じた運動指導のあり方

図4-6　運動経験と自己概念と運動能力の関係についての模式図
出所：杉原（2011）より。

動有能感を形成する。すると，自信が高まり行動が積極的・活動的になるとともに，運動好きになる。その結果，運動する機会が増え，運動能力がよく発達する。すると，運動場面で達成経験をする機会がさらに多くなり，ますます有能感が高まるという好循環が生まれる。これに対して，競争で負けたり，努力してもうまくできなかったりした子，重要な他者から負けだとか下手だとか否定的な評価を受けた子は，自分はだめな人間なんだという無力感を形成する。すると，劣等感が生まれ行動が消極的になる。と同時に運動嫌いになり，運動する機会が減り，運動発達が遅れてしまう。その結果，運動場面での達成経験がますますもてなくなり，さらに無力感が強くなるという悪循環に陥ってしまうのである。

　好循環が生じるか悪循環が生じるかは，運動指導の仕方によって大きく左右される。クラスの子ども全員に上達を目指して指導者主導の小型化した運動の技術指導を行うと，できる子できない子，上手な子下手な子がでてくる。競争させると勝つ子と負ける子がでる。上手な子や勝つ子は上の好循環が生じるが，多くの負ける子や下手な子は下の悪循環が起こることになる。これに対して，遊びとしての指導では好循環が中心となり，悪循環は起こりにくい。というのは，遊びでは多くの子どもが上達を目指して一斉に同じ運動をすることは少ないので，他の子どもと比べて上手下手やできるできないを比較する機会はほとんどない。また，幼児期の子どもはまだ自分の運動の出来栄えを客観的に評価できないので，大人がしない限り自分から進んで他の子と上手下手を比べようとはしない。さらに，能力概念と努力概念が未分化なため，大人から見ての上手下手やできるできないと関係なく，一生懸命やったことは上手にできたこと，つまり自分は有能だと思っている（上淵，1996）。そのため，子どもは自分の能力を肯定的に捉え過大に評価する傾向をもち，幼児楽観主義と呼ばれている（中澤，2011）。見方によっては，全ての子が有能感をもてるいい時代なのである。運動の出来栄えに関係なく，たとえうまくできなくても，一生懸命取り組んだことをよくやったねと認めてやる。他者との比較でなく，その子なりの進歩上達を認めてやる。勝ち負けや上手下手を強調しない指導が求められる。

2 自己概念の形成に関与する遊びの有効性

　図4-6に示したような循環が働いていることを示す客観的なデータをいくつかあげよう。まず，運動有能感と行動傾向についてである。継続的にサッカーの技術指導が行われ，上手な子を選手に選抜して対外試合に出場しているという，上手下手や勝ち負けがかなり強調されている園の年長児を対象とした研究である（杉原，1985）。園児に面接を行い，サッカーがどの程度上手にできると思っているかを調べた。一方，クラス担任には，園児一人ひとりの園生活での行動傾向を相対的に5段階で評価してもらった。サッカーが上手にできないと思っている有能感の低い子と，上手にできると思っている高い子に分けて園での行動傾向を比較した（図4-7）。その結果，協調性，積極性，自信は有能感の高い子と低い子の間にはっきりと差が出ており，自立心や忍耐力も統計的な有意差は見られなかったが同様の傾向を示し，運動有能感が性格と密接に関係していることを示している。

　2つ目は，運動遊びをする機会の多少と運動能力の関係である。自由に何をしてもいい時に運動遊びをすることが多い運動好きな子ほど運動能力が高いことはすでに示した（図4-5参照；p.54）。

　3つ目は運動能力と性格との関係を示すデータである。先にあげた幼児の運動能力全国調査では，園児一人ひとりの普段の園生活での行動傾向を，クラス担任に「高い」，「普通」，「低い」の3段階で評価してもらい，運動能力との関係を分析した（杉原ほか，2010）。その結果，自信がある，積極的，粘り強い，好奇心旺盛，友達関係良好，社交的，リーダー的という調査したポジティブな行動傾向全て，運動能力高群が最も高く，次が中群で，最も低いのが低群になった。逆に，引っ込み思案，神経質，感情的，心配症，わがままといったネガティブな行動傾向は運動能力低群，中群，高群の順になった。結果の一部を図4-8に示す。幼児の運動能力と性格の間に同様の関係があることや（松永，1980；松浦，1988），運動有能感が行動の積極性や低い不安，活発な外遊びと関係していることは他の

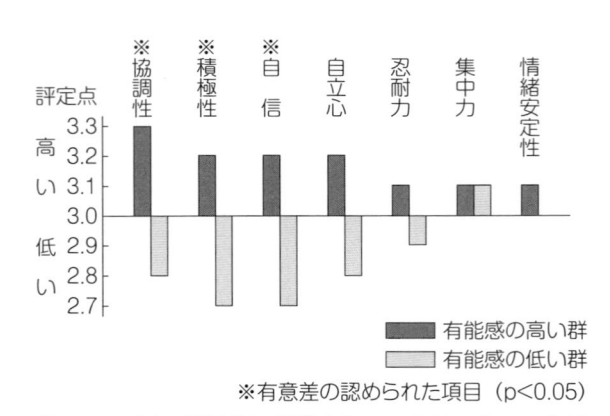

図4-7　園で継続的に指導されているサッカーの有能感と園生活での行動傾向の関係

出所：杉原（1985）より作成。

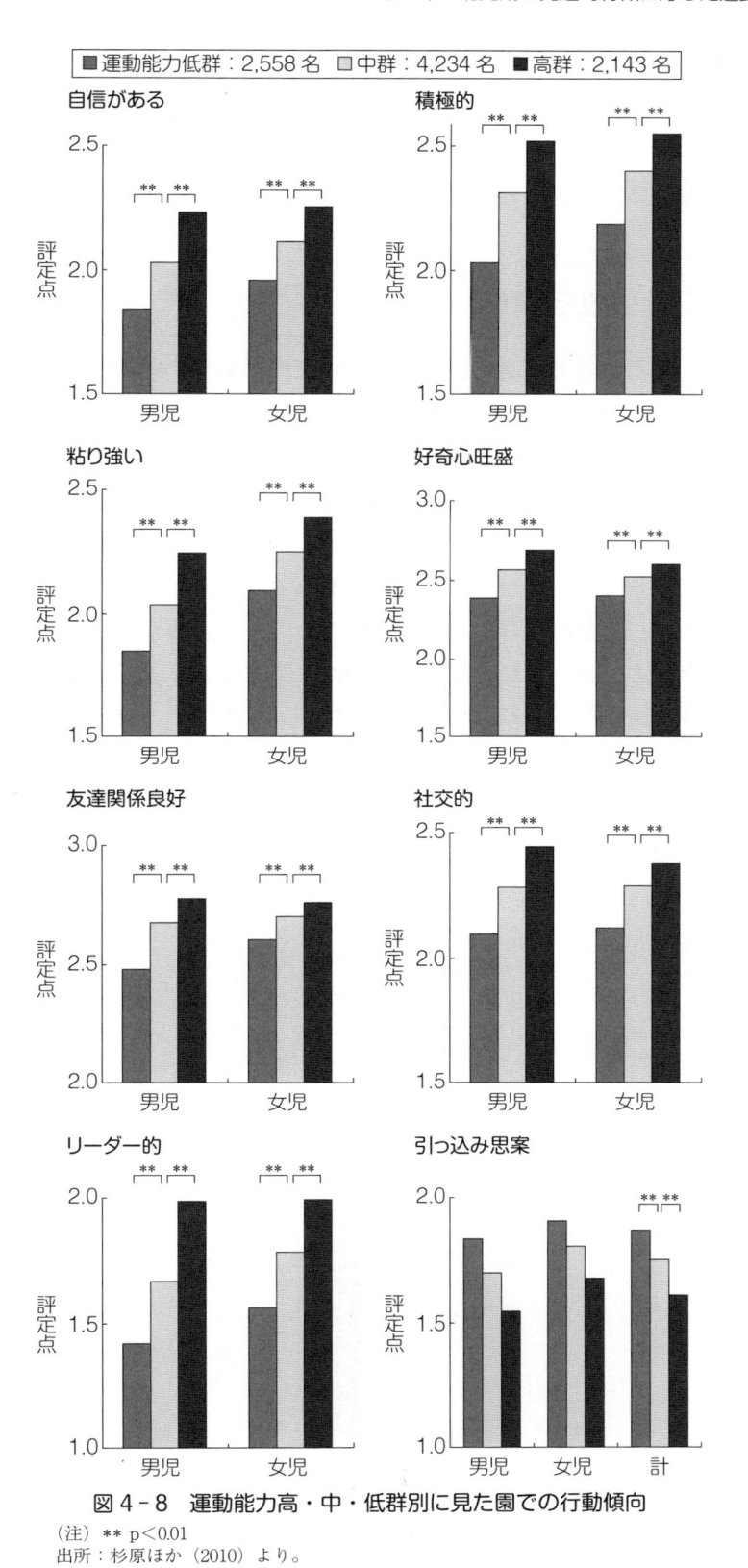

第 4 章　幼児期の発達的特徴に応じた運動指導のあり方

図 4-8　運動能力高・中・低群別に見た園での行動傾向
（注）** p＜0.01
出所：杉原ほか（2010）より。

研究（岩崎ほか，2002）でも示されている。これらの結果は全て，運動と人格形成の間に図4-6に示したような循環関係があることを示す有力な根拠である。特定の運動の上達を目指して，指導者中心の小型化した運動の技術指導を行うと，子どもの人格形成に好ましくない影響を与えることに十分注意すべきである。

3 運動遊びで社会性を育む

　運動能力の高い子どもほど友達関係良好で，社交性があり，協調性が高いなど社会性がよく発達していることを指摘した。また，運動能力の高い子どもほど，普段よく一緒に遊ぶ友達の数が多いということも明らかにされている（図4-9）。このような運動能力と社会性の密接な関係には，運動遊びに含まれる豊かな人間関係が関与していると考えられる。遊びには仲間に入る儀式から始まり，遊び方について自分の考えを言ったり，人の意見を聞いたりといった豊かなコミニケーションが含まれる。時にはいざこざも起こり，相手の立場を思いやったり，我慢しなければならないことも多い。約束やきまりを守ったり，協力したりしないと楽しく遊べないため，規範意識も芽生えてくる。集団的な運動遊びに含まれるこのような対人的経験が社会性の発達を促す。そのため，運動遊びをよくする運動能力の高い子どもほど社会性がよく発達すると考えられる。指導者主導の一斉指導では，子どもは指導者に注意を向け，子ども同士の交流は非常に希薄で，社会性の発達には大きな限界があると思われる。

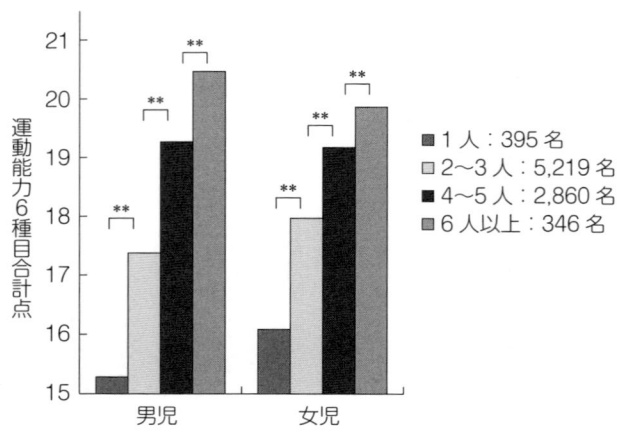

図4-9　普段よく一緒に遊ぶ友達の数と運動能力

（注）** $p<0.01$
出所：杉原ほか（2010）の資料より作成。

4 運動遊びのなかで知的能力を育む

1 乳児期と感覚運動的知能

　運動と知的能力の関係を発達の視点から詳細に論じたのは，思考能力の発達研究で有名なピアジェ（Piaget, J.）である。彼は人間の大人がもつ高度に抽象的な思考能力である概念的知能は，乳児期に現れる感覚運動的知能から分化発達してくることを詳細な観察から明らかにした。感覚運動的知能とは，たとえば，直接近づけない場合はいったん後ろに戻って回り道をして目的物に近づくといったように，運動によって問題を解決する能力のことである。乳児は自分の行った運動が環境を様々に変化させることに気づき，実際に自分が運動を行う前に運動が引き起こす結果を予測できるようになる（図3-3のモビール実験参照；p. 41）。これが感覚運動的知能で，知的活動が運動と混然一体となった未分化な状態である。したがって，運動能力がイコール知的能力であり，乳児期は運動することが知的能力を発達させることになるのである。2歳頃になり感覚運動的知能が完成すると，言葉や記号という抽象的な働きによって問題解決を行う概念的能が発達してくる。運動と知的能力が分化するのである。概念的知能が現れても感覚運動的知能が消滅するわけではない。このような知的能力は，状況判断や予測や記憶といった知的な心の働きを含む知覚－運動協応，すなわち，運動コントロール能力という形で発達していくことになる。先に第2章であげた，転がってくるボールを走って行ってタイミングよく拾う（図2-10；p. 23）とか，鬼ごっこで逃げる相手をどのように追い込めば捕まえられるかがわかり，実際にそのように走って捕まえるといった形での知的能力である。

2 幼児期の運動と知的活動

　幼児期になると，抽象的な心の働きである概念的知能が感覚運動的知能から分化発達してくるとはいえ，その抽象度は低く具体的な物や行動と密接に結びついている。たとえば，空間概念である右左は，右は箸を持つ手，左は茶碗を持つ手といったように手や持つという物や行動との関係で理解されており，それらを離れた抽象的な概念として理解されているわけではない。このように，幼児期は知的活動が運動と密接に結びついているため，運動のなかでことばを使い，考えたり工夫したりすることによって知的能力が培われると考えられている。

　運動場面では前後上下左右遠近などの空間概念，数を数える重い軽い大きい小さい多い少ないなどの数量概念，早い遅いなどの時間概念を具体的な自分の体の動きとして体験する。このような自分の体の動きを言葉で表現して運動することは，ことばの習得とともに

第Ⅰ部　幼児期の運動発達と指導の基本

図4-10　縄跳びに伴う知的活動
出所：杉原（2011）より一部改変。

図4-11　宇宙船
出所：クラッティ（1973）より作成。

空間，数量，時間概念の発達を促進する。たとえば，縄跳びでは図4-10に示したような知的活動が行われる。そのほか，得点や人数やボールなどの用具を数えたりすることも，数概念の発達を促すのである。運動の場で行われるこのような知的活動を利用して，効果的に知的な教科の学習を行おうとする試みもなされている（クラッティ，1973）。その例として図4-11に宇宙船と名づけられた算数の活動をあげておいた。この活動では，10，9，8……とカウントダウンしながら数字の枠のなかを跳んで数の順序性を学んだり，黒板に書かれた2＋3をイチニ，イチニサンと跳ぶなどして足し算の学習をするのである。

　幼児期の思考は自己中心的で，他者の立場に立って物事を見たり考えたりすることが難しいが，児童期にかけてしだいに客観的な思考ができるようになっていく。これを脱中心化と呼ぶ。この脱中心化には運動遊びが重要な役割を果たしていると考えられる。たとえば鬼ごっこでは，鬼になった時の動きや気持ちと，子になった時の動きや気持ちという異なった立場を経験する。このような経験が，現在の自分の視点とは異なった別の視点があることに気づかせ，思考の脱中心化が促進されるというのである（カミイ＆デブリース，1984）。

　これらのほかにも，新しい運動の仕方やルールを工夫したり，どうやったら自分のやりたい動きができるかを考えたりすることによって，思考力や創造性が養われるとする考え方もある（フロスティグ，1978）。

　このように，運動と知的能力の間の関係についてはいくつかの考え方があるが，残念な

がら直接これらを実証するデータはほとんどない。しかし，間接的なデータとしては，幼児の運動能力と知能の間には中程度の正の相関が認められるという事実がある（Kirkendall, 1986）。つまり，運動能力の高い子どもは知能も高い傾向にある。そして，相関の大きさは年齢が高くなるにつれて小さくなりなくなっていく。このことは，先に述べたように，知的能力の抽象度と運動が関係していることを示している。つまり，児童期以降，知的能力の抽象度が高くなるにつれて運動の影響が小さくなるために相関が低くなっていくと考えられる。

まとめ

　生涯発達の考え方からすると，小中学生に行われることの多い上達を目指した運動技術の一斉指導や体力づくり運動を小型化しても，幼児期の発達に応じた運動指導にはならない。このことは，幼児の運動能力全国調査のデータ分析からもはっきりと示されている。幼児期の運動発達の質的特徴に応じた指導とは，多様な運動パターンとそのバリエーションを，自己決定と有能さを追求する遊びとして経験することにある。このことによって，運動コントロール能力が向上し，高い運動意欲が養われ，児童期以降の生涯スポーツに対する基盤が形成されることになる。さらに，遊びとして運動を経験することによって，有能感に裏打ちされたしっかりした自我が形成されるとともに，豊かな社会性が育まれる。それだけではなく，運動遊びのなかで経験する様々な知的活動を通して知的発達も促進される。このように，幼児期においては，遊びとしての運動は子どもの心と体を総合的に発達させ，生きる力を育むのである。

参考文献

岩崎洋子（編）（2008）保育と幼児期の運動あそび．萌文書林．
　⇨　理論編では幼児期における運動の重要性，遊びの考え方，具体的な運動指導のポイントが，実技編では豊富な活動例が保育者の援助や環境設定とともに解説されている。

近藤充夫（1994）幼児の運動と心の育ち．世界文化社．
　⇨　幼稚園での具体的な場面を豊富に取り上げ，望ましい幼児期の運動指導の方法がわかりやすく解説されている。幼児教育にたずさわる全ての人に読んでもらいたい本。

引用文献

岩崎洋子，猪俣春代，吉田伊津美（2002）幼児期の運動有能感と行動特性．日本女子大学紀要，**49**，31-36.

上淵寿（1996）子どもは能力をどうとらえるか．東京大学大学院教育学研究科紀要，**30**，325-330.

Kirkendall, D. R. (1986) Effects of Physical Activity on Intellectual Development and Academic Performance. *American Academy of Physical Education Papers*. No19. Human Kinetics. 49-63.

カミイ，C.・デブリース，R.（成田錠一訳）(1984) 幼稚園保育所集団遊び．北大路書房．

ガラヒュー，D. L.（杉原隆監訳）(1999) 幼少年期の体育．大修館書店．

クラッティ，B. J.（澤田慶輔ほか訳）(1973) 学力を育てるための活動的学習．光生館．

近藤充夫（1994）幼児の運動と心の育ち．世界文化社．

近藤充夫（1995）幼児のこころと運動．教育出版．

西頭三雄児（1974）遊びと幼児期．福村出版．

杉原隆（1985）幼児の運動遊びに関する有能さの認知とパーソナリティの関係．体育学研究，**30**(1), 25-35.

杉原隆（2008）新版運動指導の心理学．大修館書店．

杉原隆ほか（2010）幼児の運動能力と運動指導ならびに性格との関係．体育の科学，**60**(5), 341-347.

杉原隆（2011）スポーツと知的・人格的発達．杉原隆（編） 生涯スポーツ心理学．福村出版，pp. 78-88.

杉原隆ほか（2011）幼児の運動能力と基礎的運動パターンとの関係．体育の科学，**61**(6), 455-461.

中澤潤（2011）幼児期．無藤隆ほか（編） 発達心理学Ⅰ．東京大学出版会，pp. 219-262.

フロスティグ，M.（肥田野直ほか訳）(1978) ムーブメント教育．日本文化科学社．

Horn, T. S.（2004）Developmental Perspectives on Self-Perception in Children and Adolescence. M. R. Weiss（Ed）*Developmental Sport and Exercise Psychology: A Life Span Perspective.* Fitness Information Technology, Inc., 101-143.

松永恵子（1980）幼児の運動能力に影響を及ぼす要因に関する研究．長崎県立女子大学紀要，**28**, 127-139.

松浦範子（1988）幼児の運動能力とパーソナリティの相関に関する研究．神戸女子大学紀要文学部編，**2**, 105-128.

宮丸凱史（2011）子どもの運動・遊び・発達——運動のできる子どもに育てる．学研教育みらい．

村田孝次（1989）生涯発達心理学の課題．培風館．

第5章
幼児期の運動発達の時代変化

> **導入**
>
> 　幼児期にふさわしい運動指導を考える時，目の前の子どもの現状を把握することは重要なことである。この章ではまず，最近の子どもの運動能力の現状について明らかにしていく。運動発達を見る1つの指標に運動能力検査があるが，これを用いた幼児期の子どもを対象とした全国規模の調査はこれまで40年以上にわたって行われている。この時代推移から幼児期の子どもの運動発達の現状を明らかにする。また，子どもに見られる運動発達の姿は，どのような背景のもとに見られているのだろうか。運動発達に影響を与える要因について考えながら，それらの要因の変化について明らかにしていく。運動発達に直接的に関係するのは体を使う経験そのもの（運動経験）であるが，生活環境や周囲の大人の存在など，一見すると運動発達とは関係がないように思える様々な要因が子どもの運動発達には関係している。運動経験としての遊びの変容はもちろんのこと，社会環境やライフスタイルの変化に伴い，日常生活のなかでの身体活動が変化していることも子どもの運動発達の変化とは関係がある。

1 運動発達の時代変化

1 運動能力の変化

　子どもの運動能力が低下したといわれて久しいが，時代とともにどのように変化しているのだろうか。小学生以上については，1964年以降文部（科学）省が毎年全国調査を継続して行っており，体育の日に年次的な傾向や世代間比較などが報告されている。幼児期の子どもについては国レベルでの調査は行われていないが，1966年以降，これまで6回にわたって全国規模の調査が行われてきた（松田・近藤，1968；松田ほか，1975；近藤ほか，1987など）。これらの結果から幼児期の子どもの運動能力の時代推移を見てみると（図5-1），体支持持続時間のように1973年以降最近まで大きく低下している種目もあるが，

第Ⅰ部　幼児期の運動発達と指導の基本

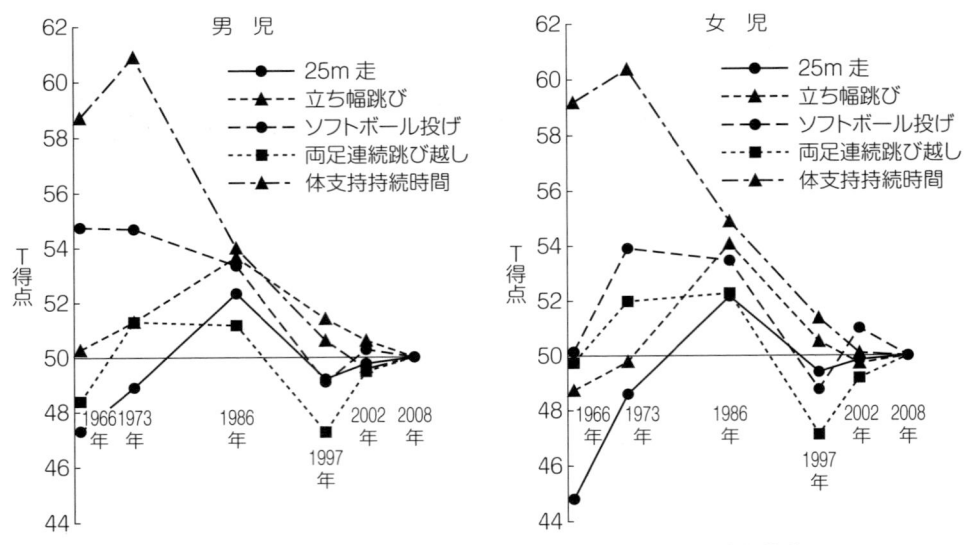

図5-1　2008年を基準にしてみた子どもの運動能力時代推移
（注）T得点：標準得点の1つで，種目間の比較を容易にするために，2008年の値を基準（50）に得点化したもの。偏差値と呼ばれることもある。
出所：森ほか（2010）より。

その他の種目は1986年まではむしろ向上もしくは横ばいであった。それが，1986年から1997年の約10年の間に男女児とも全ての種目，年齢区分（月齢により半年刻みで分析）において低下を示した。その後2008年にかけての変化は小さく，1997年に見られた低下以後は低い水準のままで安定し，現在に至っている（森ほか，2010；杉原ほか，2007）。国レベルで行っている小学生の運動能力の年次推移では1985年から1990年代にかけて低下し，その後も低い水準にあると報告されている（文部科学省，2011）。このように幼児期の子どもで明らかにされている時代推移の傾向は，国レベルで行っている小学生と同じ傾向である。したがって，子どもの運動能力が低下しているという指摘は，小学生以上の子どもに限ったことではなく，すでに幼児期から始まっている問題なのである。

1986年から1997年の約10年の間に見られた幼児期の子どもの運動能力の顕著な低下については，種目や性別，年齢区分によっても異なるが，大きいところでは約6か月，小さいところでも約3か月の遅れが見られた（図5-2）。

2　基本的な動きの変化

運動発達を知る指標には，運動能力検査のようなパフォーマンス検査が最も一般的である。これは速さや距離を計測するもので，いわば量的な面から運動発達を捉えるものであり，ほかの検査に比べて比較的実施が容易であることから広く用いられている。一方で，運動の質的な側面から発達を捉える方法もある。運動の実施には上手に動けること，滑らかに動けることがその成果と大きく関係しているが，基本的な動きのパターン（動作得点）

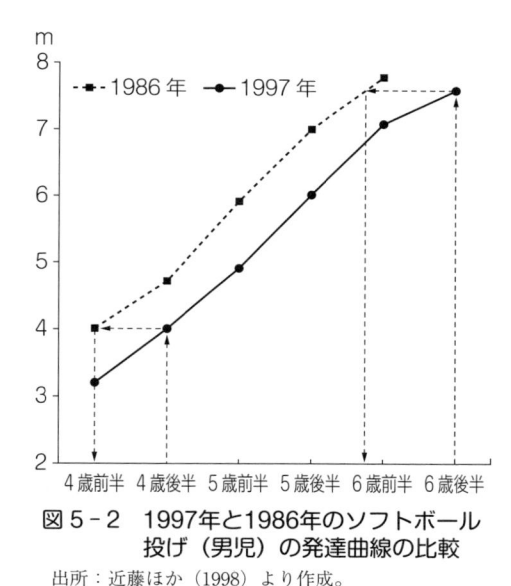

図5-2　1997年と1986年のソフトボール投げ（男児）の発達曲線の比較
出所：近藤ほか（1998）より作成。

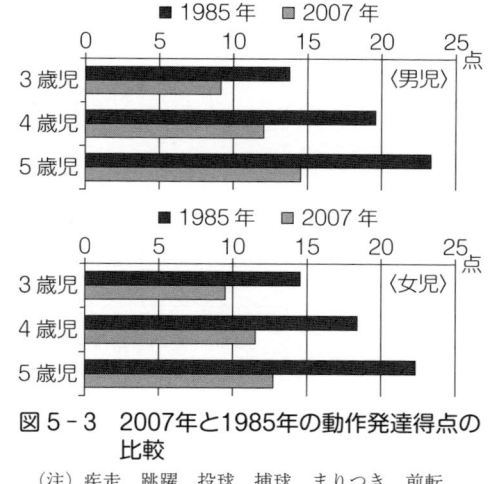

図5-3　2007年と1985年の動作発達得点の比較
（注）疾走，跳躍，投球，捕球，まりつき，前転，平均台移動の各動作を5段階で評価し7種目の合計を動作得点とした。
出所：中村ほか（2011）より作成。

から運動発達を評価するものである。

基本的な動きの動作得点を1985年と2007年を比較した研究では（中村ほか，2011），2007年の5歳児の動作得点は，1985年の3歳児相当の動きであることが明らかにされている（図5-3）。つまり1985年から約20年の間におよそ2歳も動きが質的に低下したのである。子どもの動きのぎこちなさが保育現場などから聞かれることが多いが，かつては3歳児くらいで見られた動きのパターンが，最近では5歳児の姿として見られているのである。つまり，この未熟な動きのパターンのまま小学校に入学しているということになる。

また，幼児期は多様な動きが身につきやすい時期であるが（第2章参照），1980年頃には80種類以上見られた基本的な動きが（石河ほか，1980），最近ではその7割くらいしか見られないという報告もある（町山・吉田，2010）。このように運動発達の質的な変容からも子どもの運動発達が低下していることが示されている。

2 運動発達に影響を与える要因

運動能力が低下する背景には（図5-4），直接的には子どもの運動経験が関係している。体を活発に動かす運動遊びや日常の生活のなかでの身体活動などがこれに相当する。また，子どもを取り巻く生活環境も運動発達に影響を与える要因としてあげられる。物理的環境（遊び場や住宅形態，園庭の広さなど）や心理社会的環境（教育や運動に関する保護者の考え方や園の保育方針，友達の数など）がこれに相当する。ただし，この要因は運動発達に直接的に関わるのではなく，運動経験を介して間接的に運動発達に影響を与える要因として考えられる。すなわち，どのような家に住んでいるかとか，保護者の教育方針がどうあるかと

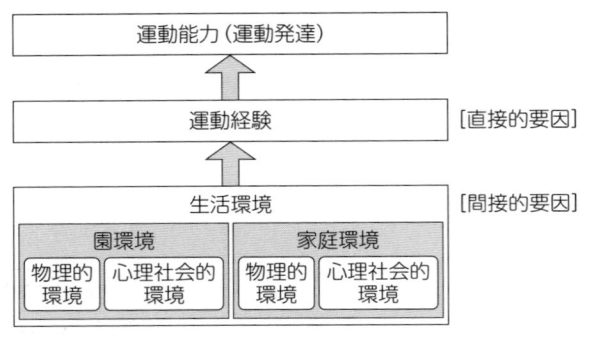

第Ⅰ部　幼児期の運動発達と指導の基本

図5-4　運動能力の発達に影響する要因の層構造
出所：杉原ほか（2004）より一部改変。

いうことで即，子どもの運動発達が決まってしまうのではなく，これらの環境要因が子どもの運動経験に大きく関係し，その結果子どもの運動発達に影響を及ぼすのである。たとえば，泥んこになることを嫌う保護者は（心理社会的環境：間接的要因）汚れるような活動をあまりさせない（運動経験：直接的要因）だろうし，運動することに高い価値をもたない保護者は（心理社会的環境：間接的要因）運動を積極的にさせるようなことはしない（運動経験：直接的要因）だろう。また自動車やエスカレーターに乗ることが当たり前の生活であれば（物理的環境：間接的要因）歩いたり階段を上ったりする経験はおのずとなくなる（運動経験：直接的要因）。このように運動能力低下の背景には，子どもの運動遊びそのものの変化はもちろんのことであるが，それを規定する子どもを取り巻く環境が大きく変わってきたことも要因としてあげられる。すなわち，遊びや環境などの現状を把握し，その上で子どもの運動経験（遊びや生活のなかの動き）を考えていく必要があると言える。

3　運動遊びの現状と変化──運動発達に影響する直接的要因について

　遊び場所や遊びの内容については，調査によって若干異なるがほとんど同様の傾向が見られる。衛藤（2011）によると，最近の子どもがいつも遊ぶ場所は「自分の家（84%）」「公園（54%）」「家のまわり（45%）」「友達の家（28%）」の順であった。この調査は1980年から10年ごと，30年にわたって行われているが1990年以降「自分の家」「公園」が増加しているのに対し，「友だちの家」はやや減少している。厚生労働省の縦断的調査（2007）でも年長児のよく遊ぶ場所は「自宅（95%）」がもっとも多く，次いで「児童館や児童公園などの公共の遊び場（15%）」「友達の家（9%）」で，最近の子どもの遊びが家中心になっていることが指摘されている（衛藤，2011）。

　遊びの内容では，4，5歳児が普段よくしている遊びは，「お絵かきブロックなどの造形遊び」「ごっこ遊び」「ボールなどの運動遊び」「絵本」「自転車・三輪車」「テレビ・ビデオ」の順で多く，いずれも半数以上の割合を示していた（衛藤，2011）。首都圏の子ども

を対象にした調査でも「公園遊具を使った遊び」「つみ木，ブロック」「砂場などでのどろんこ遊び」「絵やマンガを描く」の順で高く1995年から2010年にかけての15年間では遊びの内容に変化は見られていない（ベネッセ，2010）。調査項目によっても異なるが，家のなかでの遊びが中心となっており，戸外での遊びは公園など整備された公共の場になっている。

また，遊び相手は，よく遊ぶ相手として「きょうだい」が最も多く（73％），「同い年の子（51％）」「大人（親，祖父母等）（51％）」も約半数いるが，「ひとり」で遊ぶ子も44％いる（厚生労働省，2007）。また首都圏の子どもを対象とした調査では，平日，園以外で遊ぶ相手は「母親」の割合が最も高く（83％），1995年から2010年にかけて漸増，「きょうだい（52％）」は約半数，「友達（40％）」は漸減している（ベネッセ，2010）。きょうだいのいない子どもは親や祖父母といった大人が遊び相手（45％）であるという報告もある（全国国公立幼稚園長会，2008）。このように身近な大人や子どもが多く，同年代の友達との遊ぶ機会が減っている（ベネッセ，2010）。

小学生中高学年を対象にした調査であるが1975年と1995年の比較では，遊び時間は外遊びが半減し室内での遊びの方が増加，異年齢・タテ型集団での遊びから同年齢・ヨコ型集団になり，個人で行う遊びが増え，自然の場での遊びが減少し，整地された広場や運動場，遊具での遊びが増加していた（仙田，1998）。運動能力の低下と遊びの変容の関連を強く示していると言える。

これら子どもの遊びの現状に対し，保護者が気にかかるとしていることは，半数の保護者が「雨の日に家の外で遊べる場所がない（51％）」ことをあげ，友達との関係では「近所に友達がいない（34％）」ことをあげる保護者が多い（厚生労働省，2007）。このことから保護者も子どもの遊びの現状に懸念を抱いていることがうかがえる。

4 社会環境・ライフスタイルの現状と変化
──運動発達に影響する間接要因について

子どもの遊びが変わってきたことは子どもを取り巻く環境が変化してきたことと関係している。遊びに関して言えば，約6割の子どもがテレビを1日2時間以上見ていたり（ベネッセ，2010），約半数の子どもはコンピュータゲームや携帯型ゲームなどをし，ゲームをする頻度は年齢が上がるにつれて増加している（厚生労働省，2007，2009）。1983年にファミコンが発売されて以降，ゲーム機器類の普及が子どもの遊びの大きな変化をもたらしていることは確かである。また，子どもが安心して遊べる場所があるという保護者は約65％おり，20年間に変化は見られていないが，3割強の子どもは安心して遊べる場所がない状況にあるということになる（衛藤，2011）。テレビの視聴時間やゲーム機器の操作が多くなれば外に行く機会やそのほかの遊びをする時間も限られてくることになる。また，子ども

の歩数を比較したいくつかの研究では，平日の方が休日よりも歩数が多いという結果が一貫して得られている（吉田，2005など）。平日の戸外遊びが減少していることに加え，休日家族で戸外に遊びに出たり，活発に遊ぶことがあまり行われていないことが考えられる。

また，習い事をしている子どもは半数以上おり，加齢にともない増えている（厚生労働省，2007）。その内容は，定期的に教材が届く「通信教育」は4人に1人が利用し（ベネッセ，2009），そのほかは男女による違いはあるが，「水泳」「スポーツクラブ・体操教室」「音楽（ピアノなど）」「英語」などの実施率が高くなっている（厚生労働省，2007；ベネッセ，2009）。

このほか，保護者の園に対する要望は，幼稚園の母親は2005年よりも2010年でより「知的教育」を増やしてほしいと望む傾向が高くなっており，保育所の母親は「保育後のおけいこ事」「自由な遊び」の増加を望んでいる（ベネッセ，2010）。保護者の意識として，早期からの知的教育やおけいこ事を重視する傾向が高くなっているようである。

まとめ

　健康で安全な生活に必要な生活習慣は，乳幼児期にその基礎を形成する。生涯にわたって健康な心と体を保持増進していくためにはバランスのとれた食生活，十分な休養や睡眠とともに適度な身体活動は欠かせない。便利で快適な生活を送れることはとてもありがたいことだが，社会環境が変わり，ライフスタイルが変わり，子どもの遊びも変容が見られ，ますます身体活動が行いにくい社会になっている。子どもの運動遊びが少なくなっていることは，単に体力低下の問題だけにとどまらず，むしろ心の発達への影響が大きく（第3章参照），その弊害が懸念される。運動能力検査の結果から明示されるのは数値としての結果であるが，その値の高低だけが全てではなく，その結果を読み取りそこから見えてくる課題を保育に生かすことが大切である（第12章参照）。また，運動遊びの減少を考える時，保育内での活動はもちろんであるが，園だけでいくら工夫しても限界がある。生活の基本，発育発達の基盤となるのは家庭であり，家庭の役割が極めて大きいことを考慮すれば，幼児期の運動に対する保護者の意識を高めていくことも必要である。

参考文献

石河利寛ほか（1980）幼稚園における体育カリキュラム作成に関する研究Ⅰ カリキュラムの基本的な考え方と予備調査の結果について．体育科学，**8**，150-155．
　⇨ 幼稚園での遊びの観察から基本的な動きを3つのカテゴリー，84種に分類している。似たような動きや区別しにくい動きもあり，そのまま実践で活用するには数の多さもあり整理が必要であるが，幼児の動き研究では，広く参考にされているものである。

中村和彦ほか（2011）観察的評価法による幼児の基本的動作様式の発達．発育発達研究，**51**，

1-18.
⇨ 観察的評価法は基本的な動きを5段階で評価するものである．1970年代よりこの論文の筆者である宮丸，中村を中心に幼児の動作発達研究が行われてきており，この論文では7つの動作発達を評価するカテゴリーも示されている．

森司朗ほか（2010）2008年の全国調査からみた幼児の運動能力．体育の科学，**60**(1)，56-66.
⇨ 幼児の運動能力検査の全国調査について最近行った研究まで時代推移をまとめたものである．これまでの一連の調査については幼児運動能力研究会のサイトで紹介されている（http://youji-undou.nifs-k.ac.jp/）．

引用文献

衛藤隆（2011）幼児健康度に関する継続的比較研究．平成22年度厚生労働科学研究費補助金総括・分担研究報告書．

厚生労働省（2007）第6回21世紀出生児縦断調査結果の概況．

厚生労働省（2009）第7回21世紀出生児縦断調査結果の概況．

近藤充夫・松田岩男・杉原隆（1987）幼児の運動能力（2） 1986年と1973年の調査との比較．体育の科学，**37**(8)，624-628.

近藤充夫ほか（1998）最近の幼児の運動能力．体育の科学，**48**(10)，851-859.

杉原隆・森司朗・吉田伊津美（2004）幼児の運動能力発達の年次推移と運動能力発達に関与する環境要因の構造的分析．平成14-15年度文部科学省科学研究費補助金（基盤研究B）研究成果報告書．

杉原隆ほか（2007）1960年代から2000年代に至る幼児の運動能力の時代変化．体育の科学，**57**(1)，69-73.

全国国公立幼稚園長会（2008）幼児の生活リズムを整え，体力向上を目指すプログラムに関する調査研究報告書Ⅰ「もっと体を動かそう 親子で一緒に楽しもう」．

仙田満（1998）環境デザインの方法．彰国社，pp. 250-258.

石河利寛ほか（1980）幼稚園における体育カリキュラム作成に関する研究Ⅰカリキュラムの基本的な考え方と予備調査の結果について．体育科学，**8**，150-155.

中村和彦ほか（2011）観察的評価法による幼児の基本的動作様式の発達．発育発達研究，**51**，1-18.

ベネッセ教育研究開発センター（2009）第3回子育て生活基本調査（幼児版） 幼稚園児・保育園児をもつ保護者を対象に．

ベネッセ次世代育成研究所（2010）第4回幼児の生活アンケート速報版，6, 11.

町山太郎・吉田伊津美（2010）園での好きな遊びの時間における運動経験と運動能力との関連．日本発育発達学会第7回大会発表抄録集，76.

松田岩男・近藤充夫（1968）幼児の運動能力検査に関する研究――幼児の運動能力発達基準の作成．東京教育大学体育学部紀要，**7**，33-46.

松田岩男ほか（1975）幼児の運動能力の発達とその年次推移に関する資料，**14**，31-47.

森司朗ほか（2010）2008年の全国調査からみた幼児の運動能力．体育の科学，**60**(1)，56-66．
文部科学省（2011）子どもの体力向上のための取組ハンドブック．
吉田伊津美（2005）園での遊びの性差と運動能力との関係．福岡教育大学紀要，**54**(4)，255-261．

第6章
運動発達に関係する園環境と家庭環境

導入

　運動発達に影響を与える要因は，第5章で述べた通り直接的には運動経験である。しかし，子どもを取り巻く環境により，その運動経験が規定されることを考えると，社会環境やライフスタイルが変化してきている今，これらが子どもの運動発達にどのように関係しているのかを理解することは，子どもの運動経験を見直す上での手がかりになる。この章では，子どもの生活の中心的な場である，園と家庭，それぞれの環境と運動能力との関係を研究結果をもとに明らかにしていく。園環境や家庭環境は地域が異なればその置かれている状況も同じとは言えない。園環境や家庭環境のどのような要因が子どもの運動発達と関係しているのかを具体的に知ることで，子どもの生活を理解し，見直し，運動経験を促す機会をつくることが可能になる。物理的な環境は即座に変えることは難しいが，子どもに関わる周囲の大人の意識こそに大きな意味があることを考えれば，その実践は身近で，かつすぐにでもできる可能性があると言える。

1 園環境と運動発達

1 園での運動経験と運動能力

　園での過ごし方，自由遊び（好きな遊びの時間）の遊び場所，戸外遊びの種類，運動遊びをする頻度のいずれにおいても非常に活発で，戸外遊びが多く，戸外遊びの種類も多く，運動遊びをする頻度が多い子どもの運動能力が高い（森ほか，2004）。このことは運動経験が運動発達に直接的に影響していることを考えれば当然のことと言える。

　通園手段では，徒歩通園の方が通園バスなどを利用している子どもよりも運動能力は高い（森ほか，2004；吉田ほか，1999）。園への通園は毎日のことである。毎日片道5分でもその積み重ねを考えれば，その量は非常に大きいものになる。また，保護者と一緒に園ま

での道を歩くなかで，会話をしたり，季節の変化を感じたり，地域の様子を知ったり，自然に触れたり，近隣の人と関わったり，様々な発見や経験をしていることを考えれば，単に歩行量や歩くという行為だけでなく，多様な経験の積み重ねという点からも保護者と一緒に歩くことは大きな意義のあることである。

　一方，保育の一環として体操やサッカーなどの運動指導を行っている園が多く見られるが（吉田ほか，2007），第4章の図4-2（p.52）で示したように，これらの指導を多く行っている園よりもまったく行っていない園の運動能力が高いという意外な結果が明らかにされている（吉田ほか，2004b；森ほか，2011など）。これについては指導の内容と方法から2つの可能性が指摘できる。1つは，保育の一環として行われている活動には体操，水泳，サッカー，マラソンなど特定の種目があげられることが多い（杉原ほか，2004；吉田，2007など）。このようにある種目に限定された活動が行われているということは，その種目に限った経験，すなわち偏った運動の経験しかしていない可能性である。2つ目は，画一的な体育の指導場面にあるような整列にはじまり，準備運動，説明，順番待ちなど指導者主導の指導形態，すなわち子どもの遊びになっていない可能性である。幼児教育の基本は遊びを通しての指導であり，運動的な活動であっても運動遊びとして行うのが本来の活動である。しかし，技能偏重に陥り，大人から見て上手にできることが目指されてしまうような内容になってはいないだろうか。運動的な活動を，子ども主体か，指導者主導か，すなわち子どもにとっての遊びとして行われている活動か，そうでないかによって運動能力を比較した研究では（杉原ほか，2010），運動遊びとして行っている方が子どもの運動能力は高い（図4-3参照；p.53）。運動指導者が悪いということではない。運動の指導者は運動の専門的知識をもっている。このような指導者が，幼児期の運動発達の特徴を十分に理解し，子どもの運動遊びの指導，運動遊びをより活発にするような関わりを行うことができれば，その役割を効果的に果たすことができると考えられる。

　教育課程外の時間に有料の課外活動を実施している私立の幼稚園で最も多く実施されているのは，「スポーツクラブ・体操教室（60%）」で，次いで「英会話などの語学の教室（35%）」である。またこれらを行う園のうち，特に保護者の要望が高いものでは「スポーツ・体操（29%）」「水泳（24%）」と運動活動への要望が高くなっているが（ベネッセ，2007），園で実施している運動系の課外活動の実施の有無には運動能力の差は見られず（森ほか，2004），運動発達との関係で言えばその効果はほとんどないと言える。

2 園の物理的環境と運動能力

　運動発達には広い園庭など，場所が関係していると考えられるが，園庭が広ければ広いほど子どもの運動能力が高いかというと必ずしもそうではなく，子どもの運動能力発達には適切な広さ，動きやすい広さがあることが示唆されている（森ほか，2004；吉田ほか，

2010)。これには保育者の意図的な配慮や環境の工夫が関係していることが考えられる。子どもは広い場所へ出ていくとはじめは思い切って走っていくが，しばらくすると広い場所全てを使うことなく限られた場所で遊びを展開していることが多い。もちろん広い場所は思い切り走ることを可能にしてはいるが，場所が限られていてもその環境をいかに工夫するかによって子どもの動きや遊びが変わってくる。そのためには園庭の広さだけでなく，園庭の形状や固定遊具の種類や配置，園児の数など様々な要因も視野に入れた配慮をする必要がある。

　園にある運動遊びに関わる施設や用具の数では，多い園より少ない園の方が運動能力が高い（森，2004）。このことは園庭の広さ同様，保育者の配慮や工夫が関係していると考えられる。運動遊びは教材や遊具を用いて行うものもあり，場やモノが動きを引き出すことを考えればいろいろなモノが用意されている方が好ましいとも思える。しかし，多岐にわたる様々なモノが用意されていなくてもほかのモノで代用したり，見立てて使用することもできる。また，固定遊具もいつもそればかりで遊ぶわけではなく，年齢の低い段階では一般的な使い方をするものの次第にそこでの遊び方も変化し（たとえば基地に見立てて使うなど），加齢や経験によりほとんどその遊具の本来の目的に沿った使用はされなくなる（仙田，1992）。遊具がたくさんありすぎることで安心したり有効に使用されなければ意味がない。モノにあふれ決められた方法だけでの使用よりも，自分たちで考え工夫しながら取り組む経験が，単に運動的な発達だけではなく創造力や表現力，思考力などを働かせていく経験にもなっていると考えられる。

3 園の心理社会的環境と運動能力

　保育を行う際は，そのねらいに応じて様々な保育形態をとるが，保育形態で運動能力を比較した研究では（森ほか，2004；杉原ほか，2011），運動遊びに限らず全般的に見て一斉保育を中心に行っている園は，一部一斉保育を取り入れたり，自由遊び（好きな遊びの時間）を中心とする保育を行っている園に比べて運動能力が低い（図4-4参照；p.53）。保育の一環として運動指導を行っている園の方が特別な指導を行っていない園の運動能力より低いことは前述した通りだが，一斉保育を行っている園の方が運動を指導している日数も多い（森ほか，2004）。また特定の運動指導は運動指導者が中心となって行うことが多く（吉田ほか，2007），決められた時間帯で学年やクラス単位で行われることが多い。このような場合，話や説明を聞く時間や待ち時間が多くなり，実際の子どもの身体活動が制限されてしまうことが考えられる。これに対し，自由遊び（好きな遊びの時間）を中心にしている園では子どもの主体的な活動としての身体活動が確保されているのではないかと考えられる。このことは，一斉保育が良くないということを示しているのではない。運動遊びは集団で行うものも多く，新しい遊びを提案しようとする場合には，クラスで一斉に行う方が

そのねらいに沿ったものとなる。問題は形態ではなく，その方法であり，子どもの遊びとしての身体活動を保障するような内容になっているかどうかである。

担任の保育経験では，1年目の保育者が担任するクラスの子どもの方が，2年目以上の保育者が担任するクラスの子どもより運動能力が低い（森ほか，2004）。このように，保育経験と子どもの運動発達とは関係が見られるが，1年目の研修や経験を経て，2年目以降子どもの様子も把握でき，周囲にも広く目を向けられるようになると保育経験による差はなくなるようである。新規採用で保育年数が浅い保育者に対しては，周囲の同僚との連携やサポートなど支援する体制も必要と言えるだろう。

また，保育者の運動経験による違いはなかったが，運動を得意だと思っている保育者のクラスの子どもは，苦手意識の強い保育者のクラスの子どもよりも運動能力が高い（森ほか，2004）。苦手意識のある保育者は無意識のうちに運動的な活動を避けていたり，普段から静的で活発に動くことをしていないのかもしれない。このように保育者の運動に対する意識も子どもの運動経験に影響を与えている。

園で一緒によく遊ぶ友達の数も，普段からより多くの友達と一緒に遊ぶ子どもの方が運動能力は高い（図4-9参照；p.60）。多くの子どもと関わって遊ぶことにより身体活動が高まり，活発な遊びを行っていることが考えられる。別の見方をすれば，運動能力の高い子は多くの子どもと関わる遊び（集団でのゲームなど）をしているとも言える。

運動指導と施設用具に対する配慮に関し，両者に配慮している園と両者に配慮をしていない園を比較すると，運動指導に力を入れ，かつ施設用具に力を入れている園の運動能力の方が高い（杉原ほか，1987）。すなわち園や保育者の意識によって子どもの運動発達は異なってくる可能性があるということである。

2 家庭環境と運動発達

1 家庭での運動経験と運動能力

運動発達に直接的に関わる運動経験について，家庭での普段の遊び場，戸外遊びの時間，運動遊びの頻度，家族と子どもとが一緒に運動遊びをする頻度の4つの要因について運動能力との関係を示したのが，図6-1である（吉田ほか，2004a）。普段の遊び場は室内遊びが多い子よりも戸外遊びの多い子の方が運動能力は高く，戸外遊びの時間がほとんどない子よりも長く遊んでいる子の方が運動能力は高い。また，運動遊びの頻度では，ほとんどしない子に比べ，よくする子の方が運動能力は高く，その差は顕著に見られている。さらに，家族と一緒に運動遊びをする頻度の高い子の方がそうでない子よりも運動能力は高くなっている。このように，園での運動経験同様，戸外で，より多くの時間，頻繁に運動遊びをしている子どもの方がより運動能力が高く，このような活発な身体活動を伴う遊びの

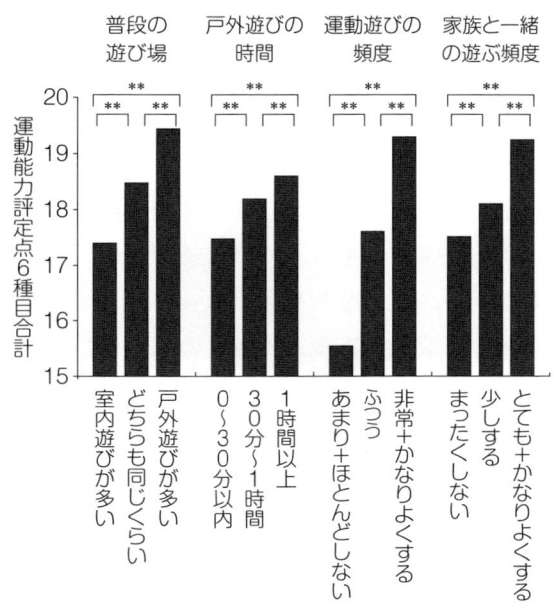

図6-1　家庭での運動経験と運動能力との関係
(注)　** p＜0.01
出所：吉田ほか（2004a）より。

経験を多く行うことが子どもの運動発達を促進することを示している。

2　家庭の物理的環境と運動能力

　家庭での物理的環境要因について，住宅形態，集合住宅の住居階層，近所の遊び場，家庭にある運動遊具の数について見てみると，住宅形態ではマンションやアパートなどの集合住宅に比べ，一戸建てに住んでいる子の運動能力が高い。また，集合住宅のうち低層階（1～5階）と高層階（6階以上）では低層階に住む子どもの運動能力が高い。これについては，高層階に比べ低層階に住む子どもの方が運動遊びの機会，戸外遊びの時間や頻度が高く，外に出やすい環境にあるためと考えられる。すなわち，住環境が運動経験を通して運動能力の発達に間接的に影響を及ぼしているのである。

　しかし，ここで注意しなければならないのは，住居形態そのものが問題ということではない（ほかの要因についても同様である）。一戸建てならよくて，集合住宅に住んでいるから運動発達が望めないということではない。たとえばタワーマンションの高層階に住んでいるような場合，外への出にくさが考えられる。子どもともなればなおさら一人で外出などはできないだろう。降園後は一度家に入るとほとんど外に出ないことも考えられる。このような環境下にある場合，普段の日の家庭での戸外遊びは少ないことが考えられる。これを踏まえれば，園として，たとえば園では戸外遊びの経験を積極的に行うようにしたり，保護者には休日に家族で公園へ行くことを提案するなど，子どもが体を使う機会を増やす

ための手立てを考えていくことができるだろう。もちろん，一戸建てに住んでいてもまったく戸外で遊ばなければ運動発達は望めない。それぞれの子どもや園の置かれている環境から子どもの身体活動，広く言えば生活そのものを見直してみることが必要である。

　近所に安心して外遊びさせる場所があるという子どもの方が，ないという子どもよりも運動能力は高い。また，ボールや縄，自転車などの運動遊具を多くもっている子どもの方が運動能力が高く，特にボール系遊具をもっている子どもはもっていない子どもに比べてボール投げや捕球の能力は高い。運動遊具を多くもっている子どもは，運動遊びの機会や戸外遊びの時間，頻度が多く，家庭にある運動遊具の数が運動経験を通して運動能力の発達に影響を及ぼしていると言え（吉田ほか，2004a），ボール系遊具の例に見られるようにその遊びの経験（動きの経験）が運動発達に関係している。安心して外遊びできる場所がないという子どもは3割から4割いるが（衛藤，2011；杉原ほか，2004），外遊びができる場所をどのように確保していくかは大きな課題であると言える。

3　家庭の心理社会的環境と運動能力

　図6-2に示したように，家庭の心理社会的環境要因は，きょうだい数，家族構成，よく遊ぶ友達の数のいずれにおいてもその人数が多いほど子どもの運動能力は高い（杉原ほか，1999；吉田ほか，2004aなど）。また，子どもの将来に対する保護者の希望と運動能力との関係を見てみると，保護者が子どもを将来スポーツ選手にさせたいと強く思っている

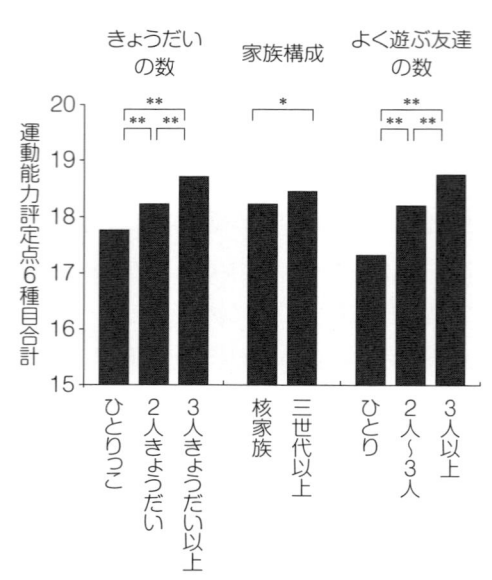

図6-2　家庭の心理社会的環境要因と運動能力との関係

（注）＊＊ $p<0.01$，＊ $p<0.05$
出所：吉田ほか（2004a）より。

ほど子どもの運動能力は高い。このように人的環境や親の意識が子どもの運動遊びの機会や運動能力の発達に影響を及ぼしている。

　習い事では、定期的に教材が届く通信教育をしている子どもの方がしていない子どもよりも運動遊びの機会が少なく、室内遊びの時間や頻度が多くなっている（吉田ほか、2004a）。近年では、4人に1人が通信教育を行っていることを考えれば（ベネッセ、2009）、ますます家庭における戸外での遊びの経験が限られていることがうかがえる。

　家族と子どもとが一緒に運動遊びをする頻度が高い方が子どもの運動能力が高いことは先述したが、父親は母親に比べて「体を動かす遊びをする」割合が高いものの、割合としては3割、母親は1割強である（厚生労働省、2007）。父親の帰宅時間でもっとも多い時間帯は首都圏で20時台、地方で18時台であり、平日子どもと過ごす時間は地方の父親の方が長い（ベネッセ、2010a）。幼児期の就床時刻を考えれば、特に首都圏の父親は平日子どもと一緒に過ごしにくいことが考えられる。このような社会的な状況も地域によって異なっている。

　母親の意識として子育てに関して力を入れていることは、「他者への思いやりをもつこと（56％）」「社会のマナーやルールを身につけること（50％）」の割合が高いが、「身体を丈夫にすること（39％）」「屋外で遊ぶこと（24％）」の割合はそれほど高くない（ベネッセ、2010b）。他者への思いやりや社会のマナーはもちろん大切なことであるが、保護者に対し身体的な健康への意識も高めていくような働きかけも必要ではないだろうか。

3 運動発達と環境要因の構造的把握

　運動能力の発達には、子どもを取り巻く物理的な環境要因と心理社会的な環境要因が関係しているが、これらは運動経験とどのように関係しているのであろうか。運動能力の発達に影響する要因を構造的に検討した研究では、園と家庭での環境を分けて分析されているが、いずれにおいても心理社会的環境の方が物理的環境よりも運動経験に対する影響は大きいことが示されている（吉田ほか、2004a；杉原ほか、2004）。すなわち、園においては園庭や園舎の広さや遊具施設のような物理的環境よりは、保育活動の内容や保育者の運動得意不得意、遊び友達の数のような心理社会的環境の方が子どもの園での運動経験に対する影響が大きく、また家庭においても住宅形態や遊び場、運動遊具の数などの物理的要因よりは、家族構成やきょうだい数、遊び友達の数などのような心理社会的な環境要因の方が家庭での運動経験に与える影響は大きいのである（図6-3）。

　このことは幼児期の子どもの運動経験に大きな示唆を与えるものである。すなわち、機械化や自動化、都市化などの影響で、遊び場の減少や制限、住宅環境も大きく変化してきている。このような変化は個人のレベルで変えることは難しい。しかし、このような物理的環境要因以上に心理社会的要因の影響が大きいということは、周囲の大人の発想の仕方、

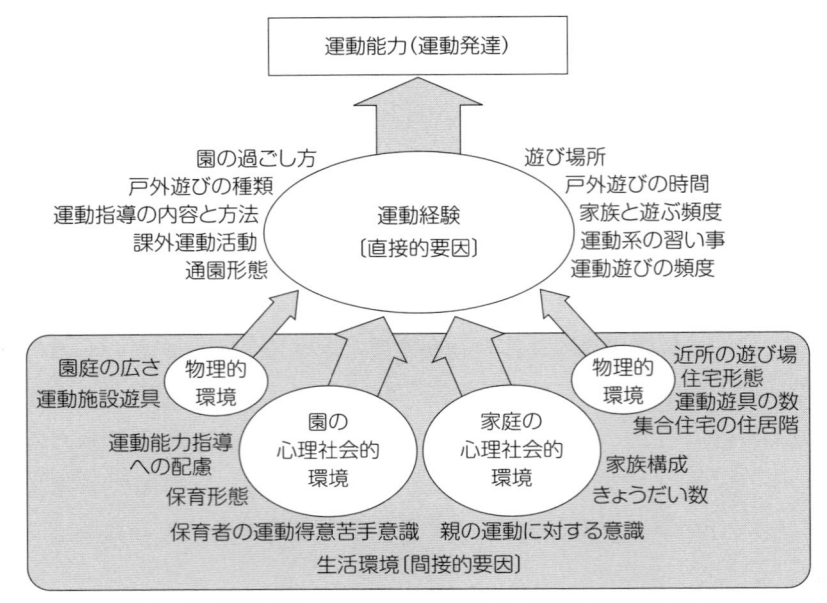

第Ⅰ部　幼児期の運動発達と指導の基本

図6-3　運動能力の発達に影響を与える要因と影響の強さ
（注）運動能力の発達に関係する要因の影響の相対的な強さを円の大きさと矢印の太さで表している。
出所：杉原ほか（2004），吉田ほか（2004a）より作成。

意識のもち方によっては子どもの運動経験を変化させることができるということである。言いかえれば，今置かれている物理的環境のなかで，運動発達と関係している要因を見直し，運動発達を制限するような要因を明らかにし，それをヒントに行動を見直すのである。たとえば，バスでの移動から徒歩での移動にしてみたり，徒歩の距離をいつもより少し長くしてみたり，エスカレーターをやめて階段を使ったりなど身近なところにも体を動かす機会は豊富にある。年齢の低い幼児期の子どもは大人と一緒に行動することが多い。そのため大人の行動パターンに従うことが多くなる。疲れるから大変だからと大人は楽な方法を選択しがちであるが，大人にとっては一見大変そうに思える行為も子どもにとっては楽しいことであったりする。疲れる，億劫なことと考えるのは大人の発想であって，もし，そのようなことを言う子どもがいるとすればそれは大人がそうさせているのである。本来，子どもは身体活動欲求が高い。健康な心と体を培うためにも幼児期の主体的な身体活動を保障していくことは重要である。そのためには，子どもの置かれている状況を大人が十分に認識し，それを踏まえた関わりや環境を考えていく必要がある。

まとめ

　運動発達に関係する要因は多岐にわたる。直接的には運動経験，すなわち運動遊びの影響が大きく，その経験の減少が子どもの運動能力低下の原因であることは広く言われていることである。もちろん，子どもの遊びをどうするかという問題に取り組むことは必要なことである。しかし，この点ばかりに注目しすぎると，体力をどう高めるかという偏った発想に陥

る危険もある．子どもの遊びを規定する要因には様々なものがあり，これらの要因が変わってきたことが遊びの変容と大きく関係している．つまり，子どもの遊びを考える時，その要因を抜きにしては本質的な解決には至らないのである．ハードルの高い課題を無理にやろうとしても長くは続かない．そのためには，今置かれている環境を十分に把握し，そのなかで何ができるか，どう工夫できるかを考えることが必要だろう．運動発達に直接的に影響する「運動経験」（図6-3参照）は，縄やボールを使った活動だけではなく，日常の身体活動も含まれている．ドアや水道も自動になり，掃除機をかけることもなくなり，ひねる，押す，引くなどの動きも普段の生活のなかでは経験しにくくなってきている．このような日常の動きの経験も見直して大切にしていきたいものである．

参考文献

杉原隆，森司朗，吉田伊津美（2004）幼児の運動能力発達の年次推移と運動能力発達に関与する環境要因の構造的分析．平成14-15年度文部科学省科学研究費補助金（基盤研究B）研究成果報告書．
　⇨　本章で述べた運動能力と各要因との関係を分析している．紹介しきれていない様々な要因との関係についても結果が掲載されているので，詳しくはこの報告書を参照されたい．

宮丸凱史（2011）子どもの運動・遊び・発達——運動のできる子どもに育てる．学研教育みらい．
　⇨　運動学を専門とする著者により「子どもの運動遊び」を復活させるため，保育者や保護者向けにわかりやすく書かれた本である．年齢の低い幼児期からの動作発達も示されており，資料編の動作発達の図は視覚的にもイメージしやすい．

引用文献

衛藤隆（2011）幼児健康度に関する継続的比較研究．平成22年度厚生労働科学研究費補助金総括・分担研究報告書．

厚生労働省（2007）第6回21世紀出生児縦断調査結果の概況．

近藤充夫ほか（1998）最近の幼児の運動能力．体育の科学，**48**(10)，851-859．

杉原隆ほか（1987）現代の幼児の運動能力の発達について2：幼保比較ならびに園環境からの検討．日本保育学会大会研究論文集，**40**，276-277．

杉原隆ほか（1999）幼児の運動能力判定基準と，園・家庭環境および遊びと運動発達の関係．体育の科学，**49**(5)，427-434．

杉原隆・森司朗・吉田伊津美（2004）幼児の運動能力発達の年次推移と運動能力発達に関与する環境要因の構造的分析．平成14-15年度文部科学省科学研究費補助金（基盤研究B）研究成果報告書．

杉原隆ほか（2010）幼児の運動能力と運動指導ならびに性格との関係．体育の科学，**60**(5)，341-347．

杉原隆ほか（2011）幼児の運動能力と基礎的運動パターンとの関係．体育の科学，**61**(6)，455-

461.
仙田満（1992）子どもとあそび――環境建築家の眼．岩波書店．
ベネッセ次世代育成研究所（2007）第1回幼児教育・保育についての基本調査（幼稚園編）　速報データ集，47-48．
ベネッセ教育研究開発センター（2009）第3回子育て生活基本調査（幼児版）　幼稚園児・保育園児をもつ保護者を対象に．
ベネッセ次世代育成研究所（2010a）第2回乳幼児の父親についての調査速報版，15．
ベネッセ次世代育成研究所（2010b）第4回幼児の生活アンケート速報版，6, 11．
森司朗ほか（2004）園環境が幼児の運動発達に与える影響．体育の科学，**54**(4)，329-336．
森司朗ほか（2011）幼児の運動能力における時代推移と発達促進のための実践的介入．平成20-22年度文部科学省科学研究費補助金（基盤研究B）研究成果報告書．
吉田伊津美ほか（1999）幼児の運動能力の発達と園環境・家庭環境・遊びの傾向との関係．日本体育学会第50回大会号，320．
吉田伊津美ほか（2004a）家庭環境が幼児の運動発達に与える影響．体育の科学，**54**(3)，243-249．
吉田伊津美・杉原隆・森司朗（2004b）保育形態および運動指導が運動能力に及ぼす影響．日本保育学会第57回大会発表要旨集，526-527．
吉田伊津美・杉原隆・森司朗（2007）幼稚園における健康・体力づくりの意識と運動指導の実態．東京学芸大学紀要総合教育科学系，**58**，75-80．
吉田伊津美ほか（2010）幼児の運動能力と園庭の広さとの関係．日本保育学会第63回大会発表要旨集，189．

第Ⅱ部

遊びのなかで進んで運動する子どもを育てる

　遊びは幼児期の重要な学習であり，遊ぶ時間と場を十分に保障することは，幼児期にふさわしい生活の展開を目指す保育にとって重要である。しかしながら，ただ時間と場を用意すれば，子どもは十分に遊びきり充実感を味わうというものではない。本書では遊びを「自己決定と有能さの認知を追求する内発的に動機づけられた状態」と捉えている。子どもは身近な環境や出来事あるいは人にかかわることによって，何らかの自己課題を見出し，その課題に向けて主体的に対象にかかわることによって様々な経験を積み重ねていく。だとすれば子どもの内発的動機を高める環境の構成や活動との出会いをデザインすることは，保育者の重要な役割といえよう。喜んで体を動かして遊ぶ子どもを育てようとするならば，子どもの興味関心の方向や心情の動きを適切に理解して環境を構成し，遊びにおける子どもの自己決定と自立的行為を支える保育者の援助が不可欠である。

　そこで第Ⅱ部では第Ⅰ部の理論を受けて，保育現場における実際の指導場面に焦点を当て，体を動かして遊ぶ子どもを育てるための援助のあり方について，具体例を通して述べていきたい。

第7章
「遊びのなかで」という考え方

> **導入**
>
> 　遊びという文化的営みが，人間の発達にとって重要であることについて異論を唱える人はいないだろう。直接的な体験を通して様々な概念を獲得すると言われる発達の特性上，特に子どもにとって遊びの重要性は格別である。だからこそ，わが国の幼児教育においては，長年にわたって遊びを中心とした保育が基本とされてきた。国のガイドラインとも言える「幼稚園教育要領」や「保育所保育指針」にも，遊びは子どもの重要な学習であることが明記されている。しかし，遊びを子どもの重要な学習として考えることは「理念」として浸透しているにもかかわらず，実際に保育の方法として定着しているかといえば，残念ながら成功しているとは言えない。理由はすでに第3章で述べられているが，遊びについての定義や理解が極めてあいまいである上，遊びによってどのような能力が育つかが見えにくいために，遊びを教育に位置づける方法が確立しにくいからである。
>
> 　遊びの定義や意義についてはすでに第3章でふれられているが，本章では保育の現場の問題にしぼって「遊びを中心とした保育」の重要性やその方法について述べる。そのうえで，保育における子どもの運動遊びに焦点化して保育者の役割について解説する。

1 遊びをめぐる保育の現状

　遊びを中心とした保育は，遊びへの理解が深まれば浸透していくのだろうか。自身も私立幼稚園園長である若月芳浩は，園が保育内容を決定する背景に少子化の影響を受けた園児募集の激化や，脆弱な幼稚園経営の深刻な問題があるとし，「競争原理に常にさらされ，可視化された成果を明確に提示できる保育内容に特化し，保護者に対して過度なアピールをしなければならないために，本来の保育の質とは異なる教育に力を注ぐことで評価されている園も蔓延している」と指摘している（若月，2013）。「過度なアピール」とは英語教育や漢字教育，外部講師による運動指導や早期教育など，いわゆる「目玉保育」と言われ

るもので，子どもがあたかも「教育」を受けているかのように見えるために，保護者の満足度が高い。

　このような園でも遊びの時間は確保されているが，実情に詳しい若月は次のように述べる。「バス登園の子どもが集まるまでの時間を遊びと称し，園庭の固定遊具での遊びのみが許容されていたり，日々の課題活動に追われ，遊びは休憩時間的なものとして放任されるような現実がある」。遊びは子どもの自由に任されている。保育者の意識は安全の配慮には向けられるが，遊びのなかで子どもがどのような経験を積み重ねているのかに対して，つまり，遊びのなかで子どもが何を学んでいるのかを読み取る意識は薄い。「教育」は一斉に指導者主導で行われるものと考えられていて，子どもが選択する遊びの時間は「教育」の範疇ではないと思われているのである。本当にこのような保育で子どもは自ら思考して行動する力を身につけることができるだろうか。

　人間は生来的に能動的な存在で，自分の能力や周囲の状況がよりよくなるように追求する力を有している。特に幼児期は自分が興味関心をもった環境，人，できごとに関わることによって，様々な概念を獲得していく時期と言われている。だからこそ「自分らしく自分の能力を向上させることを追求する内発的に動機づけられた行動である遊び」（本書p. 36）に意味があり，遊びを中心とした保育が幼児期の教育の方法として適しているのである。幼児教育がその教育の基本として位置づけている遊びとは，子どもの気ままな遊びにまかせる活動のことを指すのではない。前述の園のように子どもの遊ぶままに放任されている遊びは教育として成立しない。かといって大人が必要と思うことを子どものなかの学習の文脈をかえりみずに教え込むような教育の方法では子どもは学ばない。

　教育の究極の目的は長い生涯を生きていくために必要な自己形成力を養うことである（小川，2000）。教育の第一歩である幼児教育の目的は「生涯にわたる人格形成の基礎を培う重要なもの」（教育基本法第11条）であり，幼児期にふさわしい生活を通してその基盤となる自己決定，自己実現の喜びを味わわせることが，自己形成力を育てるためには極めて重要である。すなわち，子どもが環境や人に関わることによって生み出す発意としての遊びは，子どもに自己決定と自己実現の喜びをもたらすものでなければならないのである。保育者の役割は，情緒主義的に遊びを礼賛することではなく，子どもが遊びのなかでどう自分の能力を向上させていこうとしているのかを行動の文脈のなかから読み取り，そこから導き出される必要な教育的意図を環境の構成に込めることである。

　保育をめぐる制度の転換点を迎えている今だからこそ，社会や保護者を巻き込んで遊びの重要性を再認識していかなければならないのではないか。そのために誰にでもわかりやすい方法で遊びの価値を示すことは喫緊の課題であろう。杉原らによる運動能力の一連の研究（第4章，第6章参照）は，遊ぶなかで体を動かす子どものほうが，大人に指示されて動く子どもよりも運動能力が高いことを明らかにした。遊びは重要な学習であることの根拠を明確なデータをもって示した点で，極めて貴重な成果と言える。

2 遊びの有用性をどう説明するか

　学びとは，何らかの経験を通して学び手の内部に恒常的な変化がもたらされることであるから，私たちは遊びを通して子どもたちによりよい変化が生じることを期待する。その変化を証明することが遊びの有用性を説明することになるが，それをある基準への到達結果で評価するのではなく，プロセスと捉えたい。もし，遊びの教育的効果を結果として獲得された能力によって説明したとするならば，遊び以外の方法でもその力を育むことは可能だという反論がどこかからなされ，遊びという方法をとらなくてもよいことになってしまう。矢野智司は，確かに遊び体験は社会的認識や科学的認識を発達させるが，遊びについて問うべき論点を効果や結果におくのではなく，プロセスに映してみる必要があると述べている（矢野，2000）。

　この考え方はレイヴとウェンガーの提唱する状況的学習論とも通じる（レイヴ＆ウェンガー，1991）。レイヴらは学習者が所与の知識を吸収し内化する過程が学習であるとする従来の学習観の転換を図り，学習とはなんらかの実践共同体への参加であるとした。レイヴらの論によれば文脈から切り離された知識はありえず，社会的実践から切り離された状態で知識が個人のなかに蓄積されることを学習とは言わない。学習者にとって第一に重要なのは，何らかの実践共同体に参加することであり，学習者が実践に参加することによって共同体も作り直されていく。このような参加の仕方をレイヴらは「正統的周辺参加」という言葉で説明している。学習者は社会的実践に参加することによって，なにがしかの役割を担いながらより深く実践に参加し，そのことそのものが学習の深まりと捉える。遊びの有用性をこの理論で説明すれば，文化的実践として遊びに子どもが自ら参加すること，そしてその状況がよりおもしろくなるように何らかの役割をとりながら参加を深めていくことその過程そのものが学習ということになる。

　遊びの状況をよりおもしろくしようとすることによって人やモノとの関わりが質的に深まる過程が学びであることを，事例を通して考えてみよう。

―― ≪事例7-1　5歳児6月初旬　色水遊び≫ ――――――――――
　A園では自然物をつぶして色水をつくる遊びに子どもたちの関心が集まっている。保育者はいつでも誰でもが色水遊びができるように，保育室前の園庭にテーブルを出し，すり鉢，すりこぎ，透明の容器，ザル，ペットボトルなどの環境を用意している。その日は登園直後から数名の子どもが気の合う友達と誘い合って，園庭の花がらや，落ちている木の実を拾い，色水をつくっている。
　B児は友達の様子を見ているうちにやりたくなったのか①，自分でも木の実を拾ってきてすり鉢でつぶし始め，「ブドウジュース」と言う。できたジュースをガラスの空き瓶に詰め，

第Ⅱ部　遊びのなかで進んで運動する子どもを育てる

> もう1本つくる。ところが2本目は1本目より少し色が薄くなってしまった。すると<u>その色の違いの発見におもしろさを感じたのか</u>②，3本目はさらに薄いジュースをつくる。<u>色のグラデュエーションを意図的につくり出すことがおもしろくなったようなので</u>③，保育者はB児の追求したい微妙な色の調整には目の細かい網が必要だと気づき，茶こしを提示する。B児はさっそく茶こしを使ってより丁寧に色水を作る。6本目には限りなく透明に近い色を作り，7本目の瓶には水だけを入れると，<u>満足気に棚の上</u>④に瓶を色の濃い順に並べて眺める。次に保育室からセロテープ台を持ってきて，一本一本の瓶にセロテープを貼り，そのセロテープの上に油性ペンで自分の名前を書いた。
> 　途中，B児の様子を見ていた友達が「その実はどこにあるの」とたずねると，B児は作業の手を止めて，友達を実が落ちている場所に連れて行っていた。

　B児は友達から刺激を受けてこの遊びに取り組み始めた。最初は木の実をつぶすと色水ができることを単純に楽しんでいたが，対象（自然物，水，道具等）に関わるうちに，遊びの課題が次第に鮮明になっていった。傍線部はB児の内面の動きを保育者が解釈した部分だが，追ってみると〈①対象への興味関心→②対象に関わることによって生じた偶然の発見→③予測をもって対象に関わる探究的な行動→④満足感・充足感〉へと推移していることが読み取れる。B児の最終的な遊びの目的は色を少しずつ薄くしていくことと瓶のなかの水の量を一定にすることだったが，色水ができることをただ喜んでいた遊び始めの様子と比較すると，探究の度合いが深まっていったと捉えられるだろう。水の色と水量ラインの調整に全身の注意を傾けており，必然的にモノの扱い方も丁寧になっていた。

　最後に直接瓶に名前を書かずセロテープの上に書いたのは，なぜかと問うと，「いつでもはがしてこの瓶を次の遊びに使えるから」と答えた。遊びを通して生活に必要な知恵を獲得していることも行動から読み取れる。

　幼児教育は環境を通した教育と言われているが，子どもは自ら心身を用いて対象と関わることで，対象，対象との関わり方，さらに，対象と関わる自分自身について学んでいると言われる（文部科学省，2008）。B児は自然物の量と水の量の関係で色の濃淡が決まることに気づき，それを追求し始めた（対象への学び）。慎重に水を注いだり，適切な道具の使用やそれらを丁寧に扱うということも経験していたと考えられるし（対象との関わり方への学び），偶然の発見におもしろさを感じ，何かを予測したり予想したりしながら課題を追求していく充実感を味わったと思われる（対象と関わる自分自身への学び）。

　重要なのは，これらの学びが他者から与えられたものではなく，B児自身が対象への関わりを深めることによって獲得したものであるということだ。本書では遊びを「自己決定と有能さの認知を追求する内発的に動機づけられた状態」と捉えている。内発的動機づけは，全力を発揮するような行動と自分の能力をさらに高めようとする挑戦的な行動の2つを引き出すと言う。子どもが遊びに没頭するとは全力を発揮していることであり，遊びの

状況がよりおもしろく変化するように人やモノとの関わりを深めていく姿は自分の能力をさらに高めようとする挑戦的な行動と言える。B児が次第に色水づくりに没頭し、自ら遊び課題を設定していった姿は、B児がそれを意識しているかどうかに関わらず、まさに自分の能力を高めようとする挑戦的な行動と捉えられるだろう。このように、私たちは、子どもの遊びにおける経験の質的変化を言動から読み取ることを通して遊びの価値を説明することができるのである。

3 子どもの自発性と保育者の意図性

　子どものきままな遊びに任せていたとしたら、上述したような質的な変化は生まれない。より遊びをおもしろくしようと心を動かすようになるには、その根源となる適切な環境がなければならないし、遊びの質的変化を人間関係が阻んでいるような場合では、他者との関係調整が必要な時もある。言うまでもなく保育者が遊びの状態を持続的に理解し、それに基づいて適切な援助を行わなければ、遊びは停滞し質的に高まらない。色水づくりの例で言えば、保育者がB児の丁寧なモノの扱いを見て、目の細かい茶こしを提示したことが、よりB児の探究心を高めたように。

　「遊びを中心とした保育」とは、主体性尊重という名の下で遊びを「放任」する保育でもなければ、逆に「教えなければ子どもは学ばない」と考えて、保育者が一方的に構想する保育でもない。子どもの活動を理解し、そこから発達や学習の道筋をみとることから次の生活や遊びをデザインする保育である。子ども理解はすべての保育行為の根拠である。理解によっては援助の方向が子どもの育ちに寄与しなくなる。事例を通して考えてみよう。

―《事例7-2　5歳児7月中旬　積み木を使った遊び》――――――――――

　6名の男児が大型積み木で遊戯室に2階建ての「家」のようなものを作っている。1階部分の閉鎖空間を「サウナ」とイメージして、「暑い暑い」と言い合うことを楽しんでいる。つくり上げるまでに時間がかかったこともあり、その場を残しておきたかったのだろう。保育者に許可を得て片づけをせずに場を残して降園した。

　翌日、登園すると6人中5人が積み木の場のなかに集まる。特に役割を決めている様子はみられず、なかのマットの上に寝ころんでポケモンの話をしたり、2階の部分から飛び降りたりしている。Y男だけは一人で積み木の一部を改造している。「ここは何の場所か」と個別に尋ねてみると、一人は「サウナ」と言うが、一人はなかの暑さからイメージしたのか「砂漠」と答える。「わからない」という子どももおりその場の見立ては共通ではないようだった。担任が片付けを知らせに近づくと、Y男が「今日も残しておきたい」と主張し、ほかの子どもも同意。保育者もこれに共感したために「こわさないでください」と貼り紙をして降園した。

第Ⅱ部　遊びのなかで進んで運動する子どもを育てる

　この週のこのクラスのねらいは「友達と考えを出し合い，楽しみながら遊びを進める」であり，経験させたい内容は「遊びが楽しくなるよう，自分の考えを出したり，相手の思いを聞いたりする」だった。この日の遊びにおいて，子どもたちの場に対するイメージも共通ではなく，「考えを出し合う」姿はあまり見られなかった。Y児は場の改造を試みていたので，その場に対する愛着があったかもしれないが，その思いは他児と共有されてはいなかった。「場を残したい」という子どもの願いを「明日もそこで遊びたい」という強い内的欲求と捉えるか，それともやり慣れた遊びに対する安定と捉えるかによって，場を残す意味は変わってくるだろう。少なくともその日の様子からは，積み木の場が遊びのなかで友達と考えを出し合うために有効な働きをしているようには見えなかった。
　この子どもたちにとっては，むしろいったん片づけて新たにつくり直したほうが，ねらいにそった環境の構成ではなかったか。「片づけて，明日もっといいのをつくろうよ」と提案することは，決して子どもの主体性を損なうことではないだろう。子どもの要求を全て実現することが，主体性を尊重することではなく，次に必要な経験のために意図的に働きかけることが，より，子どもの主体性を引き出すこともある。
　この事例は，遊びの指導の難しさや迷いの代表のようなもので，保育者は日々，このような場面に出会い，子どもの主体性と保育者の意図の接点を見出すことに迷う。解決の方向は，「遊びの姿のなかから育ちを見極め，必要な経験は何かを探る」ことに尽きる。そして，その日の遊びの姿と「ねらい」，つまり保育者の計画性とを重ねて合わせた時に援助の可能性は導き出される。立てた「ねらい」のほうが高すぎる場合もある。子どもの姿を把握することで「ねらい」の不適切さに気づいたならば，その時点で修正し，環境を再構成しなければならない。そのまま押し通して指導を行えば，それは保育者主導の保育になってしまうだろう。そうならないために以下の視点で遊びを読み取ることが大切であると考える。

　①遊びの何におもしろさを感じているのか（内発的動機の読みとり）
　②それまでの遊びの様子との関連はどうか（課題の連続性）
　③周囲の子どもと遊びとの関係はどうか（状況性・全体性）
　④これらを踏まえ，さらに必要な経験は何か（保育者の願いの自覚化）
　⑤そのために環境の構成をどうするか（援助の自覚化）

　ここまで保育における遊びの基本的な捉え方を述べたところで，次には本書の核心である子どもの運動遊びに焦点化して，子ども理解のあり方や保育者の役割について述べたい。

4　子どもの運動体験の意味の捉え方

　子どもは生来的に能動的な存在で，興味関心をもったモノやできごと，あるいは人に主

体的に関わって遊びを生み出す。そして関わることによってさらに興味関心が高まり、より深く遊びに没頭する。そのような状態の時に発達に必要な様々な体験を積み重ねることができる。子どもの行動（関わる、試すなどの行為）は、心の動き（興味関心をもつ、おもしろいと感じるなどの情動）と切り離して考えることはできない。このことを本書のテーマに引きつけて考えれば、子どもが進んで体を動かすようになるには、動きたくなる心の動きが大切だということである。

領域「健康」の内容の取扱いには「心と体の健康は、相互に密接な関連があるものであることを踏まえ、幼児が教師や他の幼児との温かい触れ合いの中で自己の存在感や充実感を味わうことなどを基盤として、しなやかな心と体の発達を促すこと。特に、十分に体を動かす気持ちよさを体験し、自ら体を動かそうとする意欲が育つようにすること」とあり（文部科学省，2008）、心身の相関を十分に認識したうえで子どもの体の動きを促進することの重要性が示されている。

では、子どもの心と体がともに弾み、自ら進んで体を動かして遊ぶようになるために、保育者はどうしたらよいのか。幼児期にふさわしい運動指導のあり方についてはすでに第4章でおさえたが、ここではそのあり方の背景となる保育における子どもの運動の捉え方を考えてみよう。

1 子どもの内面の文脈を読み取る

滑り台を3歳児が滑っている。1回目は座って滑る。2回目は体を横にして滑っている。3回目は腹ばいになって頭から滑っている。そのあとは友達と連なって笑いながら滑っている。階段をすばやく上がり、繰り返し試している。この子どもも前年には滑り台の階段を、一段一段両足を揃えながら慎重に上っていたことだろう。歩けるようになってから3年足らずにもかかわらず、階段を駆け上がり、滑り面の上でバランスをとりながらいろいろな体勢をとる姿に、幼児期の運動発達の目覚ましさを見ることができる。

滑り台でいえば「座位で滑る」というような基本的な動きが滑らかにできるようになると、子どもは自ら少しずつ自己課題を高次化させていく。大人から指示されてそうするのではなく、自ら動きたくて動いているうちに、環境との相互作用によって能動性がより発揮されるのである。環境と関わることによって、子どものなかに次はこうしてみたいというつながり、言い換えれば「文脈」が生まれるのである。子どもを理解する視点の第一は、このような「文脈」を読み取ることであろう。文脈を読み取るとは、遊びにおける子どもの課題がどのようなモノやことによって動機づけられているかを読み取ることである。環境と関わるなかで偶然新しい動きを体験し、次には意図的に試してみようとすることもあるだろう。友達の動きを見て、真似してみようと思う時もあるだろう。自己課題が子どものなかでどのように新たに生まれたりつながったりして子どもの自発的な行動を生み出

ているのかを理解することが重要である。

　年齢が高くなると，このような試しや挑戦は，操作性が必要な運動においてさらにさかんに見られる。たとえば，5歳児では短縄を何回も跳べるようになっている友達の姿を見ると，自分もやってみようとする姿がよく見られる。憧れの対象に触発され，自分なりの目標をもって繰り返し挑戦する。そして，連続して跳べるようになると，傍らにいる大人に「見てて」と言ったり，「回数を数えて」と言ったりすることがある。「見てて」ということばには，獲得した動きを見てほしいという意味だけでなく，そこに至るプロセスを親しい大人に認めてもらいたいという気持ちがこめられている。このような時保育者は，子どもの行為をことばや表情で賞賛する。子どもは賞賛を得て，他者と気持ちをつなぎ合わせた喜びや満足感を得ることができる。そしてそれによって「もっと回数多く跳べるようになりたい」とか，あるいは「違う跳び方に挑戦したい」と思うようになり，次の活動への意欲は高められる。

　このような一連の行為のなかで，子どもは運動技能を獲得するだけでなく，様々な経験を積み重ねている。まず他者に対して関心を示す経験（例：○○ちゃんは何回も跳べてすごい），他者からの情報を取り込んで自己課題を設定する経験（例：自分も○○ちゃんのように跳べるようになりたい），繰り返し挑戦することによって次第に熟達し，自分の身体をコントロールできるようになる喜びを味わう経験（例：跳べるようになってうれしい，やればできる），自己充実感や有能感を味わう経験，などである。保育者や友達に認められることによって，これらの肯定的感情は強められ，運動意欲がさらに高まって挑戦が続く。このような取り組みは，まさに，自己決定と有能さの認知を追求する内発的に動機づけられた状況であり，「おもしろい」とか「楽しい」と感じる快感情が連動して能動性を支えている。

　したがって保育者は，子どもの内面でどのような揺れ動きがあり，どのような行動の文脈のなかで運動への意欲が高まっているのか（あるいは高まらないのか）など，子どもの内面を持続的に理解する必要がある。

　近年，外部専門講師による運動指導を取り入れている園は少なくない。子どもは運動指導の先生との定期的な出会いを喜び，体を動かす活動を楽しんでいることだろう。しかし，日常的なつながりのなかで子どもを理解する機会が少ない講師においては，一人ひとりの子どもの内面の文脈を読み取ったうえでの指導になっているかどうかを見直す必要があるだろう。なかには説明を聞いたり並んで待ったりする「受け身」の時間が長く，一人の子どもが運動する時間はほんの数分だけという例もある。また，ある特定の運動に特化した訓練が行われ，子どもは指示通りに動くことのみが要求される指導もある。子どもは本来的に能動的な存在であり，他者からの，あるいは環境からの触発によって，次なる自己課題を自ら生み出し，新たな行動に挑戦的することができる。にもかかわらず，大人が一方的に指導という形で課題を与えるのは，子どものもつ力を信頼していないためではないか。

そしてまた，子どもが運動する意味を，体を鍛えたり運動技能を獲得したりすることと矮小化して捉えているためではないか。

　幼児期に体を動かすことは，総合的に子どもの発達に貢献することを認識し，子どものなかにどのような経験が積み上げられているのかを読み取るべきである。多様な動きを獲得することによって満足感や自己有能感が高められる意味は大きい。このような肯定的感情は人格形成の基盤となるものである。身体の動きは，「できる・できない」の評価が子どもにもわかりやすいのが特性である。だからこそ「次はこうしたい」「できるようになりたい」という自己目標をもちやすい。その一方，他者との比較で自己像が低くなるという負の側面もある。「できる・できない」を他児との比較に使って競争心を煽ったり，保育者が設定した目標の達成に向けて子どもを追い込んだりしないようにしたい。

2 トータルな生活のなかの運動の意味を読み取る

　子どもはいつも活力に溢れている存在だと思うだろうが，現代では必ずしもそうではない。登園時に眠そうにしている子どもや，靴箱のあたりにいつまでも座り込んでいる子どももいる。ぼうっとしていて遊び出しに時間がかかる子どもも多くなっていると聞く。そのような状態は睡眠不足や朝食を十分に摂ってこないことによって引き起こされることが多い。現代の大人の生活リズムに小さな子どもも巻き込まれていることは想像に難くない。

　日本の子どもの睡眠時間は世界的に見ても短く，就寝時刻は遅くなっている（谷田貝，2008）。必然的に，起床が遅くなり，日中の活動に支障をきたす。子どもの健康な生活のリズムは覚醒と睡眠（活動と休息）と食事のバランスによって獲得される（中村，1997）。生活リズムを幼児期に身につけることは，単に健康な体を培うことだけでなく，情緒の安定をもたらすもので，生涯にわたって幸福で健康な人生を送るために必要なことである。保育時間は1日24時間のうちの一部であり，当然のことながら「活動」「睡眠」「食事」の全てを園が担うことはできない。家庭と連携をとりながら，それぞれの立場で最も有効な手立てを講じられる部分を担い，協力して望ましい生活リズムの獲得を目指したい。

　では幼稚園・保育所・認定こども園等の幼児教育施設（以下，園）で担える役割は何か。園が最も貢献できるのは，日中の活動の充実とそれに伴う休息の確保であろう。日中に戸外で十分に体を動かして遊べば，子は充足感に満たされ，食欲も増進する。充実感と心地よい体の疲れで就寝時刻も早まる。日中の全身的な活動の充実を起点にして，生活リズムの好循環を図ることが可能となるのではないか。

　子どもの運動発達を支える指導というと，運動場面のみを取り上げていかに運動量を確保するかや運動能力を高めるかに注目しがちになる。そうではなく，戸外で十分に体を動かすことはトータルな生活のつながりのなかで重要であることを認識し，活動とその後の休息がバランスよく配分されるように，1日の生活の配分をデザインする必要がある。そ

して，健康な生活リズムが獲得されるよう，家庭としっかり連携をとりたい。

　ある幼稚園では，希望者を対象に降園後に約60分間の体を十分に動かす「遊びの時間」を設け，園児の生活リズムがどのように変化するのかの聞き取り調査をした（亀ヶ谷学園宮前幼稚園，2008）。これはよくある課外活動の運動指導の時間とは異なるもので，担当保育者は子どもの主体性を重視し，自分で考えたり試したりしながら体を動かせるように配慮した。参加した子どもの保護者へのヒヤリングで明らかになったことは，「遊びの時間」に継続的に参加することによって，多くの子どもが夕食の量が増え，入眠時刻が早まったということである。特筆すべきは，通常の保育よりも活動量が多いために体は疲労しているはずなのに，子どもの口から「疲れた」という言葉が発せられる率が下がったということである。「楽しかった」「おもしろかった」という感情に支えられて生活への期待や意欲が増していることがわかる。この例のように幼児期には心身の相関が極めて高いということを園と家庭が共通理解し，望ましい生活リズムを獲得していかれるように協力することが望ましい。

5 保育における運動指導において大切にしたいこと

　運動能力の低下や体力の低下の問題が指摘されて久しい。主な原因は子どもを取り巻く環境や状況が劣化し，体を動かす経験が不足していることにある。子どもは本来，活動的な存在であり，適切な環境と機会があればどの子どもも体を動かすことをいとわずに遊ぶ。にもかかわらず，戸外で遊びたがらない子どもが増えているというなら，それは全身を動かしたいという活動欲求を満たす環境が不十分であるか，それを引き出すことができない物的，人的環境に起因するものと考えられる。

1　多様な動きの体験の必要性

　運動量や運動経験の不足は，乳児の頃からの問題と言える。根岸らは思春期・学童期の子どもの動きがぎこちなくなっていることに着目し，なぜそうなってきたのかを多面的に検討した。そのなかで，居住環境が狭くなったことや社会環境の変化によって，幼児期に多様な動きの体験が保障されなくなったことに原因があるのではないかと指摘している。（根岸，2002）。また，養育者の意識が変化し，大人の生活リズムに子どもを合わせる傾向がある。移動の際に自転車や自動車を使用することが多く，子どもが歩く機会も減っている。休日に子どもと体を使って遊んでやる機会も減少しているということである。

　ある自治体の幼児期の子どもの生活実態調査でも，体力が低下し疲れやすい園児が増加したかとの問いに，約75％の保育者が「そう思う」と答えている（熊本県教育委員会，2003）。その原因は家庭において室内での遊びが圧倒的に多くなったことをあげているが，

保護者が幼児教育施設へ期待するものの2番目として「体力の向上」をあげているという結果もあり（広島県教育委員会，2003），幼児教育機関への期待は大きい。

　幼児教育機関に期待されている経験について，小学校以降の育ちの問題からも考えてみよう。小学校では校庭での遊びのバリエーションが少なくなっていると言われている。1980年代の調査でも，戸外より室内で遊ぶ傾向が多いことや，大勢の人数が群れて行う鬼ごっこやソフトボール等のルールのある全身を使った遊びの出現頻度が低く，「孤独型の遊び」への傾斜が明らかになった（深谷，1983）。以来30年が経ち，子どもたちの遊ぶ時間や遊ぶ場所はさらに限定的になっており，遊びの内容もますます個別化している。私たちは地域において群れながら全身を使って遊ぶ子どもの姿を見ることができなくなった。

　このように日常のなかの運動体験が減少している一方で，各種スポーツクラブに通う子どもは増えている。根岸らの報告書では「運動に親しむ，動けるからだを作るという小学校期の子どもにとって，スポーツクラブは好ましくないのでは」と疑問を投げかけ，自発活動である遊びのなかでの多様な動きの体験こそ必要であると指摘している（根岸ら，2002）。

　この指摘に筆者も賛同する。ある園を園児が降園した後に訪れた時のこと。課外カリキュラムとして野球教室が行われており，専門指導員が希望する子どもに対してソフトボールの投げ方を指導している場面を見た。子どもはボールを握ったら両手両足を開いて上から腕を振り下ろすように指示される。指導者はその体形を「星の形」と表し，言語指示するのだが，子どもには全くその意味がわからない。「星の形になれ」と言われると体を開き，「投げろ」と言われてボールを手から離すが，当然，動きはぎこちなく，ボールは遠くに飛ばない。子どもたちの表情も生き生きしているとは言い難かった。

　投球フォームから教える必要が一体どこにあるのだろうか。もし，遠くにボールを投げることを楽しませたいのならば，子どもがそうしたくなるような環境を構成することこそ大事だろう。子どもは心が動けば体も動く。ある特定のスポーツを，しかも「形」から教え込むような指導は内発的な動機によって基本的な運動技能を獲得していく幼児期において，ふさわしい指導とはいえない。

　根岸らの報告書によると，ある特定の運動経験を積み重ねても，その能力が他の種目に広がっていかない傾向があり，体験したことがある動きの種類が少ない生徒が未経験の運動に取り組むと，いつまでたっても動きがどこかぎこちないと指摘している（根岸ら，2002）。そして，中学校期における運動体験という以前に，多様な動きの体験が幼児期から必要ではないかと提言している。このように種々の先行研究が示しているように，長期的な視野で運動の発達を考えるならば，幼児期には多様な運動体験が必要なことは明らかである。多様な動きの体験は子どもの発意としての活動である遊びのなかで保障されるものであり，保育において，子どもが体を動かしたくなるような環境の構成をすることは極めて重要である。

2 園における指導の傾向と「運動指針」

　ところがある自治体の保育における指導に関する全体的傾向の調査によれば（広島県教育委員会，2003），領域「健康」の指導で最も重視されている内容は「先生や友達と触れ合い，安定感をもって行動する」という項目であり，「いろいろな遊びの中で十分に体を動かす」という項目を重点的に指導していると回答した保育者は約27％と少ない。「進んで戸外で遊ぶ」という項目にいたってはわずか5.5％であった。遊びを中心とした保育実践では，どこで誰と何をして遊ぶかの選択は子どもに任されることが多い。そのような場合，室内で遊ぶことが好きな子どもはほとんど全身を動かす遊びをしないままに1日が終わるということもありえる。現代の子どもの置かれている環境や生活を鑑みれば，もっと積極的に体を動かして遊ぶことを促す援助が必要なのではないか。

　このような問題意識から，文部科学省では幼児期に獲得しておくことが望ましい基本的な動き，生活習慣及び運動習慣を身につけるための効果的な取り組みなどについての実践研究を行った（文部科学省，2011）。この成果を踏まえ，2012年には「幼児期運動指針」が策定された。現代社会では生活が便利になったことにより，子どもが体を動かす機会は減少している。本指針は「体を動かして遊ぶ機会が減少することは，その後の児童期，青年期への運動やスポーツに親しむ資質や能力の育成の阻害に止まらず，意欲や気力の減弱，対人関係などコミュニケーションをうまく構築できないなど，子どもの心の発達にも重大な影響を及ぼすことにもなりかねない」と指摘し，「主体的に体を動かす遊びを中心とした身体活動を，幼児の生活全体の中に確保していくことは大きな課題である」として，最低でも1日60分の戸外遊びが必要であると提唱している（文部科学省，2012）。

　ここで留意しなければならないのは，遊びの主体者は子どもであるということだ。60分という時間をただ単に確保しているだけでは，子どもにとって意味ある活動にならない。体を動かしたくなるような適切な環境づくりが必要であろう。その対極にあるが，先にあげた「野球指導」のように，大人の立てたプログラム通りに活動することを良しとするような運動指導では，子どもは望ましい経験を積み重ねることができない。子どもの興味関心を広げたり，様々な遊びに挑戦したいと思う意欲を育てたりするのは保育者の役割であろう。戸外に出て遊びたくなるような環境の構成や活動の提案を適時的に行う必要がある。

3 幼稚園教育要領の捉え方

　幼稚園教育要領の基本理念において，各領域に示されているねらいは，遊びを通しての指導を中心に総合的に達成されるものであると示されている。つまり，指導すべき内容とある特定の活動は直結するものではない。この幼児教育独自の考え方を改めておさえておこう。幼児教育における「領域」の考え方は，小学校以上の教科の考え方とは異なる。「領

域」は活動を体系化したものではなく、子どもの発達を見る窓口である。「リレーごっこ」を例に取り上げて領域の考え方を考えてみよう。

小学校において「リレー」という活動は体育の学習内容として取り扱われるが、幼児教育においては、領域「健康」の活動というように取り扱わない。5歳児が園庭に出てリレーの準備をしているとしよう。5歳児ともなれば、ラインマーカーでリレーのコースを引きチーム分けをしたり、人数が不足していると仲間を呼びに行ったりする。これらの姿には、領域をまたがって様々な経験が含まれている。自分たちでリレーをすることを決めて、コースラインを引いたりバトンの準備をする。これらは、領域「人間関係」の「内容」としての「自分で考え、自分で行動する」姿と捉えられる。全力で走る姿は、領域「健康」の「内容」である「いろいろな遊びの中で十分に体を動かす」経験となるし、「先生や友達と触れ合い、安定感をもって行動する」ことを経験しているとも読み取れる。全身的な運動遊びにおける経験は総合的である。

1つのある活動は多様な「内容」を含む可能性をもっている。逆に「内容」の側から考えてみれば、1つのある「内容」へのアプローチは子どもによって異なる。たとえば、「先生や友達と触れ合い、安定感をもって行動する」という「内容」を、ある子どもはリレーで経験するかもしれない。別の子どもは室内の積み木遊びで経験するかもしれない。ある一つの「内容」へ向かう姿はそれぞれの子どもによって異なる。

したがって保育者は多面的に子どもの経験を読み取らなければならない。読み取りの1つの方向は、子どもが取り組む活動のもたらす経験の潜在的な可能性を読み取るということである。そしてもう1つは、子どものなかの経験のつながりを読み取ることである。そしてさらに活動にはそれぞれに独自の潜在的な可能性があることも同時に押さえておきたい。1つの活動には多様な経験の可能性があると述べたが、たとえば「いろいろな遊びの中で十分に体を動かす」という「内容」は、折り紙遊びや絵本を見るといった静的な遊びでは経験できない。折り紙を折ることは目と手の協応動作であり、微細な動きを要求されるが、全身を十分に動かす活動にはならない。折り紙には折り紙がもつ潜在的な可能性（丁寧な取り組みを子どもに要請する）があり、リレーにはリレーの潜在的可能性（「走る」という動きが要請され体を十分に動かすことができる）がある。

つまり「いまここ」で子どもが何を経験しているかを読み取ると同時に遊びや活動の潜在的可能性を把握し、各領域の「内容」はどのような遊びや活動で経験し得るのかを予想しておくことである。当然、保育者にはそれに関連する教材や活動に対する理解の深まりが求められる。

第6章で示したように、戸外で積極的に遊ぶ保育者のクラスの子どもの方が、運動能力が高いことが明らかになっている。この結果をふまえれば、保育者の意識のあり方は子どもの運動発達において大変重要である。保育者が幼児期の全身を使った遊びは運動の発達のみならず、様々な側面において極めて重要であることを認識し、適切な環境を構成しな

ければならない。しかし，ただ環境を構成しただけでは，子どもの高まる運動欲求を満たすことはできないし，より高次な課題を追究したいという心性は満たされないだろう。動きの獲得は大人が教えるものではないが，それが経験できる遊びが最低限必要なきまりとともに提案され，また，保育者や他の子どもが楽しそうに遊ぶモデルとしての動きが必要だろう。保育者自身が運動遊びのレパートリーを増やすことは言うまでもないが，遊び方を知っているだけでなく，さらに活動理解を深め，子どもの遊びの様子を見極めながら適切な環境を構成する力をもたなければならない。

6 保育者の役割

　環境を用意しておきさえすれば遊びが豊かに展開するわけではない。遊びのなかで多様な運動体験を保障するには，まず，子どもが自然に身体を動かしたくなるような環境の工夫（空間の配置・物的環境等）と動機づけ（何らかの動きが触発されるイメージの付与等），そして，適切な援助が必要である。近藤充夫は，運動遊びにおける保育者の援助のあり方について次の4点が重要だと述べている（近藤，1994）。
- よい観察者であること
- 適切な助言と助力を与えること
- 遊びの内容を豊富にしてやること
- 遊具の点検を十分にしておくこと

これらの視点にそって，具体的な保育者としてのあり方を考えてみよう。

1 よい観察者であること

(1) どこを見るか

　1つは多様な遊びにおける体の動きを見ることである。子どもは運動的な遊び以外の遊びでも体を動かしている。たとえば，大型箱積み木を使って戦いごっこの拠点となる基地をつくろうとすれば，重たい積み木を何回も運び，積み上げる。この時，子どもは物を抱える動き（荷重動作）と物を下ろす動き（脱荷重動作）を繰り返しながら，積み木の大きさと重さを推量し，適切な力配分を学んでいる。友達と一緒に運ぼうとすれば，他者と共に動く時の力の調整加減を学ぶだろう。あるいはまた，草むらで虫採りをしている子どもは，手先に神経を集中して動く対象をつかもうとする。この動きは目と手の協応を必要とするもので，子どもは微細な動きの調整力を獲得する。このようにあらゆる遊びに「動き」は伴っている。運動的な遊びに限らず，あらゆる遊びのなかで子どもは多様な動きを体験していることを認識し，動きをよく見ることが必要である。

　2つ目は，当然のことながら運動的な遊びにおける動作の発達を見る。動作は経験を積

むことによって熟達していく。1つの動作が滑らかになると、子どもの遊びにおける動きはより柔軟になり、楽しみ方が広がる。たとえば、ドッヂボールをしている子どもの動きを見ると、ボールを捕る動作に熟達している子どもは、ボールを捕ると素早く投げることができる。ボールを捕捉すること自体に集中しなくてすむようになっているために、捕捉した瞬間に相手チームの動きを目で追い、投げる動作へ動きを連動させることができるのである。捕る、投げる、相手に当てるという3つの喜びを瞬時に味わっていると言える。しかし、ボールを捕ることに精一杯の子どもは捕捉したボールをなかなか手放そうとしないで、しばらく抱えたままコートの周縁を走り回ることが多い。そのような子どもに対して「早く投げなさい」と指示する保育者もいるが、果たしてそう指示されて動けるだろうか。子どもは獲得した動きの範囲で遊びのおもしろさを感じているのであり、捕ったら投げるという動作の連動が可能になれば、指示されなくともそのように動く。保育者の「助言」については後述するが、動きの発達をよく見るということは、援助のポイントが明確になるということである（網野・近藤、1986）。

(2) どのように見るか

まず大切なのは、子どもはどのようなおもしろさに動機づけられているかを見ること（子どもの内面の文脈を読み取ること）である。子どもを動機づけている遊びのおもしろさは変化するものであり、その変化を読み取ることによって、保育者は援助の可能性を探ることができる。子どもは同じ遊びを繰り返しているように見えても、その動きをじっくり見てみると、前述の滑り台の3歳児のように、感じているおもしろさやその子なりの工夫のしどころがしだいに変化していることがわかる。また、1つのある遊びは年齢によって「遊び方」が変容していることがわかる。

2月のある日、園庭の半分ずつを使って4歳児と5歳児が鬼遊びをしている。4歳児の鬼遊びはちょうど節分の季節ということもあり、鬼が島の鬼を退治するというイメージのもとで行われている。追う側がモモタロウ、追われる側がオニで、鬼退治というイメージによってルールが認識され、モモタロウは桃色の帽子、オニは紙製の角がついている帽子をかぶることで役割が理解されている。遊びのイメージに触発され、「モモタロウとオニが戦う」というごっこの姿もみられる。鬼遊びとは言え、遊び方は基本動作である「追う－逃げる」行為にとどまらない。イメージ性の強い鬼遊びが展開されている。

5歳児の方は3チームに分かれて三つ巴の鬼遊びをしている。「グー」が「チョキ」を追いかけ、「チョキ」が「パー」を追いかけ、「パー」が「グー」を追いかけるというルールである。「チョキ」グループの子どもは、「グー」から捕まらないように「パー」を追いかけなければならないうえに、「グー」の陣地に捕まっている仲間を助ける目的ももっている。子どもは複雑なルールを理解し、「追う」という身体の構えと「逃げる」という構えを同時にとることを楽しんでいる。4歳児の鬼遊びより動作的、認知的に高度な遊び方である。

子どもが感じている遊びのおもしろさをよく見て捉え、それに応じて保育者の援助を見極めることによって、子どもはますます主体的に動きを楽しむようになるのである。4歳児の鬼遊びと5歳児の鬼遊びの比較でみえるように、運動的、認知発達、あるいは社会性の発達の違いを理解し、発達に適した遊びを提案することが大切である。

　第二に、それがどのような環境との関わりのなかで生じているのかを見る視点である。子どもの動きは空間的・物的環境によって影響を受けている。たとえば子どもは広い芝生の原っぱに入った途端、何の規制も受けていなければ、自然に走り出すだろう。ボールが落ちていれば、投げたり、蹴ったりして転がるボールに応じる自分の体の動きを楽しむだろう。空間や物的環境の要請を受けながら、私たちの体は存在し行為する。子どもの動きを見る際には、空間の特長や物的環境との間にどのような相互関係が生じているかを見る必要がある。

　筆者が勤めていた幼稚園は園庭が斜面だったので、子どもはかけ登ったり下りたりしているうちに移動系の動作が滑らかになっていた。反面、平地の面積が少ないためボール等を使った操作系の遊びが制限されていた。このように各園には独自の空間の特徴がある。例えば高低差のある鉄棒が並んでいれば、子どもは一方ではぶら下がり、一方では回ってみようとするなど異なる動きに挑戦しようとするだろう。固定遊具の位置関係、ほかの遊びの動線との関係など、空間の特徴を押さえて多様な動作経験が保障できるように工夫しなければならない。ある園では、園庭が狭く固定遊具が少ない欠点を補うために、木々の間にロープを渡し、不安定な水平移動の動作を楽しむ環境を意図的につくり出していた。意図的な環境の構成によって子どもの運動意欲が高められ、その結果、運動能力検査のポイントが高まったと報告している（豊島区立西巣鴨幼稚園、2012）。園庭の環境は室内環境と違って、容易に物の設置等を変えることができないが、子どもの動きをよく見て、自然に体を動かしたくなるような環境とは何かを常に意識していると、可能な範囲の工夫点が見えてくるのである（第8章にて詳述）。

2　適切な助言と助力を与えること

　近藤（1994）は、適切な「助言」や「助力」を行うためには、運動のしくみを知ることが必要だと述べる。その運動がどのようなタイプの運動であるか。そして子どもはその運動をするために身体的能力が十分か、あるいは心理的課題は何か、あるいはまた、その運動のコツをつかんでいるかを知ることが重要だと言う。

(1)助言について

　ある園で子どもたちが大縄に挑戦している。うまく跳べない子どもがいたが、保育者は「頑張れ」と励ましの声をかけるばかりであった。「頑張れ」は保育者がよく発することばだが、このような精神的助言が必要な時もあろうが、子どもが自分のもてる力を発揮し、

新たな動作を獲得しようとしていたり，より上手になりたいと意欲的に挑戦したりしている時には，それを援助する適切な助言が必要だろう。

近藤は動作獲得につながる助言は「意識の焦点化」をどう促すかにかかっていると述べる。直接その技術のポイントを指す「動作の焦点化」ではなく，別なことを意識させることで技術のポイントを捉えた動きができると言う。たとえば，先の「野球指導」の場合，ボールを投げる動作の際に「星の形をとれ」と指示していた。これはスポーツの専門的な指導としては妥当であるかもしれないが，ボールを投げるという基本的な運動動作を獲得する時期の指導としては適切ではない。子どもを理解している保育者ならば，ボールを遠くに放つ意識に焦点が当たるように，投げる前に「ぽーん」と言葉を添えることだろう。

心理的な問題については子どもの行動タイプも考慮する必要がある。筆者は行為の遂行にあたって，スピードよりも正確さに重きをおく「熟慮型」の子どもと逆に正確さよりもできるだけはやくやりとげたい気持ちが強い「衝動型」の子どもに「フープを跳ぶ」という同じ動作を様々な異なる声かけをして遂行させることによって，動作遂行の違いを見た。「衝動型」の子どもに「速く，速く」と声をかけると，失敗が多くなり，逆に慎重な子どもに「ゆっくり」と言うと身体が硬直してうまく跳べないことが明らかになった（網野・近藤，1986）。子どもはかけられた言葉で動作をイメージする。同じ動作の獲得に当たっても，その子どもに応じた言葉かけ，あるいは獲得させたい動作に応じた言葉かけが大切である。

(2)助力について

これも助言と同様に運動のしくみを知り，その子どもに応じて行うことが大切である。助力の範疇として保育者がモデルとなって動くことも大切にしたい。現在，保育者自身の幼少期の遊び体験が少ないために，子どもが遊びのどこにおもしろさを感じているのかを共感できないという問題が生じている。遊びのおもしろさに共感できなければ，その遊びがもつ潜在性を理解することができず，「一方的な指導」になる傾向が見られる。運動遊びの教材本は溢れるほど出版されている。それらを知識として溜め込みつつ，そのままおろして指導するのではなく，子どもが感じているおもしろさを読みとりながら保育者自身も遊びを楽しまなければ，子どもの活動への動機は高まらないだろう。魅力的に動く保育者の姿こそ，最高の助力となる。

3 遊びの内容を豊富にしてやること

(1)一斉活動の効果的な活用

子どもが体を動かすためには，日常の園生活のなかに，体を動かして遊びたくなるような環境を構成し，内発的動機を高めることが重要だと説明してきた。最も重要なのは「自己決定」であるが，子どもの自発性に任せてばかりいると，嗜好によって活動に偏りが生

まれる。一日中室内で折り紙をする子どももいるだろう。その遊びがその子どもにとって意味ある経験になっていることを尊重しつつも、活動の幅を広げてやることも保育者の役割である。経験をしてみればおもしろいと感じることも、経験しなければ感じることはできない。子どもの未体験の活動のおもしろさに気づかせるためにはクラス全体の子どもを対象とした一斉の活動の活用が有効である。

　一斉の活動で経験したことが自由に遊びを選択する時間帯の活動につながり、経験が連続していけば、子どもの遊びのレパートリーは広がり、経験も深まる。クラス全体の活動は未経験であったり未熟達であったりする遊びのおもしろさを印象づける。クラス全体の一斉活動がおもしろければ、子どもはそれを主体的に取り入れようとする。クラス全員でなくともよい。意図的に一部の子どもにある活動を提示し、そこから広がっていくことを期待する方法もある。いずれにしろ、子どもの実態に即した活動を提案することにより、子どもの運動体験の幅は広がっていく。以前には地域の異年齢集団のなかで集団遊びは伝承されてきた。その伝承システムが崩壊してしまった現代、保育者が意図的計画的に提案していかない限り、子どものなかから集団遊びが自然発生することは難しい。導入の方法や環境構成を熟考し、「おもしろかった」という経験を積み重ねたい。

　ここで問題になるのが、保育者がどのくらい活動のレパートリーを知っているかということである。小学校教育以上のように「教科書」という基準となる教材を用いない幼児教育では、経験内容に適した活動の提案は保育者の力量に負うところが大きい。保育者がどのくらい運動遊びや運動を引き出す環境の潜在的可能性を理解しているかによるのである。前項で例にあげた鬼遊びのように、4歳児はごっこのイメージのもとで「追う－追われる」関係を楽しむということを保育者が理解しているからこそ、「鬼退治」の鬼ごっこを提案することができる。このクラスではサッカーごっこにも工夫が見られた。経験によって技能的な差が大きいと踏んだ保育者は、新聞紙を丸めたものをボールにして、あまり転がらないようにしたり、複数のボールを使ってゲームを行い、誰にでもキックのチャンスが回るようにしていた。クラス全体で行う活動は経験値を広げる貴重な機会である。初めて出会う活動に負の感情をもたせたくない。「おもしろかった」と感じさせ、次へつなげてやりたい。

(2) 遊びに対する時間的配慮

　集団遊びはある程度の人数が集まらなければ遊びが成立しない。一部の子どもは朝からリレーをしたがっているが、他の子どもは昨日の続きのごっこ遊びをしたがっていて、なかなかリレーが始まらないといった姿はよく見られる。こんな状態が繰り返されれば、子どもの活動欲求はくすぶり続けるだけである。子ども同士で遊びのうねりのタイミングを合わせることは案外、難しいことである。群れて遊ぶ経験は社会性の発達にとって重要である。一緒に遊ぶ友達の数が多い子どもの方が、運動能力が高いという結果も出ている。「群れる」状況ができにくい時には、たとえば「お昼の後にリレーをやろうか」というよ

うに，遊びのタイミングを調整してやることも必要だろう。

　遊びとは子どもが自発的に環境にかかわって生み出すものであるが，それはただ任せて放っておくことを意味しない。繰り返しになるが，保育者は子どもの姿をよく見て，今，どのような経験が必要かを見極め，子どもと対話しながら活動を提案していく積極的な関わりがなければ，遊びは豊かになってはいかないし，体を動かすことを喜ぶ子どもを育てることはできないのである。

4　遊具の点検を十分にしておくこと

　ホームベースである保育室と異なり，園庭という空間は年齢の異なる子どもが一緒に遊ぶ公共的な性質をもっている。園庭で年齢の異なる子どもが様々な遊びを活発に行うようになると，子ども同士の動線が交差し，怪我が多くなる。あるいは，1つの動作が熟達すると，より高次な動作の獲得に意識が向けられるため，多少危険な行動をとろうとすることもある。危ない場面に出会うことによって，安全に気づくことができるのであって，全ての危険を取り除くことは安全教育上，望ましいことではない。ただし，子ども自身が乗り越えたり避けたりすることができない危険は大きな怪我につながるので，徹底的に排除しなければならない。

　保育者が最も注意を払わなければならないのが，固定遊具である。園内では負傷を伴う事故は屋内よりも屋外で起きやすく，特に固定遊具に関わる負傷が多いと言われている。子どもが固定遊具の遊びを好み，活用頻度が高いからでもあるが，運動技能が未熟であるのに無理な動作をしたり，自分の動作に夢中になって周囲の状況に意識を向けることができなかったりすることに原因がある。

　まず大事なのは固定遊具の保守点検がきちんと行われているかである。園環境のハザードマップ＊を作成し，保育者同士が危険な場所を共通理解している園もある。固定遊具の接合部が金属疲労を起こしていないかなどの定期的な保守点検も大事である。安全点検は期日と記録の様式を決めて定期的に行うことが大切である。

　そのうえにたって，子どもを取り巻く環境は安全か，子ども自身の服装や持ち物は安全か，子どもの心的状態は安定しているかを常に見直すことが必要である。

＊　子どもは遊びのなかで挑戦的な行動をとろうとし，多少のリスクを乗り越えようとする。しかし，子ども自身では危険性を予測できず，遊びのおもしろさとは異なるところで生じる危険のことをハザードといい，子ども自身では対処が困難である。たとえば，園舎の基礎部分の「角」などはハザードであり転んでぶつかれば大けがをする。そのようなハザードに対しては事前に危険を取り除かなければならない。そこで園内のどこにハザードが存在するかを調査してマップを作成する必要がある。

第Ⅱ部　遊びのなかで進んで運動する子どもを育てる

まとめ

　本章では，子どもの体の動きは心の動きと密接であることを踏まえて，保育者の運動の見方の基本や指導の考え方について述べてきた。子どもの心身は相関している。保育者は，子どもが他の子どもとの温かい触れ合いのなかで自己の存在感や充実感を味わうことなどを基盤として，しなやかな心と体の発達を促すことを目指している。特に，十分に体を動かす気持ちよさを体験し，自ら体を動かそうとする意欲が育つようにするためには，様々な具体的な策を講じなければならない。第8章では，心が弾むことにより体も弾むようになったという実践事例を通して，保育者の指導のあり方を考えていく。第9章では子どもの運動遊びの具体例を挙げて，保育者の遊びのレパートリーを広げる手助けとしたい。

参考文献

小川博久（2012）遊び保育論．萌文書林．
　⇨　子どもにとって遊びの意義を民俗学的，社会学的，教育学的におさえたうえで，具体的な保育方法としてどう遊びを位置づけるかを論じている。

近藤充夫（1994）幼児期の運動における心と体の発達．世界文化社．
　⇨　子どもの運動発達の基本がすべて解説されている。全編にわたって子どもの心と体の相関が高いことを重視して指導のあり方などに言及している。

引用文献

網野貴子・近藤充夫（1986）衝動型幼児の運動遂行に及ぼす言語教示の効果．体育学研究，30(4)，293-301.

網野貴子（1987）全身的なゲーム遊びにおける幼児のイメージ——ルールのある運動遊びを見直す．保育研究，8(2)，58-66.

小川博久（2000）保育援助論．萌文書林．

亀ヶ谷学園宮前幼稚園家庭の教育力向上委員会（2008）子どもの生活リズム向上のための調査研究報告書．

熊本県教育委員会（2003）就学前教育振興・肥後っこかがやきプラン．

近藤充夫（1994）幼児期の運動における心と体の発達．世界文化社．

豊島区立西巣鴨幼稚園（2012）たくましい幼児の育成——たくましい子ども・たくましい教師．豊島区研究奨励園研究報告書．

中村喜美子（1997）生活リズムの確立と睡眠覚醒リズム．天野敦子ほか．子どもの保健．日本小児医事出版社，pp. 106-118.

根岸雅美・内田雄三・深沢寿美枝ほか（2002）ぎこちない子どもの動きを探る．財団法人日本教育科学研究所研究報告書23号．

広島県教育委員会（2003）平成15年度幼児教育調査報告書．

深谷昌志（1983）孤立化する子どもたち（NHKブックス436）．日本放送出版協会．

文部科学省（2008）幼稚園教育要領解説．
文部科学省（2011）体力向上の基礎を培うための幼児期における実践活動の在り方に関する調査研究．
文部科学省（2012）幼児期運動指針．
谷田貝公昭・高橋弥生（2008）幼児の生活リズムの変化から見えてくること——基本的生活習慣を中心として．教育と医学，56(8)，33-40．
矢野智司（2000）保育学会報．
レイヴ，J. & ウェンガー，E.（佐伯胖訳）（1993）状況に埋め込まれた学習——正統的周辺参加．産業図書．
若月芳浩（2013）日本保育学会第65回大会学会企画シンポジウムⅢ．課題研究委員会．遊びの質が高まる保育——なぜ，遊びの質を考えなければならないのか．配布資料．

第8章
進んで運動する子どもを育てる保育と援助

導入

　本章では2つの実践を通して運動遊びの指導のあり方を論じる。進んで運動する子どもを育てるためには，戸外で遊びたいと思うような機会を提供したり，魅力的な環境の構成をしたりすることから，子ども自身が体を動かして遊ぶことの楽しさを知っていくことが必要である。子どもの体の動きは心の動きと密接な関係にある。心がわくわくと動けば，子どもは積極的に身体を動かす。たとえば，かけっこの時に「ゴールまで速く走りましょう」と行動を指示するよりも，「向こうの駅に向かって，新幹線出発！」と声をかけると，子どもは新幹線になった気持ちになってうれしそうに走り抜ける。子どもたちはイメージの世界で何かになりきることで様々な動きを楽しむ。2つの実践に共通しているのは，このような子どもの特性を大切にして遊びを重視し，イメージを豊かにするような働きかけをしている点である。前章の最後に述べた保育者の役割が実際の指導としてどのように具体化されているかを読み取っていただきたい。

1 忍者になって多様な動きを経験する

1 進んで運動する子ども

　保育において，「進んで運動する子どもを育てたい」という願いは，切実であり，急務である。入園したての頃，「走る」にならない子ども，坂や階段をスムーズに上って下りることができない子ども，ぶら下がったり，ジャンプしたり，くぐったりできない子どもは，たくさんいる。だからといって，心身も体力も未分化な子どもに，指導性を強めて運動させるのは，適切ではない。

　ここでは，幼児期の発達にふさわしい多様な運動パターンの獲得を，遊びにつなげながらどの子どもにも保障していくための環境の構成について，若草幼稚園の「忍者」の取り

組みを通して考えていきたい。

　本園では，忍者のイメージをかりて，年少から年長の3年をかけて，渡る，のぼる，跳ぶなどの基礎的な運動から，跳び箱，縄跳びなどの発展的な運動まで，多様な運動が経験できるように工夫している（表8-1）[*1]。

2　忍者の取り組みにおける複合的な動機づけ

　「忍者」の取り組みが，子どもたちにとって「自己決定と有能さを追求する」ものとなっていくためには，第4章で述べられているように，複合的な動機づけが必要である。以下では，忍者の取り組みにおける様々な動機づけについて述べていくことにする。

(1)内発的動機づけとなるもの
①「忍者」になって楽しむ

　「忍者」というイメージは，身体についての機敏な動き，多彩な動き，洗練さというものを連想させるようだ。時には，忍者のように頭巾をかぶって，様々な動きに挑戦する（写真8-1〜写真8-3）。こうすると，気持ちに楽しさやハリが出るようである。

②憧れと学習を誘発する環境の構成

　忍者のイメージは，子どもに「できそう！」という高揚感をもたらす，重要なエッセンスだが，実質的に運動の意欲を引き出しているのは，周りの子どもの遊ぶ姿とおもしろかった，できたという気持ちよさである。

　以前の本園の取り組み方は，「毎週水曜日は忍者をする」「忍者試験を受ける」というものであった。子どもたちは，前日の遊びの流れやその時の興味関心に関係なく，水曜日は忍者の活動をしなければならなかった。このやり方を変えて，毎日自分の好きな項目を自由に選んでできるようにすると，とたんに盛り上がりを見せるようになった。自ら，カー

写真8-1　跳び石の術　　写真8-2　登り棒の術　　写真8-3　跳び下りの術

[*1] 表8-1は野田智洋先生（高知大学）にアドバイス・監修していただいたものを，自園でさらに工夫し作成したものである。

第Ⅱ部　遊びのなかで進んで運動する子どもを育てる

表8-1　若草流忍者・技の一覧

初　級	中　級	上　級	師　範
歩く・走る・跳ぶ			
・跳び石の術 跳び石を一人で渡る	・跳び石の術 じゃんけん遊び	・おどかしの術 別館の室内階段を、音を立てずに上がる	
・ジグザグ走りの術 コーン（10個）を並べたものをジグザグに走る	・丸太渡りの術 足を交互に出して進む。落ちたらやり直し	・屋根渡りの術 巧技台2段に梯子を渡して、クマ歩きで這いて手足を交互に動かす	・竹馬の術 竹馬で〇〇から〇〇まで歩く
・タイヤ渡りの術 タイヤ（7個、坂道2か所）を落ちないように渡る		・早歩きの術 ホール前の丸太。途中で落ちずに、20秒以内で渡る	
・川渡りの術 平均台2台を横向きに渡る。左右両側行う		・逆立ちの術 三点頭立で壁に向かって立ち、そのままで10秒	・大車輪の術 側方倒立回転
・ウサギ跳びの術 両足を揃えてその場で跳ぶ。教室の端まで両足ジャンプしながら進む		・壁超えの術 発泡スチロールの壁を、自力で乗り越える	
・両足跳び越えの術 ペットボトル（5個）を両足を揃えて跳ぶ			
・山登りの術 はと組前の山を一人で登って降りる			
・早走りの術 25mを8秒台で走る	・早走りの術 25mを7秒台で走る	・早走りの術 25mを6.5秒以内に走る	・早走りの術 25mを5秒台で走る
・忍び込みの術 アスレチックの網→橋→滑り台を進む			
・壁渡りの術 ジャングルジムを上まで登る。また、左右に移動する			
・忍び寄りの術 教室の端から端までツワモでこで進む。くぐる	・忍び寄りの術 教室の端から端までツワモこ歩きで進む。		
・片足ジャンプの術 平均台の高さのゴムを、走ってきて片足跳び越し（途中で止まらない）	・馬走りスタップの術 馬走りギャロップ、 交互ツーステップ		
・ケンケンパの術 "ケンケンパ（2回）、ケンパ、ケンパ、ケンパ、ケンパ"を跳ぶ	・ギャロップの術 横ギャロップ、縦ギャロップで進む	・スキップの術 スキップ	・後ろスキップの術 後ろ向きスキップ
・サイドステップの術 横向きにサイドステップで進む			
縄跳び			
・縄回しの術 縄を回す	・縄回しの術 手首で縄を回して跳ぶ		・長縄の術 回転している中にタイミングを見て入り、片足跳び②、地面に両手つく②、一回転、縄の外に抜ける（くまさん♪）
・とびとびの術 空中で手をたたきながら10回跳ぶ	・とびとびの術 縄のリズムに合わせて10回跳ぶ	・縄跳びの術 リズミカルに10回跳ぶ（1回旋2跳躍）	・縄跳びの術 1回旋1跳躍で10回跳ぶ

第8章 進んで運動する子どもを育てる保育と援助

投げる・捕る

- 鬼退治の術
  両手または片手でボールを投げ、2〜3m先の的に当てる
- 鬼退治の術（中級）
  玉入れのボールを片手で投げる。高さ2m、ロープまでの距離4m
- 鬼退治の術
  けがまなげの術（ドッジボール）
  片手投げでロープを越えて投げる。高さ2m、ロープまでの距離6m
- 鉄砲の術
  鉄砲紙を鳴らす
- お手玉の術
  2つのお手玉を10回回す
- 紙飛行機の術
  紙飛行機を飛ばす
- 宝キャッチの術
  ボールを頭より上にあげて受ける
- 宝渡しの術
  こままわしの術
  自分でひもを巻き、自分で回す
- 宝渡しの術
  対保育者、山の南の畑の端から端まで、キャッチボール。5回
- 宝渡しの術
  対友だち、山の南の畑の端から端まで、キャッチボール。ワンバウンド
- まりつきの術
  両手つき 5回
- まりつきの術
  片手つき10回（利き手）
- ぬくらましの術
  ボールを投げ上げ1回手をたたいて受ける
- まりつきの術
  右手で10回＋左手で10回

ぶら下がる

- ナマケモノの術
  ナマケモノに変身する：5秒
- 跳びつきの術（うんてい）
  跳び上がってうんていにつかまる
- おさるの術
  おさるに変身する：5秒
- 引き寄せの術
  斜め懸垂
- 後ろ跳びの術
  鉄棒に跳びつき、つばめから足を振って後ろに跳び下りる
- ダンゴムシの術
  ダンゴムシに変身する：5秒
- しがみつきの術（登り棒）
  好きな姿勢で棒に絡みついて10秒
- 木登りの術
  （ケヤキの木）赤いリボンに触って降りてくる
- こうもりの術
  こうもりに変身する：5秒
- 棒登りの術
  （登り棒）上の金具に触ってくる
- ツバメの術
  手を伸ばしてツバメに変身する：5秒＜保育者の援助可＞
- 縄登りの術
  ちびっこハウスの横のロープに登り、木に触って降りる。2本できたら合格
- 布団干しの術
  布団干しの術
  ツバメから上半身を前に倒す。（布団干し）＜保育者の援助可＞
- 前回りの術
  手を離さずに前回り
- 前回りの術
  前回り3回
- ぶら下がりの術（初級）
  うんていにぶら下がる
- ゆらゆらの術（うんてい）
  5回大きく揺れて、跳び下りる
- 逆上がりの術
  5回中、2回できれば合格
- ぶら下がりの術（中級）
  うんていに2人向かい合ってぶら下がり、足タッチをする
- 変わり身の術（うんてい）
  低いほうから、高いほうへ渡っていく
- 変わり身の術
  変わり身の術（うんてい）
  1つ飛ばして渡りきる
- ブランコ乗りの術
  ブランコに座ってひとり乗りをする
- 立ちこぎの術
  ブランコ立ってひとりで立ってこぐ
- フープ操りの術
  腰でフープロープを回す（連続30秒）

跳び箱遊び

- 跳び下りの術
  跳び箱3段から跳び下りる（着地で手やお尻が床に着くと失格）
- 川渡りの術
  助走→踏切ジャンプ→着地
- 跳び箱跳び越えの術
  4段を横向きに置き、手前に2段横向きに置き、開脚跳びで越える
- 川越えの術
  助走→踏切ジャンプ→着地（跳ぶ幅1m70cm）
- タイヤ跳びの術（初級）
  手をついてタイヤを跳び越す
- 開脚跳びの術
  跳び箱4段を横向きに置き、開脚跳び
- 跳び箱の術（初級）
  手足交互跳びで進み、途中で跳び箱（横向き）の1段を開脚跳びで越す

写真8-4　大縄何回跳べるかな 　　写真8-5　コマまわし 　　写真8-6　竹馬

ドを持って園庭に向かい，自分のペースで取り組む姿が見られるようになり，発展的な動きを楽しむ姿もどんどんと増え始めた。そして，早い時期から上級忍者の巻物を獲得する子どもが増え，新しい課題を求める子どもが出てきた。これを受けて，スーパー忍者という項目も追加することになった。自分がやりたいと思った時に，やりたいと思った内容に挑戦し，それができるようになった，ということが，やらされて試験されてできたことよりも，喜びが大きいということであろう。子どもの意欲や興味関心ほど，学びのエネルギーを生むものはない。

　時間の使い方を変えたことと同時に，空間をどのように工夫するかということも重要な問題であった。まず，興味をもったらできるという環境を園庭に用意していくことが大切である。朝来たら，25m走ができるようになっていたり，的あての場所が準備されている。また，頃合いを見計らって幅跳び（川跳びの術）の線が引かれることもある。限りのある空間を，子どもの興味関心と保育者のねがいに応じて弾力的に活用していくことが環境の構成として求められる。

　特に園庭は，異年齢が刺激し合って遊べる場であり，見て真似る学習を保障する場である。いつも誰かが鉄棒やタイヤ跳び，うんていや竹馬をやっていれば，あれはどうやって遊ぶのだろうと興味をもつ。そして，興味をもった技をやってみようとする。子どもにとって，観察学習というのはとても大きな意味をもっており，憧れの対象をじっと見ている姿が，実は非常に多い。子どもは，その視覚情報によって多くを学んでいる。保育者が，技のできる子どもにモデルを頼んで，よく見るように促すと，その直後にできる，できかかる，というケースが多くみられる。時には「足を見て」，「手を見て」，「早さを見て」と具体的に見る視点を限定させることが効果的である。

　いずれにしろ，子どもが憧れをもち，見て真似ることができる環境，すなわち「自己決定と有能さを追求する」時間と空間が重要な意味をもつ。

③おもしろさを感じ，有能感をもつこと

　運動能力には個人差が大きいが，できなかったことができるようになることは，どの子どもにとっても大きな喜びである。渡ることができる，跳ぶことができる，鉄棒，うんてい，ブランコができる，どの動きにも目的を達成する喜びがあり，身体を動かす気持ちよさがある。大好きな運動は，何度も何度も繰り返される（写真8-4～写真8-6）。

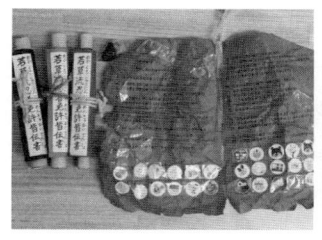

写真8-7 ボロボロの忍者カードと巻物 　　写真8-8 表彰式 うれしい巻物 　　写真8-9 自分でつくった巻物祈願の神棚

また、子どもは「できそう」ということにも繰り返し挑戦する。「この感じ！」というものが一瞬つかめたら、それを求めて繰り返し、「ちょっとできた！」という思いが「もっと」という思いを引き出し、挑戦を促す。そして、できた時の喜びは、何物にも代えがたい大きなものとして、自分に返ってくる。

子どもにとって、思うように身体が動かせるということは、自由が広がり、楽しさも広がっていくということである。特に運動は、技能の獲得が次への運動の意欲を高める場合が大きい。ブランコの座りこぎができるようになれば、次は立ちこぎに挑戦したくなるし、コマがまわせるようになれば、盤の上でまわしたり、ひもで持ち上げるといった新しい技に興味をもつ。鬼ごっこをしていても、走る、よける、止まる、バックするといった動きができるとできないとでは、経験する楽しさの質が違ってくる。

「あれがしたい」「こうなりたい」と思い、それが「できる」「できた」「できそう」と思えることには、全て身体が関わっている。思うように身体が動かせるということは、生きる力に直結する問題である。

(2)意欲を刺激するシールと巻物

子どもの運動に対する憧れや意欲は、ある程度限定的なものであり、保育者が願う多様な動き全てに興味関心をもてるわけではない。そこで、刺激となってくれるのが、忍者カード、巻物、表彰式である。

忍者カードは、難易度によって4つのレベルに分かれており、一つひとつ技に合格すると、シールがもらえるようになっている。シールが集まると巻物がもらえ、簡単な表彰式がある。

気をつけたいのは、こういった取り組みにおいて、「させる」方向性を強めると、シールをもらうことや巻物をもらうことを目的化してしまうケースが多いということである。この場合、その運動自体を「できた」という喜びが希薄である。シールが貼られたとたんにその運動は忘れ去られ、自分が何をやっていたのかわかっていない場合すらある。それは、出発点に自発性がないからである。

自らその運動に興味をもって取り組んだ場合、シールは、それが「できた」という証しになる。そうすると、カードにシールが並んで、だんだんマスが埋まっていくということが有能感に直結し、もっといろんなことをやってみたいという動機形成へとつながって

いく。

カードや巻物は獲得した技能を子ども自身が確かめる働きをし，子どもの挑戦する意欲を高めている。また，この取り組みが段階的に分かれていることが，子どもに見通しをもたせ，活動に対する意欲を持続させていくことにつながっている（写真8-7～写真8-9）。

3 基礎的な運動から発展的な運動への流れ

子どもは，ある動きを獲得すると，もっと難しいもの，もっと複雑なものを求めるようになる。これは，運動の得意，不得意に関係なくそうである。

跳び箱ができることや縄跳びが跳べることを，保育の目的としてやらせる必要はないが，有能感を追求するといった意味では，様々な基礎的な動きの発展上に複雑な技能を必要とする運動があることは大切である。実際に，子どもが繰り返すのは，自分なりに努力して獲得できた運動であり，毎回結果がどうなるかわからない運動である。簡単で予想通りの結果がいつも得られる動きには，子どもは惹きつけられない。

「忍者」の活動の優れた点は，基礎的な運動から発展的な運動へと無理なく進んでいけるように，様々な運動項目が挙げられていることと，難易度を次第に高くすることによって，子どもの挑戦的な態度を育むようになっている点である。たとえば，「うんてい」では「跳び上がって捕まる」→「5回大きく揺れて，跳び下りる」→「うんていに2人で向かい合ってぶら下がり，足タッチをする」→「高い方から低い方にわたる」→「低い方から高い方へ進む，渡りきる」→「1つ飛ばしで渡りきる」（写真8-10）といったように活動が組まれている。

このようにして，技能の高いもの，つまり難易度の高いものに，子どもたちは自然と挑戦できるように動機づけられていく。これは，「スキップ」や「側転」，「鉄棒」や「縄跳び」，「跳び箱」などでも同様である。「紙鉄砲」や「紙飛行機」は「ボール投げ」の前段階で，これによって手の振りや身体の内転を習得することができる（写真8-11）。

運動能力は，個人差が非常に大きく，それぞれの技についても得意，不得意が顕著に出る。ボールの技が得意な子どももいれば，走るのが得意な子どももいる。どうしても登り棒ができない子どももいれば，鉄棒の前回りが怖い子どももいる。その子なりのペースで，一つひとつ，希望をもって取り組むこと，一つひとつに達成感を感じていくこと，友達の「できた」を一緒に喜べることが大切である。

4 園庭における環境の構成

若草幼稚園では，園庭において，様々な運動が同時多発的に展開できるように，次のように環境を工夫している（図8-1）。

写真8-10 うんてい　　写真8-11 ボール投げ　　写真8-12 朝の忍者通り

(1) 朝の忍者通り（写真8-12）

　朝，登園した時にまわるコースである。基本的に毎朝の習慣になっている。何気なく，朝一番でいろんな風に体を動かすことがねらいである（図中矢印のコース）。

(2) 固定遊具

　固定遊具は，空間的に動かしえないが，危険が伴うものが多い。特にブランコは，大きくこいでいる前や後ろを，ふいに通り過ぎようとする子どもがいたり，こいでいる最中に手をはなして後ろ向きに倒れる子どもなどがいるため，注意が必要である。鉄棒やうんていも落下の危険があり，大型遊具や登り棒，木登り，ターザンロープも同様である。このような場所には保育者が常に注意を払っておく必要がある。

(3) その他

　25m走，竹馬，縄跳び，的あて，ボール，走り幅跳びなどは，子どもの興味関心や保育者のねらいに応じて，流動的に空間を構成していく。朝の忍者通りは，子どもが登園し終わると片づけることが多いが，子どもたちのシール獲得への意欲が高い時には，そのまま環境として残しておく。

　園庭の真んなかは，だいたい鬼ごっこや中あて，ドッジボール，サッカーなどが展開されているので，それ以外の場所を工夫して使う。

5　保育者の援助

(1) 遊びにおける取り組みの援助

　忍者試験を遊びのなかでする場合の利点は，子どもの意欲が高いということと，保育者が個別対応できるという点である。特定の技を練習したいと言って来る子どももいれば，とにかく「忍者がやりたい」と言って来る子どももいる。また，保育者がねがいをもって誘う場合もある。

　時には，1人，2人の子どもに付き合い，できそうなものからどんどんやって，シールを貼っていく場合もあるが，保育者が誰かと技の練習をしていると，必ずと言ってよいほど「ぼくできる」「わたしもやりたい」とほかの子どもがやってくる。保育者がいる場には，だいたいにぎわいができ，課題をもっている子どもを中心に援助することができる。

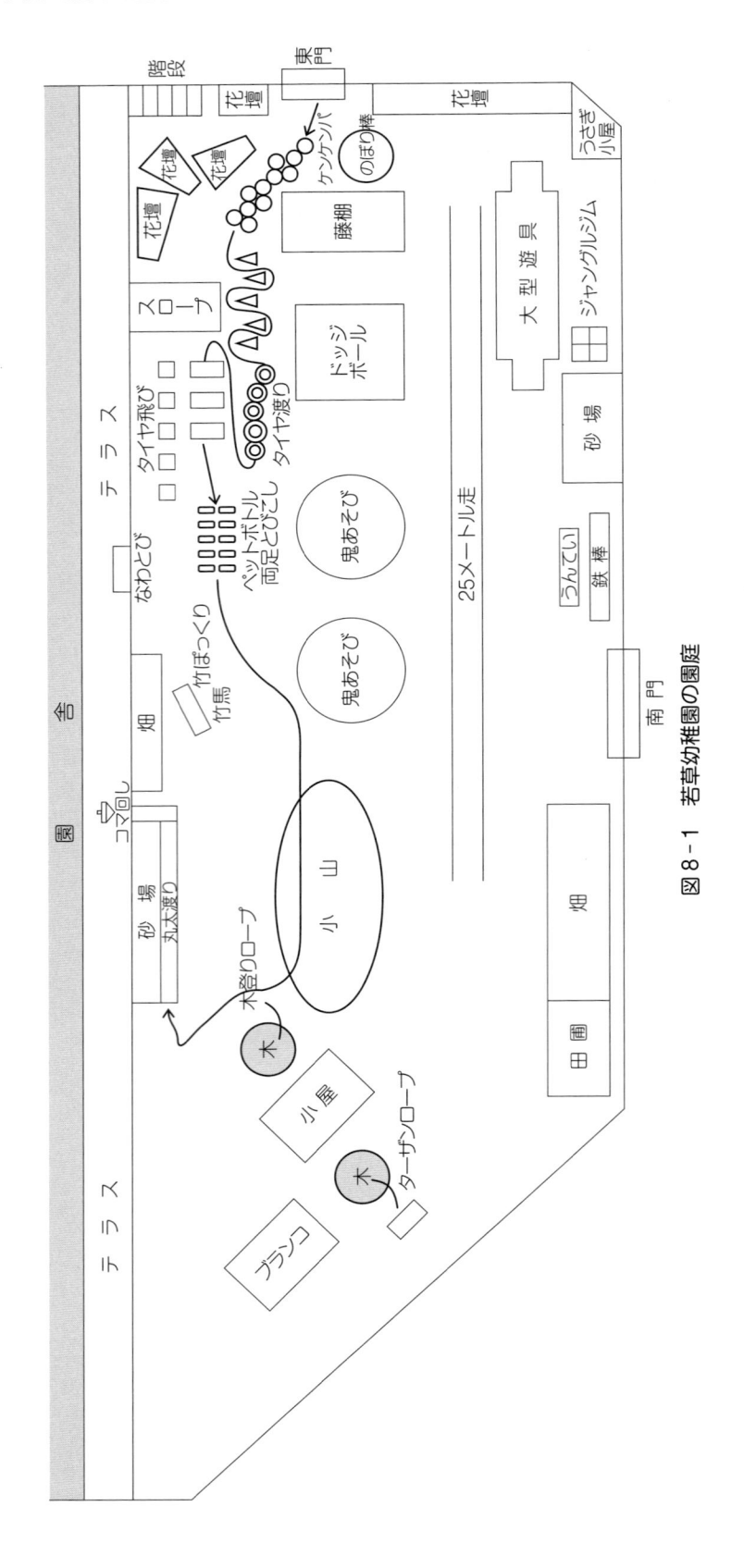

第Ⅱ部　遊びのなかで進んで運動する子どもを育てる

図8-1　若草幼稚園の園庭

本人の意欲が技そのものに集中した場合は，比較的長く付き合う。本人が自分の体をコントロールすることに集中していて，こちらのアドバイスに対する吸収率が高くなるので，引き上げ時である。

(2) 一斉活動における援助

時には，一斉活動で忍者の活動を取り入れることもある。その利点は，ある技に対して，どの子どもにどれだけの技能があるのか保育者が把握できるということと，どの子どもにも，その技を経験させることができるという点である。できない子どもを見極めておくと，遊びの時間に個別対応ができる。また，内容に対する興味関心にはばらつきがあるので，とにかく経験させる機会をどの子どもにももたせることは大切である。本人のやる気や技の理解のきっかけになる。

(3) 技へのアドバイス

もっとも保育者の課題となるところだが，ある運動をマスターするための効果的なアドバイスというものがある。たとえば，タイヤ跳びでは，手の位置をタイヤの真上から，前方の側面に指をかけるようにしておけば，それだけで跳ぶ前に一度身体を引くという動きが生まれ，跳んだ時に前に体を押す力が強くなる。着地点に線を引いておくのも効果的である。ブランコでは，ひざの屈伸運動や引いた時に体を一瞬浮かせることなどが重要であるし，鉄棒で前まわりを怖がる子どもには，体幹をきちんと意識させるような援助がいる。以前，前まわりを怖がっている子ども（年中児）に，「おへそどこにある？」と尋ねるとまったくわかっていなかった。そこで，自分で触らせて，「おへそがあるから大丈夫」と確認させただけでできたということもあった。年少児に見られる描画の頭足人は，体幹の意識がないことによるが，こうした子どもにとって，鉄棒で頭を下げるという行為は，頭から落下していくような恐怖につながる。しかし，体幹への意識がしっかりしていると身体が支えているという安心感でもって，頭を下に落としていくことができるのである。

保育者が的確なアドバイスをしていくためには，その運動がどのような動きで成り立っているのかという分析的視点と何が克服の壁になっているのか，それは体の動かし方なのか，恐怖心なのかを見極めていく必要がある。それによって，アドバイスの方向性が違ってくるからである。つまり，保育者がその運動を理解していることが重要である。

6 進んで運動する子ども

(1) 魅力的な園庭を弾力的につくる

子どもが進んで運動するといった時に，まずその心が動くことが大切である。心は，保育者の誘う言葉だけでは，それほど動かない。何より日常的に，やってみたいと思うできごとが目の前で繰り広げられていることが大切である。それは，運動でにぎわう園庭だと言える。

第Ⅱ部　遊びのなかで進んで運動する子どもを育てる

写真8-13　タイヤ跳びの術をやってみよう

写真8-14　はや走りの術（25m走）何秒!?

　園庭は，1つの大きな保育室のようなものである。若草幼稚園の場合は，4学年，200人以上の子どもがこの場を共有する。もう1つの教育環境である「すくすくの森」に出かける子どもたちがいるので，実質週に3回は，120人くらいになるが，この子どもたちが1つの場で自分なりの興味関心をもって遊んでいくためには，様々な「しかけ」が必要である。一般的な大人が想像するほど，子どもは遊びが上手ではない。思考が自由であることは今も昔も変わりないだろうが，現代社会の子どもたちは育つ環境の乏しさから，集団で遊ぶための技能も知識ももっていない。

　したがって，園庭には集団で遊ぶ「しかけ」と個人の運動能力をあげていく「しかけ」が必要である。前者は，鬼遊びやドッジボールなどルールのある遊びであり，後者が本園の忍者の取り組みである。ルールのある遊びは，子ども同士のやりとりそのものに楽しさがあり，忍者の取り組みは，個人の有能感や達成感に結びついている。友達と共に遊ぶ楽しさが，身体を動かすことを好きにし，個人の技能があがることが，集団で遊ぶ楽しさを豊かにする。これらは相互に関わり合っているものである。特にドッジボールなどは，個人の技能の習熟が楽しさの鍵になる。この2つの要素でもって，子どもたちの内発的な動機を支えながら，弾力的に魅力的に園庭を創り上げていくのが，本園の保育である。

(2)忍者の活動と子ども

　忍者の活動における子どもたちの取り組み方は，様々である。目的をもって取り組むことが好きな子どもや，身体を動かすことが好きな子どもは，毎日忍者のカードをぶら下げて，この活動に勤しんでいる。そして，特に好きな運動を繰り返すなかで，縄跳びであればバッテン跳び，コマまわしであれば空中散歩など，項目にはない新たな技に挑戦している。同じ技能をもつ友達と連れ立って遊ぶ姿もよく見られる。また，憧れをもった年少児や年中児が年長児の技を真似して，あっという間に長縄跳びや竹馬を習得していく姿もめずらしくない。

　だいたい，お集まりが嫌いな子どもは，こちらがしかけていることがわかるからか，忍者の取り組みには我関せずというところがある。けれども，みんなが巻物を手に入れ始めると，自分が持っていないのは嫌なので，「ではやりましょう」と後半にスパートがかかる。

　ある日のことである。縄登りに挑戦している女の子のそばで，5人組の男の子たちが遊

んでいた。そのうちの1人が，彼女の様子を見て「おれ，できるで」とやって見せてくれた。軽々である。「あと一本，あっちの縄もできたらシールやね」というと「へ？」という表情をし，「忍者いまやらん」と言う。それに呼応するように，まわりの男の子も「忍者やらん」と言った。この時は「あー，そうですか」で終わったが，次の日，そのうちの2人が，朝一番から，忍者カードをぶら下げ，別々の場面で私に「忍者やりたい」と言ってきた。仲間の前では，そんなことを言っても，巻物はほしいのだ。

　一方，できない，苦手という子どもは，やればできるという気持ちを積み重ねていくなかで，希望をもち，彼らなりのペースで取り組んでいく。保育者にとっても，彼らと共にいて一つひとつできるようになっていく姿を見るのは，大きな喜びである。できることが増えていくと，難しいと感じていることにも，粘り強く努力する姿が見られる。何よりもすばらしいのは，その時の集中力である。心と身体が，そこに集中した時，めあての運動技能は習得されていく。

　幼児期の子どもの学習の仕方は，時間をかけることよりも，心と身体のタイミングによるところが大きい。子どもは心身も体力も未分化であり，トレーニングはさほど効果がないと言われることとつながっている姿だろう。うんていや鉄棒，登り棒などを見ていて感じるのは，総じて身体が軽い時期の方が，多様な動きを習得しやすいということである。また，子どもによって，まりつきや手と足をそろえて飛ぶ，鉄棒の前回りなど極端に苦手な項目というものがあって，そのような動きを経験していくということも，スムーズな身のこなしを獲得していく上で大切である。基礎的な運動から難易度の高い運動を幅広く，自ら挑戦していけるようなしかけや環境の構成，そして保育者の援助は望まれるべきものである。

　忍者の項目は，毎年，少しずつ再編されている。子どもの育ちや興味関心から，取り入れたり，組み合わせたり，移動させたりしていく。たとえば，こままわしなどは回せるようになると，台の上で回したり，ひもで空中に持ち上げたりする技の練習が，自然と子どもたちの間から出てくる。このように，提示された項目をただ選択するだけではなく，それらをもとに子どもたちが新しく技を考え工夫し，遊びを発展させていくよう援助することが大切である。忍者の項目は，絶対的な課題としてあるのではなく，その実態に応じて，子どもと共に歩むべきものである。

(3)保育者の役割

　進んで運動する子どもを育てるにあたって，忘れてはならない観点は，園庭のにぎわいをつくるのは保育者だということである。子どもの興味関心の方向性を見て，鬼遊びの円をどのように描くか，的あてを設定するかしないか，縄跳びをどこで取り組むか，何をどのように環境構成していくかということは，最終的に保育者の判断による。また，子どもの意欲を高め，やる気を支えるのは保育者の共に遊ぶ姿であり，笑顔である。保育者が共に遊ぶということが，子どもの運動をもっとも高めるということも証明されている（前橋・

第Ⅱ部　遊びのなかで進んで運動する子どもを育てる

写真8-15　先生と一緒に遊ぶと楽しい！

石垣，2001）。元気のない子どもも，身体を動かせば晴れやかな顔をするし，身体を動かすだけで問題が解決されることも少なくない。それを引き出すのは，保育者の遊ぶ姿と笑顔である。倉橋がいうように，保育者は子どもにとって「小さき太陽」であり，何より魅力的な存在である（倉橋，2008）（写真8-15）。様々な園を訪問して，よく園庭でぼーっと立っているだけの保育者を見かけることがある。頭にあるのは，安全確認だけであろう。園庭を1つの保育室のように見立て，子どもの活動の盛り上がりや停滞を敏感に察知して環境を動的に構成していく知性と感性が，保育者には求められる。

　現代において，園の物的，人的環境の果たす役割は非常に大きい。子どもの意欲を引き出し，支えながら，子どもの運動発達を促す保育のあり方が，今，重要な課題として問われている。

2　ボールを使って多様な動きを経験する

1　幼児期の豊かな動きの体験を考える

　最近の子育てをめぐる社会環境は，厳しい状況にあることが指摘されている。結果として，戸外で安心して遊べる場所が少ない，一緒に遊ぶ仲間がいないなど，体を動かして遊ぶ経験そのものが少なくなっている。入園してくる子どもたちを見ていると，片道20分程度でも歩いて通園することが大変で，だっこやおんぶをしてきたり，走り方や動き方がぎこちなかったり，転ぶとすぐに顔を怪我したりなど，気がかりな様子がある。こうした現実を踏まえると，幼稚園や保育所のように安心して遊べる環境が整えられる空間で，体を十分に動かして遊ぶことは，とても重要なことである。

　園庭には，鉄棒やジャングルジム，すべり台やアスレチックなどの固定遊具が設置してあるので，戸外に出て遊びたいという気持ちを引き出すことができれば，遊びを通して，ぶら下がる，まわる，登る，すべる，跳ぶ，ゆれる，渡るなど，多様な動きの経験を積み重ねていくことができる。また，保育者が提案したり，遊び方を伝えたりすることから，鬼遊びやドッジボール，サッカーなどルールのある遊びを集団で楽しめるようにも育っていく。進んで運動する子どもを育てるためには，戸外で遊びたいと思うような機会を提供したり，魅力的な環境の構成をしたりすることから，子ども自身が体を動かして遊ぶことの楽しさを知っていくことが必要である。

　ここでは，ボールを使った遊びを通して，進んで運動する子どもを育てる保育と援助を考えていきたい。

第8章　進んで運動する子どもを育てる保育と援助

2 ボールを使った遊び

　新任保育者の頃，5歳児の中頃になってサッカーごっこをやろうと思い，ゴールとボールを用意したものの，楽しく遊べなかった苦い経験がある。1つのボールに子どもたちが群がり，誰が蹴るかでもめてばかりいて，ボールを使って楽しく遊ぶどころか，力ずくでボールを奪った子どもが蹴り，転がったボールの先でまたケンカが起こるというような状況になってしまった。子どもの育ちや必要な経験を保育者が見通すことができなくて，それまでの保育のなかで，ボールを使った遊びを取り入れてこなかったことが原因である。
　サッカーやドッジボールなど，ボール1つを使って集団でルールのある遊びを楽しめるようになるには，人と関わる力，友達関係の育ちもあるが，ボールへの慣れや，ボールの特徴を知っていること，転がす，投げる，蹴るなどボールを扱う基本的な動きができるようになっていることも不可欠である。長期の指導計画のなかで，いつ，どのような経験を重ねていくのか，ボールを使って様々に遊ぶことを，保育者が意図的，計画的に環境として整えることが必要であったと反省した。
　ボールそのものが目新しい遊具である時には，どの子どもも自分がそれを使ってみたい。そのため，十分な数を用意したい。初めて扱う時には，やわらかくて持ちやすい材質や大きさのボールを選ぶことも大切だろう。当たっても痛くないようなボールでドッジボールをすれば楽しく続けられるが，当たって痛い思いをするような硬いボールでは，ドッジボールをすることが恐怖になってしまう。既製品の遊具を使用するばかりではなく，手づくりしたものや身近にあるものを組み合わせることから，投げる動きを楽しむ機会をつくることもできる。このように，子どもたちのそれまでの経験を踏まえて，教材を吟味し，環境の工夫をしていくなかで，遊びを通して自由自在にボールを使って動くことができるようになる。

3 ボールを使った遊びの経験を重ねる工夫

(1) 軽くて柔らかいものを投げて遊べるような教材作成（3歳児9月：写真8-16）
　投げる動きをたくさん経験できるように，スズランテープでつくった小さなポンポンを用意した。軽すぎると投げにくいところもあるが，集団生活のなかで投げて遊ぶ初期としてはメリットもある。ポンポンなので，投げ方が悪くて自分や友達に当たっても痛くないし，ボールのように転がって散ることもないため，扱いやすい。触った感触もふわふわして心地よい。
　保育者は，このポンポンを魚のエサに見立てて遊べるよう，フープとビニール袋を利用して，口の大きな魚を作成した。園庭の一角に魚を置いてコーナーを設定することで，魚の口をめがけて投げる動きを何回も繰り返し楽しむ姿が見られた。子どもたちは，ピクニ

写真 8-16 「魚にエサをあげよう」 　　写真 8-17 「ボールさんの遊園地！」

写真 8-18 「ボールさんのおさんぽ」 　　写真 8-19 多様な高さや角度のフープに投げ入れる

ックごっこなど別の遊びをしている合間に魚にエサをあげにきたり，ポンポンをすべり台の上から投げてみたり，自分でもジャンプしながら投げたりして，自分なりの動き方で環境に関わっていた。

(2)ボールに親しむ（3歳児11月；写真 8-17，写真 8-18）

　初めてボールを使って遊ぶ機会としたので，一人ひとりが自分のボールを持てるよう人数分用意しておいた。また，大きくて柔らかい材質のものを選び，ボールを抱えた感触もやわらかくて気持ちが良い，持って歩くことも楽しいなど，ボールそのものに親しむことを十分に味わうことができるようにした。

　ボールを転がして楽しめるようなコースを戸外につくると，「ボールさんの遊園地！」「ボールさんをすべり台で遊ばせてあげるの」などといって，設定してある場所でボールを転がしたり，追いかけたりして，夢中になっていた。ボールを乗せて動かせるよう，段ボールにひもをつけたものを準備すると，それを電車や車，バギーに見立ててボールを乗せ，ボールを連れて園庭をあちらこちら引いて歩きまわっていた。築山の上に引いて登る時は何でもなかったのに，下る時にはボールが先に転がり下りて自分を追い越してしまい，怒りながら追いかけていく姿もあった。

(3)戸外環境を活かして，新聞ボールを投げる場を提供する（3歳児2月；写真 8-19）

　園庭の樹木や固定遊具を活かして，いろいろな高さや向きにフープをくくり付けておく。また，季節の行事として節分があったことから，鬼の絵を貼っておいた。

子どもたちは，園庭を探索しながらフープを探し，そのなかに向かって新聞ボールを投げ入れて遊ぶ。いろいろな高さや向きにフープをつけておくことで，「今度はあっち！」「ここも！」と言いながら，繰り返し投げて遊ぶうちに，高く投げたり，軽く投げたり，いろいろな投げ方をしていた。

　また，木に鬼の面を貼ってある場所では「鬼は外！」と叫びながら，力いっぱい強く投げて，「鬼をやっつけてるの」とうれしそうにしている。戸外の空間を使って，動き回りながら，いろいろな投げ方をする機会となった。

(4) お話のイメージを活かして，繰り返し投げる機会をつくる（4歳児9月；写真8-20，写真8-21）

　絵本『スイミー』[2]をクラスで読んだことをつなげて，保育者がすず割り[3]の準備をした。『スイミー』では，小さな魚が，大きなマグロに食べられてしまうシーンがあり，このイメージを活かしたすず割りの道具になるよう教材研究をした。すずが割れると，小さな赤い魚たちがたくさん出てくる仕掛けである。外側には，マグロのマークをつけておくことで，子どもたちは「マグロからの挑戦がきた！」と大騒ぎをして，紅白玉を投げ続け，すずを割って小さな魚を助け出そうと張り切っていた。

　お弁当を食べた後の時間を見計らって，毎日，園庭にすず割りの道具を設定しておくと，「今日も，マグロからの挑戦状が届くかな？」「スイミーを助けにいかなくっちゃ！」と期待して楽しみにする姿が見られた。日によって，マグロに捕まえられている小さな魚の数を増やしていったり，時にはエビやカニが出てきたり，保育者もおもしろがってすず割りの道具を準備していた。毎日，紅白玉を投げて遊ぶことが続き，この活動をアレンジしたプログラムにすることで運動会につながる取り組みとなった。

(5) ドッジボールをさらに楽しくするワザの修行（4歳児2月；写真8-22）

　ボールを投げたり転がしたりして遊ぶことを重ねてきているので，そろそろ集団でルールのある遊びも楽しめるようになってきた頃だと考え，クラスでのドッジボールに取り組みはじめた。最初は大人が陣地の外にいて，ボールの勢いを調整しながら転がしたり投げたりするところを，子どもたちはボールに当たらないよう逃げることを楽しんでいた。慣れてくると，逃げるだけではつまらなくなってきて，次第に転がしたり投げたりする役にも興味をもち，子どもたちどうしで遊びが進められるようになってきた。

　ルールがわかって動けるようになってくると，転がってくるボールに勢いがないと楽しめない状態になってくる。そこで，保育者は勢いよく投げることを伝え，どうやったら速いボールを転がすことができるか，子どもたちに問いかけてみた。考えを出し合ったり，実際にボールを転がしてみたりしながら，腕を振って勢いをつけるといいことや，両手で

───────────────
*2　レオ・レオニ（谷川俊太郎訳）(1969) スイミー．好学社．
*3　幼稚園や保育所，小学校の運動会などでよく行われる競技のひとつ。紅白玉を投げて，くす玉を割る競技。

第Ⅱ部　遊びのなかで進んで運動する子どもを育てる

写真8-20　「マグロからの挑戦がきた！」　写真8-21　スイミーを助けるために紅白玉を投げる

写真8-22　速いボールを転がす練習

しっかり転がすことなどがわかってきた。技能的なこともわかってできるようになることから，さらにルールのある遊びを楽しむ姿につながっていった。

4　子どもの姿から環境の構成を考える

　子どもの遊びは，楽しければ繰り返されて継続していく。その過程で，保育者は，子どもが体験していることを読み取り，次に必要な方向を見出し，そのために必要な環境を構成する。子どもが楽しんでいることを的確に読み取り，さらに成長を促す方向につなげていくために必要な環境を構成していくが，これがなかなか難しい。子どもの姿の読み取りがずれていないか，環境や援助のあり方はこのままでよいか，常に修正しつつ取り組んでいるのが日々の保育の営みでもある。

　ここでは，「隕石とばしごっこ*4」（4歳児2月）を例に，遊びのなかで楽しみながら新しい動きを獲得していくことを考えていきたい。

(1) イメージを楽しむ遊びから動きのおもしろさを味わう遊びへ

　「隕石とばしごっこ」は，もともと宇宙ステーションごっこから出てきた動きである。

＊4　東京学芸大学附属幼稚園（2013）今日から明日へつながる保育——保育記録を考える・保育記録を活用する．平成24・25年度研究紀要．のうち，中野圭祐教諭の保育記録をもとに，遊びのなかで経験していた動きに視点を当てて筆者が加筆修正した。

ロシアに隕石が落ちたというニュースがきっかけとなり、新聞紙を丸めたボールをつくることが始まった。新聞紙を丸めてガムテープで巻き付けたボールに傘袋をつけることで30～40cmのしっぽができ、ニュースで見た映像と同じような隕石に見立てられることを保育者が提案した（写真8-23）。このボールを使うことで、イメージの遊びを楽しむ姿から動きのおもしろさを味わう姿へと次第に変わっていった事例である。

これまでにもボールを投げることは繰り返し楽しんできているが、しっぽが付いたボールとなったことから、しっぽをもって回して投げるという新しい動きが誘発された（写真8-24）。適度な重さのボールがついていることから、振り子のように揺らしたり回したりして遠心力を感じることや、回してからその勢いを利用して投げると、思ったよりも遠くへ飛ばすことができる感覚が楽しかったようだ。勢いよく投げるので、屋根の上に隕石が上がってしまったり、木に引っ掛かってしまったりして、いろいろな方向に飛んでしまう意外性も楽しんでいた。そのたびに、「あー、どうしよう！」「大変だ！」と言い合って、ハシゴを出したり、保育者と一緒に屋根やハシゴに登る特別感を味わったりすることも、うれしそうにしていた。なかには、隕石に見立てたボールを回す動きと、そこから投げる動きへの切り替えに難しさを感じていて、上手く投げられない子どももいた。

(2) 子どもが楽しんでいる動きと保育者が用意した環境の構成とのずれ

翌日は、この新しい動きをもっとほかの子どもにも経験してほしいと考え、隣のクラスの保育者も積極的に「隕石とばしごっこ」に仲間入りした。保育者の動きがモデルとなって、次々に新しい参加者が加わり、回して投げる動きに挑戦してみようとする子どもたちが多くなった。

さらに保育者は、同心円のラインを引いて、投げる的を新たな環境として用意した。前日に、投げた結果として屋根に落ちたとか、木に引っ掛かったとかいうことで喜ぶ姿があったことから、投げた先に結果がある環境を用意してみたいということだった（写真8-25）。同様に、写真にあるように、ジャングルジムに鬼の顔をぶら下げる環境も構成した（写真8-26）。小さなボールを投げ当てるにはよい環境だったかもしれないが、「隕石とばしごっこ」での投げ方とボールの大きさからすると、この的に当てることは難易度が高く、十分におもしろさを味わうことはできなかったようだった。同心円の場も、ジャングルジムの場も、投げる力をコントロールして位置を調整しながら投げなければいけない環境だったので、子どもたちが楽しんでいた思い切り投げることや、いろいろなところに飛んでいく意外性とは異なった動きが求められるものだった。楽しんでいることと、保育者が用意した環境の構成がずれていたために、せっかく参加する子どもたちが増えたのに、あっという間に「隕石とばしごっこ」の遊びをやめていくこととなってしまった。

(3) 子どもの楽しんでいる動きを引き出す環境の再構成へ

この反省を踏まえて、翌日は、思い切り投げることができて位置のコントロールが必要にならない、しかし投げた結果として何かが返ってくるという環境にしようと考えた。運

写真 8-23　隕石に見立てた新聞ボール 　　写真 8-24　しっぽを回して投げる

写真 8-25　同心円の得点ラインをひく 　　写真 8-26　鬼の顔を的にする

写真 8-27　思いきり投げる環境

動能力検査でソフトボール投げをしたことがあったので，その時のようなラインを引いてみた。保育者は，数字での得点がわかりやすいかと考え，10から100点をつくり，園庭の一角を投げる地点とした（写真8-27）。

　どこに落ちても，ラインが広く引いてあるので点数がわかり，方向や位置を気にすることなく思いっきり投げることができる環境であった。投げた先の得点を数えることや点を友達と競うことを楽しみながら，繰り返し投げる動きが見られた。担任保育者は「数値でなくても楽しめたかもしれない。でもよく体が動いた」と記録に残しているように，スタート地点の設定や場所の使い方が，子どもの楽しんでいた動きとうまく合っていたことが，繰り返し動きを楽しむ姿を引き出すことにつながったと考える。

　その後，100点の的に届く子どもが増えてきたことから，200点の的を保育者がつくった。

図8-2 隕石とばしごっこでの投げる動き

できるようになったことの少し先に目標となるものを設定することが、「できそうだけど少し難しい」的となり、おもしろさを感じながら挑戦する環境となっていた。

連日、「隕石とばしごっこ」をしていた子どもたちは、しっぽをぐるぐる回して遠心力を活かした投げ方を、繰り返し試すことを遊んできたとも言える。何回も取り組むうちに、動きが洗練されてきて、回す動きと投げる動きの切り替えも、腕の振りと投げる時の体全体の重心移動もスムーズになっていった（図8-2）。

(4) 繰り返し動いて遊ぶ環境の構成

宇宙ステーションごっこから「隕石とばしごっこ」に遊びが移行していったように、子どもが取り組むいろいろな遊びのなかで、運動的な動きを引き出すきっかけや、動きの獲得につながるような可能性は無限にあるだろう。始めから、運動的な遊びとして意図したものばかりではなく、遊びや生活のなかに、子どもの体の動きを育てるような要素が様々に潜んでいることも忘れないでおきたい。

また、新聞紙を丸めたボールに傘袋が付いたことで、投げたり転がしたりするだけではなく、回すことと投げることが組み合わさるような動きにつながった。遊びに使う遊具や道具を工夫することからも、子どもの体験が思わず広がるような遊びを生み出すことがわかる。それを支えるのは何よりもモデルとなる保育者の動きであり、子どもの楽しみ方にそった環境を構成する保育者の力量なのである。

まとめ

2つの実践を通して、実際の保育の文脈において保育者がどう思考して保育を構想しているのかが明らかになったことと思う。遊びは子どもの主体的活動であるがゆえに、保育者（指導者）の計画性や意図性をどう関連させるかといった方法論が確立されにくい。本章で取り上げた実践は、子どもが遊びのなかでどのように多様な動きを楽しんでいるかを読み取り、さらに子どもが自分なりの力を発揮して挑戦的な行動をとるようになるにはどうしたらよいかを予想して保育を構想しているものである。

第1節で紹介されたのは、運動体験が少ない現代の子どもの実態を踏まえ、「忍者ごっこ」

をテーマにして多様な動きの体験を保障している実践である。この活動はこの園の遊び文化として根付いており,「忍者の修行」というイメージのもとで様々な動きに挑戦することを喜んでいる。第2節では特定の遊具をめぐる様々な活動の展開を紹介したものである。子どもの実態に応じてボールの大きさや硬さに注意を払ったり,子どもがボールを使って遊びたくなるような指導の工夫がなされるなど,保育者の意図は実に細やかである。

これらの実践が示すように保育者には2つの理解力が求められている。一方は子どもを理解する力であり,もう一方は子どもが取り組む活動や環境の特性,すなわち潜在的可能性を理解する力である。2つは車の両輪のように働き,両者の接点に保育者(指導者)のとるべき具体的援助が導きだされる。

進んで運動する子どもを育てるためには,体を動かして遊びたいと思うような機会を提供したり,魅力的な環境の構成をしたり活動を提案したりすることが重要であることを述べてきた。保育者(指導者)は「機会」をどう捉えるかということや,「魅力的な環境や活動」とは何かという点について,探究する必要がある。そこで次章では,様々な運動遊びの活動を取り上げて,指導のポイントを明らかにしたい。

参考文献
近藤充夫(1995)幼児のこころと運動.教育出版.
　⇨　運動に関わる子どもの姿と保育者の見取り方,援助の仕方などが具体的に示されています。

引用文献
倉橋惣三(2008)育ての心(上).フレーベル館, p. 29.
野田智洋(2004)踏み切り逆上がりの習得におけるブランコ運動の有効性に関する事例研究.体操競技器械運動研究, (12), 11-25.
前橋明・石垣恵美子(2001)幼児期の健康管理——保育園内生活時の幼児の活動内容と歩数の実態.聖和大学論集(教育学系), **29**(A), 77-85.

第9章
発達を支える多様な活動

導入

　幼児期の心身の発達には多様な運動経験が望ましいことを，その理論的根拠と実証的なデータで示してきた。しかし，多様な運動経験と言われても漠然としていて，日常の実践のなかで具体的にどのような活動をすればいいのか，という疑問をもたれる読者は多いと思われる。そこで，この章では，発達を支える多様な運動経験とはどのようなものであるかを，具体的な活動例をあげて解説する。

　本章では，これまでの発達研究の結果を考慮し，活動例を3つの視点から取り上げた。第1は，運動発達を強く意識した運動パターンとそのバリエーションという視点からの活動例（第1節，第2節）である。第2と第3は，運動発達に加えて，自我の形成や社会性など人格的な発達を意識した活動例（第3節，第4節）と，知的発達を意識した活動例（第5節，第6節）である。幼稚園教育要領でいえば，領域「人間関係」，「言葉」，「環境」，「表現」などの他領域との関連をより強く意識した活動例でもある。

　活動例をよく見ていただければ，ある節であげられている活動例が他の節であげられてもおかしくはないことに気づかれると思う。実際の指導にあたっては，ここであげた視点と活動例を固定的につなげるのではなく複眼的に捉え，運動と心の発達を総合的に考慮していただきたい。

第Ⅱ部　遊びのなかで進んで運動する子どもを育てる

1 様々な運動パターンとバリエーションを引き出す施設・用具

　幼児期は神経系の発達の敏感期にあたり，感覚器官からの刺激に応じて神経回路がそのネットワークを構築していく。そのため，幼児期運動指針（文部科学省，2012）や多くの専門書で指摘されているように，この時期は遊びのなかで多様な動きを経験し，運動全般にわたる基本的な動きを身につけることが求められている。

　実際に子どもの「多様な動き」を引き出す，もしくは援助していくためには，「運動パターンとバリエーション」という考え方が大切である。運動パターンとは「立つ」，「転がる」，「走る」，「投げる」といった基本的な動きのことであり，幼児期運動指針では代表的な28の動きが示され，動きの特性に応じて「体のバランスをとる動き」，「体を移動する動き」，「用具などを操作する動き」に3分類されている（巻末資料Ⅱ参照；pp. 205-209）。一方，運動バリエーションとは，1つの運動パターンの多様性を意味している。たとえば，「走る」という1つの運動パターンであっても様々な走り方が存在する。具体的にいうと，鬼ごっこのような遊びのなかで，走る方向を変化させたり（空間的コントロール），友達に追いかけられる時にスピードを速めたり（時間的コントロール），坂道をかけ上ったり（力量的コントロール）といった走り方である。子どもの運動神経に多様な刺激を与えるという視点に立てば，幼児期には遊びのなかで多様な「走り方」を経験することが望ましいということになる。

　このように，子どもの多様な動きを援助するためには，運動パターンとそのバリエーションを豊かにしていくことが求められている。しかしながら，近年の子どもを対象とした運動指導の専門書にはこの運動パターンとバリエーションに焦点をあてながら実際の運動遊びについて解説したものは見当たらない。そのため，保育者が直面している子どもに不足している動きを補う必要性を感じた時，その動きを子どもから引き出す遊びを園にある施設や用具でどのように展開できるのかという疑問が解決されにくいものと思われる。

　そこで本節では，体育科学センター（1986）が提示した83の動きと幼児期運動指針を参考とし，運動パターンの3分類（「体のバランスをとる動き」，「体を移動する動き」，「用具などを操作する動き」）はそのままに，その下位カテゴリーとして，共通性の高い基本的な動き（運動パターン）を13の領域（①渡る，浮く，もぐる，②座る，しゃがむ，立つ，立ち上がる，③転がる，まわる，逆さまになる，ぶら下がる，④登る，よじ登る，下りる，滑る，⑤歩く，走る，跳ぶ，⑥這う，⑦よける，かわす，逃げる，くぐる，くぐり抜ける，⑧運ぶ，持つ，上げる，つかむ，⑨乗る，こぐ，⑩投げる，捕る，投げ入れる，あてる，ぶつける，⑪転がす，蹴る，⑫打つ，振り回す，⑬「押す」，「引く」，「引っ張る」）に分類した。そして，それぞれの動きを引き出す施設や用具をベースとし，動きのバリエーション展開（発展パターン）を視野に入れながら運動遊びの指導についてまとめた。

1 体のバランスをとる動きを引き出す施設・遊具

領域① 「渡る」,「浮く」,「もぐる」

　ここでは,「渡る」,「浮く」,「もぐる」といった動きを取り上げる。このような動きを引き出す施設・用具という観点から,マット,縄,平均台,プールを使ってできる活動を紹介する。

▶基本パターン

はしっこ歩きの術

マットの端ぎりぎりのラインを落ちないように歩いてみる。

丸太歩きの術

丸めたマットの上,バランスをとりながら歩いてみる。

うきっこ・もぐりっこ

保育者に支えてもらい,リラックスしながら浮いてみる。
水中で何秒もぐっていられるかを保育者に数えてもらう。

▶発展パターン

線上歩きの術
―空間的コントロール―

地面や床に縄を曲線にして置く。縄の上をバランスをとりながら渡り歩く。

2人歩きの術
―時間的コントロール―

平均台を平行に2本並べ,友達と手をつなぎながら渡り歩く。

登り歩きの術
―力量的コントロール―

傾斜をつけた平均台をバランスをとりながら渡り歩く。

■ 指導・援助のポイント

【保育者の援助・環境設定】
　「2人歩きの術」では,友達と手をつないで渡り歩く時,自分のペースだけを優先させると友達が怖い思いをする場合のあることを伝えるなど,友達とペースを合わせることの大切さに気づくような援助を心がける。
　「登り歩きの術」で遊ぶ場合,高さのある不安定な場所であっても,不用意に早く渡ろうとする子どもがいる。このような子どもには,高いところでどのように動くとけがをしにくいかについて子ども自身が考えられるような働きかけを工夫してみる。

【安全への配慮】
　平均台や巧技台の一本橋等を使用して高さを出す場合には,子どもの落下に備え,下にマット等の緩衝用具を敷く。
　「うきっこ・もぐりっこ」といった水遊びの場合は,膝程度の水深であっても子どもが溺水する危険性があることを忘れずに子どもに目を配るようにする。

領域② 「座る」,「しゃがむ」,「立つ」,「立ち上がる」

ここでは,「座る」,「しゃがむ」,「立つ」,「立ち上がる」といった動きを取り上げる。このような動きを引き出す施設・用具という観点から,マット,フープ,大型積木を使ってできる活動を紹介する。

▶基本パターン

ゆりかご 
マットの上でゆらゆら揺れている状態から立ち上がってみる。

ロケット 
子どもがロケットになり,「3・2・1 発射！」の合図で発射台に見立てたフープから勢いよく立ち上がる。

ボート 
ボート（大型積木）に何人まで乗れるかに挑戦する。

▶発展パターン

よーいどん
―空間的コントロール― 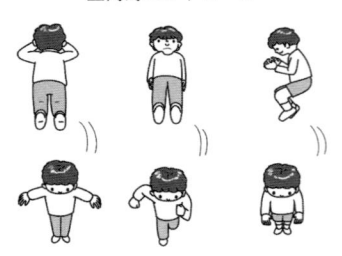
うつぶせや仰向け,横に寝転がった状態（エビの姿勢）などいろいろな形から立ち上がってみる。

大きな栗の木の下で
―時間的コントロール― 
音楽に合わせて楽しく動く。だんだんリズムを早くするなどして,動きに時間的な変化を加える。

がんばりだるま
―力量的コントロール― 
「手を頭につけたまま起き上がる」,「手をおなかにつけたまま起き上がる」,「手を脚につけたまま起き上がる」など子どもが手の反動を使わずに立ち上がる。

■指導・援助のポイント

【保育者の援助・環境設定】
「よーいどん」の遊びでは,子どもの様々な転がり方を認め,子どもがいろいろとアイディアを出すことが楽しいと思えるような雰囲気づくりを心がける。遊び方を保育者が一方的に提案するのではなく,子どもからアイディアが出てくるような雰囲気づくりが大切である。たとえば「次は動物で起き上がってみたいのだけど,どんな動物がいいかな？」などと投げかけてみたりしてもよい。状況に応じて子どもの発言を引き出すためのいろいろな工夫を試みたい。

「ボート」の遊びでは,どのようにすればボートにたくさん乗ることができるのかについて,子どもが意見を出し合いながら考える時間を設けるようにする。また,うまくできたグループからそのコツやポイントを発表してもらうことなどにより,交流が深まることも期待できる。

【安全への配慮】
「ゆりかご」や「よーいどん」,「がんばりだるま」の遊びでは,起き上がる時に子どもがぶつからないよう,適度な間隔をあけるように促す。また,子ども自身の気づき（間隔を開けること）を促すような働きかけも大切である。

第9章　発達を支える多様な活動

領域③ 「転がる」，「まわる」，「逆さまになる」，「ぶら下がる」

　ここでは，「転がる」，「まわる」，「逆さまになる」，「ぶら下がる」といった動きを取り上げる。このような動きを引き出す施設・用具という観点から，マット，鉄棒を使ってできる活動を紹介する。

▶基本パターン

2人でころころ

保育者と一緒にマットの上を転がる。

ぶたのまるやき

鉄棒にブタの丸焼きのようにぶら下がる。

チョコバナナ

うつ伏せになった友達（チョコ役）の上をバナナ役の子どもが転がりながら保育者のところまで行く。真っ直ぐ上手に転がりバナナ全体にチョコが触れることできれいなチョコバナナが完成する。

▶発展パターン

だるまさんころころ
―空間的コントロール―

少し高い位置から膝を抱えて転がり落ちてみる。

ころころバスタオル
―時間的コントロール―

バスタオルを使っていろいろな速さで転がってみる。

のりこえごっこ
―力量的コントロール―

マットの上にうつぶせになった友達の体の上を転がって乗り越える。

■指導・援助のポイント

【保育者の援助・環境設定】
　「転がる」動きに慣れていない子どもには，慣れるまで保育者が一緒に回転（2人でころころ）したり，バスタオルを利用して回転させたりする（ころころバスタオル）とよい。「転がる」動きの楽しさや心地よさをまずは子どもが体感できる遊びから始めるように心がけたい。
　「チョコバナナ」の遊びは，子ども同士の触れ合う感覚が豊かな遊びである。チョコ役の子どもが協力的でないとうまくチョコバナナが完成しない（隙間が空いているとバナナが転がりにくい。チョコ役の子どもが頭を下げているとバナナがまっすぐ転がりやすい）ことを気づかせるようにする。みんなの協力によっておいしいチョコバナナが完成する喜びを通して，友達と力を合わせて遊ぶことの楽しさを感じることができるように配慮する。

【安全への配慮】
　「2人でころころ」の遊びなど，保育者が子どもと一緒に戯れて遊ぶ時には，身につけている装飾品（ネックレス，ピアス，指輪など）に留意する。

第Ⅱ部　遊びのなかで進んで運動する子どもを育てる

2　体を移動する動きを引き出す施設と遊具

領域④　「登る」，「よじ登る」，「下りる」，「滑る」

　ここでは，「登る」，「よじ登る」，「下りる」，「滑る」といった動きを取り上げる。このような動きを引き出す施設・用具という観点から，登り棒，マット，跳び箱，フープ，巧技台を使ってできる活動を紹介する。

▶基本パターン

登り棒 
自分なりのいろいろな登り方を試しながら登ったり，滑り降りたりする。

マットのおやま 
巧技台とマットを組み合わせた山をよじ登ったり，滑り下りる。

山のぼり 
少し高い跳び箱の壁に友達と協力してよじ登る。

▶発展パターン

ロケットジャンプ
―空間的コントロール― 
フープの中にうまく着地できるようにジャンプする。

ふたりとび
―時間的コントロール― 
友達と一緒にタイミングを合わせてジャンプする。

はしごのぼり
―力量的コントロール― 
巧技台のはしごを横向きで登ってみる。

■指導・援助のポイント

【保育者の援助・環境設定】
　「のぼりぼう」，「ふたりとび」，「ロケットジャンプ」などの遊びでは，遊びに慣れていない段階では慎重だった子どもも，次第に高い場所から勢いをつけて跳び降りるなど，乱暴な振る舞いが見られるようになってくる場合がある。保育者は，子どもの慣れに伴う危険な行動に留意するとともに，時には話し合いの機会を設けるなどして，子ども自身の安全に配慮する力が育まれるような援助を心がけたい。
　挑戦したことが失敗に終わったとしても，思いきって取り組めたことを褒めるなど，保育者が子どもを見守っている（応援している）ことが子どもに伝わるような配慮を怠らないようにする。

【安全への配慮】
　巧技台を使用する場合は，連結部分の差し込みがきちんとなされているかについて確認を怠らないように留意する。

第9章　発達を支える多様な活動

領域⑤　「歩く」，「走る」，「跳ぶ」

ここでは，「歩く」，「走る」，「跳ぶ」といった動きを取り上げる。このような動きを引き出す施設・用具という観点から，フープを使ってできる活動を紹介する。

▶基本パターン

大　男

両手を大きく広げ，つま先立ちでダイナミックに歩く。

小　人

背中を丸め，しゃがんでよちよちと歩く。

フープでジャンプ

フープのなかを連続ジャンプで跳んでいく。両足で跳ぶばかりでなく，「色付フープは片足，白色フープは両足」というように，跳び方に変化をつけても楽しい。

▶発展パターン

開脚歩き
―空間的コントロール―

足を開脚したまま歩く。下の子どもは頭がぶつからないように前屈する。

おにごっこ
―時間的コントロール―

鬼が追いかけてくる早さに合わせてスピードを調整しながら逃げる。

大股歩き
―力量的コントロール―

距離（5～6mくらい）を決めておき，何歩で歩けたかを競争する。

■指導・援助のポイント

【保育者の援助・環境設定】
　「大男」や「小人」の遊びでは，子どもがイメージを豊かにして動きを楽しめるよう，動きに関連のある話や絵本を遊びの前に読み聞かせたり，音楽や歌などにあわせて動きを楽しめるような工夫があるとよい。

【安全への配慮】
　「おにごっこ」のように激しく動きまわる遊びでは，子どもの人数に応じた場所を確保するとともに，子ども自身が周りの子どもの動きを注意しながら遊べるような声かけを必要に応じて行うように心がけたい。
　ジャンプを伴う運動は思わぬところでバランスを崩すことがある。十分なスペースを確保するとともに，動線付近の危険物について確認する。

第Ⅱ部　遊びのなかで進んで運動する子どもを育てる

領域⑥　「這う」

ここでは，「這う」動きを取り上げる。このような動きを引き出す施設・用具という観点から，フープ，巧技台，マットを使ってできる活動を紹介する。

▶基本パターン

あしかごっこ

あしかのまねをしながら這ってみる。
慣れてきたら，ワニのものまねに変化してみてもよい。

あめんぼう

フープのなかに手足を入れて，四つん這いで這っていく。白のフープには足だけしか入れることができないなどの変化を子どもたちと考えても楽しい。

▶発展パターン

いもむし
―空間的コントロール―

巧技台の一本橋（丸い方を上）を這って渡る。

ぞうきんがけ競争
―時間的コントロール―

「よーい・どん」という保育者の合図でぞうきんがけの競争をしてみる。

ワニ歩き
―力量的コントロール―

丸めたマットの山をワニやアシカで超えていく。

■指導・援助のポイント

【保育者の援助・環境設定】

「あしかごっこ」や「あめんぼう」の遊びでは，上手にできている仲間を観察し，なぜ上手にできるのかを考える機会を設けるように心がける。子どもが教え合う場面が見られることもあるので，そのような機会をうまく利用して子どもが自分の考えを相手に伝えたり，自分とは異なる友達の考えを受け入れたりする経験が深まっていくような援助を心がけたい。

【安全への配慮】

「あしかごっこ」など，狭いスペースで大勢の子どもが「這う」動きを行うと，前の子どもの足が後ろの子どもの顔にあたってしまう場合がある。特に激しく動いている子どもがいる場合には，子ども同士の間隔の取り方に留意する。

第9章　発達を支える多様な活動

領域⑦ 「よける」,「かわす」,「逃げる」,「くぐる」,「くぐり抜ける」

　ここでは,「よける」,「かわす」,「逃げる」,「くぐる」,「くぐり抜ける」といった動きを取り上げる。このような動きを引き出す施設・用具という観点から,フープ,縄,大型積木を使ってできる活動を紹介する。

▶基本パターン

フープくぐり

ゆらゆらと揺れているフープに体が触れないようにくぐってみる。

ボール転がし

円のなかの子どもたちをめがけて保育者がボールを転がす。
子どもはボールにぶつからないように逃げる。ボールに当たった子どもは円の外に出る（応援）。
30秒間逃げ切れた子どもが勝ち。

おおかみさん今何時？

「オオカミさん今何時？」と聞かれた時に,おおかみ役の子ども（鬼役）は「夜中の12時！」と言った後に追いかける。

▶発展パターン

いろはにこんぺいとう
―空間的コントロール―

2人組の子どもが長縄を使っていろいろな形を作る。縄にさわらないようにくぐり抜けたり,ジャンプしたりして遊ぶ。

くぐり抜け
―時間的コントロール―

保育者が転がしたフープのスピードにあわせてくぐりぬける。

積木くぐり
―力量的コントロール―

積木のトンネルをできるだけ脚の力を使わずに上半身の力だけで壊さないようにくぐり抜ける。

■指導・援助のポイント

【保育者の援助・環境設定】
　「おおかみさん今何時？」の鬼ごっこでは,おおかみのお面を用意する,事前におおかみに関連した絵本を読み聞かせるなどして,子どもがイメージを豊かにして鬼ごっこを楽しめるような工夫があるとよい。
　「くぐり抜け」の遊びでは,子どもがくぐり抜けやすいように,できる限りゆっくり,まっすぐにフープを転がすように心がけたい。

【安全への配慮】
　保育者がオニ役を行う場合は,走る方向を調整するなどして,できるだけ子どもが一か所に固まることがないように留意しながら追いかける。
　鬼ごっこでは,オニに捕まらないように夢中になって走りまわる子どもの姿が見受けられる。始める前には靴の紐がきちんと結んであるかなど子どもの足回りを確認することを心がけたい。
　「フープくぐり」では,子どもがフープに足をとられて転倒するようなことが頻繁に起こることのないよう,子どもの発達段階に合わせた高さの設定に留意する。

第Ⅱ部　遊びのなかで進んで運動する子どもを育てる

3 用具などを操作する動きを引き出す施設と遊具

領域⑧　「運ぶ」，「持つ」，「上げる」，「つかむ」

　ここでは，「運ぶ」，「持つ」，「上げる」，「つかむ」といった動きを取り上げる。このような動きを引き出す施設・用具という観点から，ソフト積木，マット，ボール，フープなどを使ってできる活動を紹介する。

▶基本パターン

引っ越しごっこ

荷物に見立てたソフト積木をしっかりと持ち，落とさないように慎重に運ぶ。

しっぽとり

ズボンの後ろにスズランテープなどでつくったしっぽをはさみ，しっぽがオニに捕られないように逃げる。オニ役の子どもはしっぽをつかんで捕るようにがんばる。

子どもトラック

三輪車をトラックに見立て，三輪車の後ろにつないだ段ボール箱に遊具などを入れて運ぶ。

▶発展パターン

慎重にお引っ越し
―空間的コントロール―

荷物に見立てたソフト積木を持ち，一本橋の上を慎重に運ぶ。

2人でお引っ越し
―時間的コントロール―

荷物に見立てた大型のソフト積木を2人でペースを合わせて協力しながら運ぶ。

落とさないようにお引っ越し
―力量的コントロール―

ビニールを張ったフープの上にボールを乗せる。ボールが落ちないように2人で協力しながら運ぶ。ボールの種類を変え，運び方に変化をつけるとよい。

■指導・援助のポイント

【保育者の援助・環境設定】
　「落とさないようにお引っ越し」では，子どもの能力差が大きい場合，スピードの遅い子どもが速い子どもに振り回されてしまうことがある。そのような場合は，速く運ぶことより荷物を落とさずに上手に運ぶことが大切であることに子どもの意識が向くような働きかけがあるとよい。このような経験を通して，友達と力を合わせて何かを成し遂げることの喜びや楽しさを少しずつ積み上げていきたい。

【安全への配慮】
　「引っ越しごっこ」や「2人でお引っ越し」等の運ぶ遊びは，スピードを競うものではない。運んでいる荷物（ソフト積木やボール）を落とさず丁寧に運ぶことの楽しさに子どもの意識が向くよう，声かけや環境の設定を工夫するとよい。

第9章　発達を支える多様な活動

領域⑨ 「乗る」，「こぐ」

　ここでは，「乗る」，「こぐ」といった動きを取り上げる。このような動きを引き出す施設・用具という観点から，様々な乗り物や固定遊具を使ってできる活動を紹介する。

▶基本パターン

安全運転

友達とぶつからないように，三輪車や四輪車をこぐ。

子どもライダー

バランスを崩した場合は両足で支えることを伝え，二輪車での蹴りこぎに挑戦する。

一輪車に挑戦

一輪車に挑戦する。まずは手すりなどにつかまりながらバランスをとってみる。バランスをとりながら少しずつこぐ距離を延ばしていく。

▶発展パターン

遊具巡り
―空間的コントロール―

三輪車等をこぎ，決めたコースを周遊して遊ぶ（園庭を一周するコースを数パターン考えてみるなど）。

そりすべり
―時間的コントロール―

そりやダンボールなどをお尻の下に敷き，築山から滑り降りる。

2人乗り
―力量的コントロール―

三輪車の後ろに友達を乗せて運ぶ。

■指導・援助のポイント

【保育者の援助・環境設定】
　乗り物を使う順番や貸し借り等で子どもの意見がぶつかり合うこともあるが，社会性を育むためのよい機会と捉え，場合によっては傍らで見守ったり，子どもの意見を汲み取りながら調整するように心がけたい。

【安全への配慮】
　乗り物に夢中になっている子どもは，周囲の動きに注意の向かない場合が少なくない。保育者には子どもの動線に留意し，状況に応じて環境を変化させることが求められる。また，子どもに声をかけるなどして，子ども自身が周りの状況を判断する機会をつくることも大切である。

137

第Ⅱ部 遊びのなかで進んで運動する子どもを育てる

領域⑩ 「投げる」,「捕る」,「投げ入れる」,「あてる」,「ぶつける」

ここでは,「投げる」,「捕る」,「投げ入れる」,「あてる」,「ぶつける」といった動きを取り上げる。このような動きを引き出す施設・用具という観点から,ボールを使ってできる活動を紹介する。

▶基本パターン

ボールキャッチ 
ボールを軽く上に投げて,お腹や手などいろいろな部位でキャッチする。

ボールの的あて 
壁に描かれた的をめがけてボールを投げる。

たま入れ 
かごを背負って逃げる保育者のかごにめがけて,ボールを投げ入れる。

▶発展パターン

空中手たたき
―空間的コントロール― 
ボールを高く投げ上げ,キャッチするまでの間に手をたたく。

ボールのとりかえっこ
―時間的コントロール― 
保育者とテンポを合わせ「せーの」でボールを同時に投げる。
2人ともキャッチができれば成功。

壁あて
―力量的コントロール― 
自分でつくった泥だんご(様々な大きさ)を園庭の端に設置したベニヤ版の壁に投げ当てる。

■指導・援助のポイント

【保育者の援助・環境設定】
「たま入れ」では,どのようにするとたくさんのボールをかごに入れることができるのかについて話し合う機会があるとよい。子どもの考えや試みを認めながら,話し合いが深まるような援助が求められる。自分の考えを言葉で伝えたり,友達の意見を聞くことを繰り返しながら子どもの社会性が次第に育まれていくことを期待したい。
「たま入れ」や「ボールのとりかえっこ」では,既製のボールばかりではなく,新聞紙を丸めたボールで代用することも可能である。現代の子どもは,与えられた遊具での遊びの多いことが指摘されている。自作の遊具(この場合は新聞紙でつくったボール)で楽しく遊ぶような経験も大切にしたい。

【安全への配慮】
「壁あて」や「ボールの的あて」などで壁に向かってボールを投げて遊ぶ場合は,ボールを投げている方向とほかの子どもが遊んでいる動線がクロスすることのないように留意したい。

第9章　発達を支える多様な活動

領域⑪　「転がす」，「蹴る」

ここでは，「転がす」，「蹴る」といった動きを取り上げる。このような動きを引き出す施設・用具という観点から，ボールや平均台を使ってできる活動を紹介する。

▶基本パターン

　　　ボーリング　　　　　　　何点入るかな　　　　　　サッカーゲーム

ピンに見立てたペットボトルをめがけてボールを転がして遊ぶ。

ゴールに向かって蹴って遊ぶ。ゴールに蹴り入れた回数を競って遊ぶ。

1チーム5～6名でサッカーのゲームを行う。3，4歳児の場合は，当たっても痛くなく，転がりにくいビーチボールを使用した方が多くの子どもから蹴る動作を引き出しやすい。

▶発展パターン

　　　転がし落とし　　　　　　　かべけり　　　　　　　ワンバウンドキック
　　　―空間的コントロール―　　―時間的コントロール―　　―力量的コントロール―

平均台を斜めに配置し，その下に籠を配置する。子どもは平均台の上からボールを転がし，籠に入れば成功。

壁に向かって自由に蹴る。跳ね返ってきたボールにタイミングを合わせて何度も蹴り返す。

手に持ってワンバウンドさせたボールをできる限り遠くへ転がっていくように思いっきり蹴る。

■指導・援助のポイント

【保育者の援助・環境設定】

　「サッカーゲーム」では，ゲームの勝敗にこだわり，いつまでもそのことを引きずってしまう子どもが見受けられる。ゲームの勝敗はあくまで楽しみの1つであり，ゲームのなかで完結することが大切であること，日常生活まで勝敗を引きずることによって不快な思いをする友達がいる場合のあることなどに子どもが気づくような援助を考えたい。

【安全への配慮】

　サッカーのゲームに慣れていない子どもの場合，思わずボールを手で取ろうとする姿がよく見受けられる。蹴り合っているなかにしゃがんでボールを取りに行く行動は危険であることを繰り返し子どもと確認したい。また，子どもが1つのボールに密集するケースが散見される。保育者は状況に応じてゲームを中断し，子どもに注意を促すようにすることも必要である。

第Ⅱ部　遊びのなかで進んで運動する子どもを育てる

領域⑫ 「打つ」,「振り回す」

　ここでは,「打つ」,「振り回す」といった動きを取り上げる。このような動きを引き出す施設・用具という観点から,ボール,縄,新聞紙等を使ってできる活動を紹介する。

▶基本パターン

ボールパンチ 
新聞紙でつくったバットで吊るしてあるボールを打つ。

子どもゴルフ 
新聞紙でつくったバットでボールを転がし,積み木の間に入れてみる。

ヘリコプター 
ヘリコプターのプロペラに見立て,頭上で縄を振り回す。

▶発展パターン

ボールパンチ（高さの変化）
―空間的コントロール― 
吊るしてあるボールの高さをいろいろかえて打つ。

打ち返し
―時間的コントロール― 
転がってきたボールを新聞紙でつくったバットで相手に打ち返す。

子ども野球
―力量的コントロール― 
保育者が投げたボール（新聞紙を丸めた物）をいろいろな用具で打つ（ペットボトルの空き容器や新聞紙を丸めてつくったバット,素手など）。

■指導・援助のポイント

【保育者の援助・環境設定】
　「子ども野球」では,最初は素手やペットボトル（2L）の空き容器など比較的短く面積の広い用具を用いるとボールを打ちやすい。上手く打つことができた時の感覚（パシンと当たったなど）や結果（打ったボールが遠くまで飛んでいった）などを子どもとともに喜び,次の活動の意欲へつなげるようにしたい。

【安全への配慮】
　用具を振り回す遊びを行う際には,周りの状況に十分留意する習慣が子どもに身につくような援助を心がけたい。

第9章　発達を支える多様な活動

領域⑬　「押す」，「引く」，「引っ張る」

　ここでは，「押す」，「引く」，「引っ張る」といった動きを取り上げる。このような動きを引き出す施設・用具という観点から，マット，綱を使ってできる活動を紹介する。

▶基本パターン

みんなでお掃除 
マットを大きなぞうきんに見立て，みんなで床を掃除する。

綱引き 
2つのチームに分かれて綱引きをする。

マット引き競争 
2チームに分かれ，マットを引き合う。後方5m程の場所に引かれた線までマットを引っ張ってきたチームの勝ち。

▶発展パターン

救出作戦
—空間的コントロール— 
マットの島から溺れているくまさんを救出！

おいもほり
—時間的コントロール— 
おいも役の子どもがうつ伏せになり，マットの端をつかむ。おいもを掘る役の子どもは，お芋の足首を引っ張る。10秒以内でおいもが抜ければ（マットから離れれば）引いていた人の勝ち。抜けなければおいもの勝ち。

マットでタクシー
—力量的コントロール— 
マットに友達を乗せ，引いたり押したりして人を運ぶ。

■指導・援助のポイント

【保育者の援助・環境設定】
　「マット引き競争」に慣れてくると，マットの数を4枚に増やし，対抗戦ができるようになる（2チームでどちらがマットを多く取ることができるか）。5歳児では，子どもが作戦（誰がどのマットを取りに行くかなど）を考えながらゲームを楽しむ姿が見られるようになる。保育者は，特定の子どもだけではなく，様々な子どもが自分の考えを友達に伝えることができるような場づくりに配慮しながら，作戦を考えるなかで子どものやりとりが深まるような援助を心がけたい。

【安全への配慮】
　「綱引き」，「マット引き競争」，「おいもほり」では，子どもの爪の長さに留意する。
　マットで遊ぶ場合には，マットの耳の部分に子どもの手を入れないようにさせる。耳の部分に手が絡み，抜けないまま引きずられてしまうことがあるので十分に気をつけなければならない。

2 様々な運動パターンとバリエーションを引き出す自然環境

　子どもの遊び場を多く設計してきた仙田満は，子どもの科学的好奇心が自然環境のなかでの遊びを通して育まれることや自然体験が子どもの自己肯定感をも向上させる可能性について言及し，その重要性を特に強調している。そして，日常生活のなかで子どもの自然体験が減少傾向にあることを危惧し，幼稚園や保育所の園庭が自然体験を代替する場として機能していくことを求めている。

　自然環境は，子どもの身体活動においても重要な役割を果たしている場合が少なくない。四季折々に変化する自然の営みは子どもの好奇心を刺激し，様々な動きを伴う遊びに子どもを誘発する（虫捕り，植物採集，木登り，雪遊びなど）。与えられた用具で遊ぶことの多い子どもが，自然に魅せられ，様々な工夫を加えて遊びを発展させていく経験を大切にしたい。

　たとえば，野菜を育て，収穫し，調理するといった活動は多くの園で実施されている。自然からの恵みを実感し，食物に対する意識を高める経験となることに加え，「シャベルで土を掘る」，「じょうろで水を運ぶ」，「収穫物を採るために背伸びする，高い台に登る」，「収穫物を引き抜く」などの運動（多様な動き）が活動に内包されている。また，秋風の強い日に外に出てみる。「風に舞う落葉をつかむ」，「落葉を拾う」，「ほうきで掃く」，「集めた落葉の布団に寝転がる」など様々な動きを楽しむことができるはずである。子どもが自然と関わるなかで，それこそ自然に多様な動きが積み重ねられていく可能性のあることを見逃さず，自然の営みを上手に利用していくことを考えてみたい。

　この節では，自然環境から誘発される様々な遊びと経験される動きとの関係を運動パターンの3分類（「体のバランスをとる動き」，「体を移動する動き」，「用具などを操作する動き」）に準拠してまとめた。また，それらの遊びを発展させていく方法を運動バリエーションの考え方に基づいて「発展パターン」として示した。

第9章　発達を支える多様な活動

1 体のバランスをとる動きを引き出す自然環境

　ここでは，バランスをとる動きを引き出す自然環境という観点から，四季それぞれにあった活動を紹介する。運動パターンとしては，立つ，渡る，しゃがむといった動きを取り上げる。

▶基本パターン

木の実とり
―春―

海遊び
―夏―

ドングリひろい
―秋―

雪アイス
―冬―

高いところにある木の実を採るために背伸びしたり，台の上に乗りながらバランスをとる。

砂浜や水辺などで足を取られる感覚を楽しみながらバランスをとって動く。

落ちているドングリを採取することを楽しみながら，立ったりしゃがんだりを繰り返す。

雪を口のなかに入れるために上を向きながらバランスをとって立つ。

▶発展パターン

波をジャンプ
―空間的コントロール―

川遊び
―時間的コントロール―

のしのし渡り
―力量的コントロール―

波の高さに合わせてジャンプすることを楽しみながら体のバランスをとる。

川の苔などで滑らないようにゆっくりと慎重にバランスをとりながら渡り歩く。

川や海のやや水深が深い場所（膝くらい）で水の抵抗を受けながら倒れないようにバランスをとりながら渡り歩く。

■指導・援助のポイント
【保育者の援助・環境設定】
　保育者自身が波にあわせてジャンプしたり，雪を食べることを楽しむ姿を子どもに見せ，子どもとともに楽しむ雰囲気を大切にする。
　活動中に気づいた自然物（木の実や川の虫など）について，後に子どもと共に図鑑で調べてみるなど，自然に対する子どもの興味や関心が深まり，広がっていくような手立てを考えてみることも大切である。
　水を怖がる子どもには最初は手をつないで水辺で遊ぶようにするなど，恐怖心が緩和されるような手立てを考える。
【安全への配慮】
　特に水辺での子どもの行動に気を配り，溺水事故の予防に努める。膝程度の水深でも子どもは溺れることがあるので十分に留意しなければならない。

第Ⅱ部　遊びのなかで進んで運動する子どもを育てる

2 体を移動する動きを引き出す自然環境

　ここでは，移動する動きを引き出す自然環境という観点から，四季それぞれにあった活動を紹介する。運動パターンとしては，歩く，走る，運ぶ，登る，よじ登る，下りる，滑り下りるといった動きを取り上げる。

▶基本パターン

斜面での遊び
―春―

丘を利用して，登ったり，滑り降りたりしてみる。

木登り
―夏―

木によじ登ったり，足場に注意しながら下りたりする。

トンボとり
―秋―

トンボを追いかけながら走る。

焚き火
―冬―

焚き火用の小枝を集めるために歩き回ったり，集めた小枝を運んだりする。

▶発展パターン

探検隊
―空間的コントロール―

根やつるをつかんでよじ登る。

かけ登り
―時間的コントロール―

保育者の合図で誰が一番初めに岡の上に着くかを競争する（かけ登る）。

大股登り
―力量的コントロール―

丘の上まで何歩で登ってくることができるのかを競い合う。

■指導・援助のポイント

【保育者の援助・環境設定】
　「木登り」では，不安定な場所での身のこなし方を子どもが体験的に学習できるよう，状況に応じてアドバイスを行う。
　「焚き火」の活動では，後片付け等の機会を利用して，身の周りを整えることで心地よくなることに子ども自身が気づいたり，社会のルールに関心をもったりできるような援助や働きかけを工夫したい。

【安全への配慮】
　「斜面での遊び」では，石や切り株などの突起物がないかを確認する。
　「木登り」では，高い位置から飛び降りることは危険であることを事前に子どもへ伝えておく。

第9章　発達を支える多様な活動

3 用具などを操作する動きを引き出す自然環境

ここでは、操作する動きを引き出す自然環境という観点から、四季それぞれにあった活動を紹介する。運動パターンとしては、掘る、引く、押す、振る、打つ、転がす、つかむ、といった動きを取り上げる。

▶基本パターン

タケノコ掘り
—春— 
タケノコの周りの土をシャベルで掘ったり、タケノコを引っ張ったりする。

スイカ割り
—夏— 
スイカを割るために棒を振り、スイカを打つ。

落ち葉釣り
—秋— 
アスレチックスペース等、高さがあり落下の危険性が少ない場所から縄を垂らす。垂らした縄に落ち葉をつけてもらい、落ち葉が縄から離れないように引き上げる。

雪だるま
—冬— 
雪の玉を転がし、大きくしていく。

▶発展パターン

大きなタケノコ掘り
—空間的コントロール— 
大きなタケノコをいろいろな方向に引いたり押したりしてみる。

流し素麺
—時間的コントロール— 
流れてくる素麺のスピードに合わせて、箸で素麺をすくう（つかむ）。

餅つき
—力量的コントロール— 
餅をつく勢いを状況に応じて自分なりに調節しながら、杵を振る。

■ 指導・援助のポイント

【保育者の援助・環境設定】
子どもが工夫したり、いろいろな方法を試すことができるように多種多様な用具を準備する（タケノコ掘りのシャベルの大小、スイカ割りの棒の重さや長さなど）とよい。

【安全への配慮】
道具をむやみに振り回したり、投げたりしないように注意を促す。
遊びに夢中になるあまり、危険な行動（たとえば、スイカ割りや餅つきの場所に突然飛び出してくるなど）が見られる場合がある。特に活動性の高い子どもの活動場所や動きには十分に留意しなければならない。

3 仲間との交流

　幼児期は，運動機能や言語などの発達に支えられて，能動的な社会行動が可能になるので，子どもの生活空間が広がり自己と他者の関係の認識がすすみ，自己認識を促すことが明らかにされている（柏木，2003）。そのような発達の特性を踏まえ，人との関わりを深め愛情や信頼感をもつことは幼児期のねらいの1つである（文部科学省，2011）。

　子どもは，友達と一緒に遊びたい，友達に自分のできる姿を見てもらいたいと思う。それは，広い場所では思い切り走りたい，高い所があれば登りたい，ボールがあれば蹴ってみたいという思いと同様，子どもの運動遊び行動への動機づけである。前者は外発的動機づけのなかの社会的動機であり，後者は内発的動機づけである。運動有能感を高める運動遊び環境としては，できるだけ遊び要素が高くなる後者の内発的動機づけの強い環境が望ましい（杉原，2008）。そこで，仲間との交流が，できるだけ遊び要素として高まるような（＝内発的動機づけを高めるような）活動となることが必要である。

　仲間と交流するということは，体が触れ合い体温や体臭を感じる，目と目を見合わす，友達の声が聞こえる，自分の声で応答する，初めてのことへの不安やうれしさや驚きを共有する，など身体感覚的・情緒的な経験である。このような身体感覚的・情緒的な経験が，運動遊び自体のおもしろさの1つであると認知できるような運動遊びの展開が必要である。チームを組んでゲームをする遊びだから仲間との交流ができると思いこむような指導は必要とされていない。交流するからこそ遊びのおもしろさが際立ってくる遊びとなれば子どもの運動への内発的動機づけは高まる。さらに岡沢（1996）によれば，保育者や仲間からの受容感は子どもの運動有能感の構成要素であることが明らかにされているので，仲間との交流のなかでの励ましや賞賛が，運動有能感の高まりに影響を及ぼすことを考慮するべきである。

1 1人で行う活動

　ここでは，1人での活動（遊び）に焦点を当てる。1人の運動遊びでは，五感を刺激する遊びや，1人で最後までやり通してみたいと思う遊びが特徴的である。そして，自分と保育者とのやりとりがあること，同じ遊びをしている友達をそばに意識しながら遊ぶこと，それらが子どもにとっては安心して遊べる場となる。移動運動では，走る，跳ぶ，滑る，渡る，姿勢制御運動では，転がる，ぶらさがる，操作運動では，投げる，押す，について取り上げる。

タッチしてあつまりっこ
―走る― 
園庭の遊具にタッチして，走ってもどり保育者にタッチして並んで座る。

連凧走り
―走る― 
新聞紙を連凧風に切り，端をもって走る。風を感じることを大切にする。

バランス走り
―走る― 
紙やタオルを頭に乗せ落とさないように走る。

回し縄とび
―跳ぶ― 
縄を短く持って足の下を回し跳ぶ。自分の好きな速さやリズムで回す。

ダンボールボード
―滑る― 
ダンボールをスキーボードに見立て，砂山や草山からバランスよくスピードにのって滑り降りる。

丸太わたり
―渡る― 
低い丸太から高い丸太へと渡り，帰りは反対に高い丸太から低い丸太へと渡る。集中力をもって挑戦できる。

■指導・援助のポイント

【保育者の援助・環境設定】
　走ったり滑ったりしている子ども達の感覚的な喜びに共感するような言葉がけなどの援助を心がける。
　何回でも挑戦することが楽しい証なので，次はもっと速くとか，次はゆっくりなど多様な動きが子ども達自身から出た時には，周りの友達にも知らせ，チャレンジャーが多く出るように盛り上げる援助が必要である。

【安全への配慮】
　子どもは視野が大人に比べて広くないので，お互いがぶつからないように，場所や方向等を約束して始める。

第Ⅱ部　遊びのなかで進んで運動する子どもを育てる

坂道おいもころがり
—転がる—

跳び箱や大型積み木の上にマットを乗せて坂道をつくり，お芋さんのように両手両足を伸ばして上から転がる。

おさる鉄棒
—ぶらさがる—

鉄棒やうんていに縄をくくりつけ，下端に結び目をつくる。足やおしりをかけてぶら下がる。

ぶらぶらのぼり棒
—ぶらさがる—

のぼり棒に登るのではなく，途中で手足を離したり，回転して逆さで止まったりする。

地球周り
—ぶら下がる—

鉄棒に両足をかけてぶら下がり，両手をクロスして足の間に入れ，足を離して，手だけでぶら下がり一周する。

手裏剣名人
—投げる—

折り紙や段ボールでつくった手裏剣を投げて，的に当てる。

マット怪獣をやっつけろ
—押す—

マットを丸め立てたものを保育者が支え，それを怪獣に見立ててからだ全体で押して攻撃する。

■ 指導・援助のポイント

【保育者の援助・環境設定】

転がる時や，ぶらさがる時には，動物などのイメージでできるように援助することも効果的である。たとえば，鳴き声に反応し会話をするまねっこをしたり，擬音語や擬態語を使って悪者役になったりする。

投げるものは手裏剣，紙飛行機，布ボールなど様々なものが考えられる。子どもが手づくりしたものを使うことで，やってみようという意欲が高まる。的は，高さや大きさや，距離などを変えることでいろいろな子どもが自分の力なりに楽しめる。片手で投げたり，両手で投げたり，利き手でない方で投げるなどの工夫もできる。

「マット怪獣をやっつけろ」では，マットに怪獣の絵を貼り付けるなどすると子ども達は本気になる。

【安全への配慮】

転がる終点で障害物がないよう，また，他の子どもを巻き込まないように配慮する。

ぶら下がる遊びでは，下にマットや重ねた段ボールを敷いて，着地時の負担をやわらげるようにする。

投げたものが友達に当たらないよう，投げる方向を一定にする・順番に並ぶなどの約束をする。

2 | 2人で行う活動

2人だからこそおもしろさが際立つ遊びは、特定の友達との関わりができるようになってくる時期にはふさわしい。また2人の遊びは集団への遊びの原点にもなる。ここでは、移動運動では、走る、スキップする、姿勢制御運動では、転がる、ぶら下がる、操作運動では、投げる、ひく、について取り上げる。

忍者走り
―走る―

友達と忍者のように音を立てず、ささささっと走る。遊び以外の時間、たとえばトイレに行く時も忍者になって行く。

シンクロナイズドスキップ
―スキップする―

友達と同期してスキップする喜びを感じる。ピアノだけでなく自分たちで自由に歌を歌いながら、園庭などをスキップする。

シンクロ前転
―転がる―

かけ声をかけてタイミングよく同時にマット上で前転する。起き上がってポーズを決める。

空中あしジャンケン
―ぶら下がる―

うんていにぶら下がり、足でじゃんけんをする。勝ったらずっとぶら下がることができ、ぶら下がり中は数を数える。

ヘンテコキャッチ
―投げる―

友達からのボールを股の間からみてキャッチしたり、おしりや背中などでキャッチしたりする。

磁石にんげん
―ひく―

壁に背中をくっつけた方が磁石になり、それを引っ張ってはがす遊び。はがされたら交替する。

■ 指導・援助のポイント

【保育者の援助・環境設定】

2人で楽しんでいる子どもを見守り、「仲良しだね」「気が合ってるね」など2人で感じている喜びに共感する。

新しい遊び方では、2人の保育者でやって見せるなどして興味をもたせる。

2人遊びが、集団の遊びにつながるような子ども達の発言を受け止めて、遊びの発展の機会をもつようにする。

楽しい音楽や打楽器などが、2人の遊びや、シンクロ遊びを一層楽しくする環境となるので準備しておく。

【安全への配慮】

力の異なる2人が遊んでいる時、どちらかに引きずられたり、無理な体勢になったりするので注意して見守る。

第Ⅱ部　遊びのなかで進んで運動する子どもを育てる

3 少人数で，または大集団で行う活動

　ここでは少人数での遊びと大集団での遊びを紹介する。友達同士のかかわりのなかで，実際に体が触れ合い体温や体臭を感じる，目と目を見合わす，友達の声が聞こえるという感覚的な刺激だけでなく，みんなで恐怖や驚き，達成感などの共通体験ができるところが少人数以上の遊びの特徴となる。少人数の遊びでは，移動運動として，歩く，姿勢制御運動として，バランスをとる，操作運動として，まわすを取り上げる。大集団の遊びでは，移動運動として，這う，そして基礎的運動パターンの総合的な運動の例を取り上げる。

目隠しバス
―歩く―

みんなで協力してバスを運転する。後ろの人以外は目隠しをする。後ろの人は「もっと右！」などの命令を出す。

ともだちトンネル
―バランスをとる―

ブリッジをした友達がつながってトンネルをつくる。そのなかを汽車になった1人が通る。全員が汽車役になるまで頑張る。

4人縄跳び
―まわす―

4人で4本の短縄を持つ。同じリズムで縄を回したり，同じリズムで回しながら跳んだりする。

くもの巣大作戦
―這う―

ペットボトルに色水を入れ，カラーゴムをくもの巣状にかける。ゴムに触らず下をはっていくことを楽しむ。

忍者の修行場
―総合的な運動―

園庭の遊具や大型遊具を利用して忍者の修行場を子ども達と一緒につくり上げる。忍者の能力を身に着けるために，どのような修行をしたいかは，子ども達が決める。

■ 指導・援助のポイント

【保育者の援助・環境設定】
　友達との体の触れ合いのなかで感じた感覚を，子ども達の生き生きとした経験として心に落としこむ援助が必要である。遊びのなかで子ども達がどんなところに喜びを感じているのかを見とり，必要な援助をする。
　遊び人数が多くなってくると，共通体験だけでなく様々な思いや意見が子ども達のなかから出てくる。そのためには全体と個の両方を見取る視野をもって子ども達と関わることが重要になる。

4 ルールの工夫と発展

　運動遊びのルールは，まず，ルールがないところから始まり，次に行動・勝敗・空間・時間・用具・チーム・役割などの点から工夫でき，発展させることができる。

　しかし，その工夫と発展ができるだけ子ども自らの決定で行われるようになることが重要なポイントである。ルールのある集団的な運動遊びの経験をすれば，機械的に子どもの規範意識の芽生えが培われるわけではない。運動遊びの場面で，ルールや決まりをめぐってどのような主体的な経験をするかによって，子どもの心への運動の影響が異なってくることを念頭におきたい。

　子どもの運動遊びのルールを，大人はスポーツのルールから発想してしまう。そのため，保育のねらいにも掲げ，一律に守らねばならないことに保育者がとらわれすぎて，子どもが本来の遊びの楽しさを味わえず，遊びが長続きしない場面を実際の保育現場で観察することがある。ルールが先にあると，ルールを覚えなければならないという受動的な活動が先になり遊び要素が軽減する。遊びのなかで自分たちがつくっていったルールは忘れないし，守ろうと思うだろう。この遊びをもっと楽しくするにはどうしたらいいかを考えてみんなで守ること，それがルールの本来の意味である。

　しかし，スポーツ教室の経験やテレビなどからの情報としていわゆる大人のスポーツのルールを知っている子どもは多く，それにとらわれてしまう子どもがいる。逆にまったく知らないのでルールを考えられない子どももいる。ルールという言葉にとらわれず，どうしたらもっとおもしろくなるかに関して子どもの考えや思いを引き出す保育者の役割は重要である。保育者がスポーツのルールやスポーツ的な遊具の使用方法に対する固定観念をできるだけもたないで，子どもが何をおもしろがって運動遊びに夢中になっているのかをしっかり見とることが，子ども自らの発想を引き出す一助となる。

第Ⅱ部　遊びのなかで進んで運動する子どもを育てる

1 鬼ごっこ

　鬼ごっこは，いろいろな速度や方向で走る運動，相手をかわす運動をはじめとして，多様な基礎的運動パターンが発現する遊びである。また，遊びが単純であるからこそ，子ども達がもっと楽しくなる遊びの方法（ルール）を工夫して遊びを進められる。

[ルールなしで]

　ルールがないと，逃げることや追いかけることにとにかく夢中になれる。捕まえられたいという気持ちをもちつつ喜んで逃げまわることも特徴である。また空間を変えれば多様な運動場面が展開する。

にげろにげろ鬼ごっこ　　　　ドーナツ鬼ごっこ　　　　ジャングルハンター

先生に追いかけられて楽しい。　ドーナツ状のコースでお互いを追いかける。　鬼に捕まらないようにジャングルジムのなかを逃げる。

[初歩的なルールで]

　逃げる人をタッチするだけでなく，捕まえるものなど捕まえ方の工夫をする。

しっぽとり　　　　　　　　　影ふみ

はちまき，タオル，紙テープ，リボンなどを衣服の腰部分にはさみ，逃げる。逃げながら友達のしっぽもとるというスリルを味わうことができる。

鬼は友達の影を踏んだら「影踏んだ！」とコールする。走る速度が速くても，方向によっては思いがけなく影を踏まれてしまうことが楽しい。

■指導・援助のポイント
【保育者の援助・環境設定】
　他領域の遊びからルールの工夫や発見ができるように援助する。たとえば，表現領域では「好きな動物になって逃げる」などのイメージから動物のしっぽをつけてみる。また，環境領域では天気のいい日は影ができることを発見したら，いろいろ動いても影がついてくる不思議さを感じあうなどである。

第9章　発達を支える多様な活動

|複雑なルールで①|

　初歩的なルールに慣れてくると，捕まえられないためにはどうしたらいいか，また捕まえられたらどうするのかなど，子ども達の思いが生まれる。そこで「捕まえられないルール」や「捕まったらどうなるかのルール」の工夫を考え合うことが一層鬼ごっこを楽しくさせる。

▶捕まえられないルールを工夫

色鬼

なまえ鬼

鬼が「○○色！」とコールしたら，園庭や保育室にある物や友達の服や靴のなかで，その色のところを触っている間は捕まえられない。しかし，「10」数える間しか触っていられない。

鬼が「○○ちゃん！」と人の名前をコールしたら，その人を触っている間は捕まえられない。しかし，「10」数える間しか触っていられない。

▶捕まったらどうなるかのルールを工夫

手つなぎ鬼

氷鬼

家族守り隊鬼ごっこ

鬼にタッチされたら鬼と手をつながなければいけない。鬼の長さがどんどん長くなっていく。

鬼にタッチされたら，氷になって固まってしまう。しかし友達にタッチされたら，氷がとけて生き返りまた戻れる。

一番後ろの子どもが鬼に捕まらないように一番前の親が守る。子どもが捕まえられたら親が責任を取って次の鬼になる。

■指導・援助のポイント

【保育者の援助・環境設定】
　逃げることや追いかけることにとにかく夢中になっているなかで，子ども達の様々な思いが出てくる。たとえば，「走る力が弱い子はすぐつかまっていやだ」「走りすぎて休憩したい」「捕まってもまた生き返りたい」などである。

　保育者はこれらの思いを見とり，共感しながら，どうしたらいいかを子ども達と一緒に考える場面をつくる。

【安全への配慮】
　夢中になってしまうと園庭や保育室にある物にぶつかるので，動きを予測して，初めにみんなで安全な場所づくりをする。

第Ⅱ部　遊びのなかで進んで運動する子どもを育てる

[複雑なルールで②]

　遊びが発展してくると，逃げることにもっともっと難しい制限をされたくなる。逃げる範囲を狭くしたり，逃げる空間に障害物を置いたり，狭くしたりするなどの工夫を考える。自分たちで考えたルールをクリアーすることでより一層の達成感が得られる。
　また，鬼になりたくないというマイナスな気持ちではなく，鬼になると追いかけることができるという鬼ごっこの初歩的な喜びを感じるためのルールの工夫をみんなで考え合うことも大切である。

▶逃げる空間を工夫

コーン鬼

ラインを2本引いてその間にコーンをたくさん並べる。向こう側のラインまでコーンを倒さないように逃げる。

島鬼

フープのなかだけが安全地帯である。しかし，フープのなかには「10」数える間しかいられない。また，地面に島を描いてその間に道をつくる。道しか通れないが島のなかは安全地帯である。フープと同様に島のなかには「10」数える間しかいられない。

▶みんなが鬼になれるルールの工夫

円形だるまさんが転んだ

円の中心に鬼がいると，どこからでも友達を救うことができるし，また鬼は「ストップ！」といった後，どの方向にでも次の鬼を捕まえに行ける。

ネコとネズミ

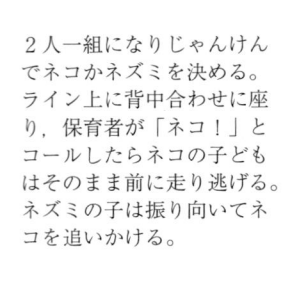

2人一組になりじゃんけんでネコかネズミを決める。ライン上に背中合わせに座り，保育者が「ネコ！」とコールしたらネコの子どもはそのまま前に走り逃げる。ネズミの子は振り向いてネコを追いかける。

■指導・援助のポイント
【保育者の援助・環境設定】
　小学校低学年のボール運動系の基礎段階で「鬼遊び」として取り上げられていることを前提として捉え，ルールは遊びを一層楽しくするものだということや，鬼になることが楽しいことだという思いをもつようにする。そのためには，鬼ごっこが一層楽しくなるようなルールは自分たちで納得するまで試行錯誤するよう見守ることが大切になる。また，場合によっては保育者がアイディアを出し子ども達の意欲を高める。

2 リレー遊びやボール遊び

　リレー遊びは，大勢で走って次の人にバトンを渡すことを楽しむ。ボール遊びは，飛んできたボールをかわすことを楽しむ。このような，リレー遊びやボール遊びは，年齢が高くなると，集団対集団で勝敗を競い合う運動をしたいという欲求から，もっとルールを工夫したくなる遊びである。みんなで知恵と力を合わせることで，ゲームが一層楽しくなる可能性のある発展的な遊びである。

[初歩的なルールで]

エンドレスリレー

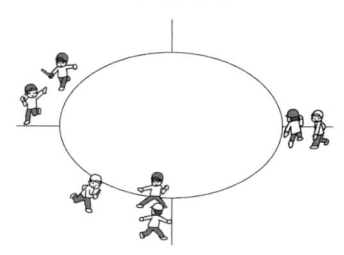

チームやゴール，アンカーが漠然としているが，バトンを渡してもらい一生懸命走って次の人にバトンを渡すことを楽しむリレー。

[複雑なルールで]

折り返しリレー

チームに分かれ，コース上に一直線でスタンバイする。まっすぐ走ってバトンを渡す。最後の人はコーンを回って折り返してくるので全員がまたバトンをもらって走れる。

[初歩的なルールで]

壁あてドッチ

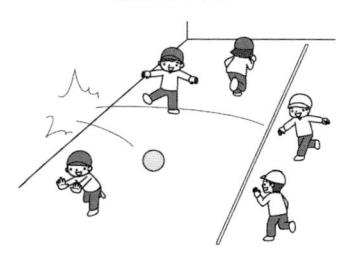

壁に当たって跳ね返ってきたボールに当たらないように体をかわす。

[複雑なルールで①]

おそうじボール

ネットを挟んだ互いのお部屋にごみに見立てたボールがある。ボールを相手側へ投げることでどちらが早く部屋をおそうじできるかを競う。

[複雑なルールで②]

にこにこドッチ

ドッヂボールを2個入れてよりボールが当たりやすいようにする。ボールを入れる時は「にこにこ！」とコールしてから投げる。

■指導・援助のポイント

【保育者の援助・環境設定】

　どのような意見でも，子ども達から出たアイディアを大切にし，みんなでやってみるよう援助する。勝敗の決め方やチームの決め方，順番の決め方などの場面で，いやな気持になったり嬉しかったり，いろいろな気持ちの友達がいることに気づけるよう配慮することが必要である。また，特に危険なことだと考えられる場合には，きっぱりと助言する。

5 運動による数量，時間，空間の経験

　数量や時間，空間の認知は，発達初期の漠然とした未分化な状態から，加齢に伴って分化した確実な認知へと発達していく。たとえば，10まで数えられる子どもの割合は，3歳から6歳の間で急激に増加し（日本保育学会，1970），与えられた時間（10秒）を正しく判断する課題も3歳から6歳の間で顕著な向上が見られた（日本発達心理学会，2011）。さらに，左右の識別についても同様な傾向が認められている（勝井，1968）。

　こうした認知能力の発達には，活発な身体運動を伴い，楽しく熱中でき，認知や判断の結果がはっきりとわかる運動遊びがたいへんに役立っている。数量や時間，空間の認知を発達させることとの関係で，運動遊びを見た時，大きく次の2つに分けることができる。①数量，時間，空間認知の発達を直接的に目指す運動遊び，②数量，時間，空間認知の要素が活動のなかに埋め込まれた運動遊び。子どもの興味・関心や主体的な行動を重視する観点からは，②のタイプの方が望ましいと考えられるが，①のタイプでも，興味・関心，主体的行動が損なわれない工夫がなされれば取り入れることができる。

　幼児期での数量，時間，空間の認知は，まだ，自己中心的な傾向や具体的事象に頼る傾向をもっている。しかしながら，それらは，将来の客観的で抽象的な認知能力の形成にとって重要な基礎を提供するものとして重要な役割を担っている。

　上述の認知能力の発達を願った運動遊びで，特に配慮すべきことは，現在の子どもの認知能力からかけ離れた遊びをさせないことである。子どもが自分で何とか理解でき解決できる範囲から徐々に高度化していく必要がある。

1 「だるまさんがころんだ」の工夫

　「ダルマさんがころんだ」の基本的な遊び方は，次の通りである。オニがうしろむきになって「ダルマさんがころんだ」と言っている間にほかの子どもはこっそりと鬼に近づくことができる。オニは「ダルマさんがころんだ」と言い終えると，振り向くことができ，この時動いている姿をオニに見つかったら捕まってしまう。うまく近づければ捕まっているお友達にタッチして助け出せる。

　「ダルマさんがころんだ」がどのくらいで終わるかを，言葉の速度や「ダルマさんが……」のどこまで言葉が進んでいるかによって，自分が動ける時間を判断する経験ができる。

　ここでは，オニの言葉をいろいろ換えることによって，様々な言葉や数を時間判断の手がかりとする具体的な工夫を紹介する。この工夫によって，オニの子どももそうでない子どもも，時間判断や数についての様々な経験を遊びのなかで体験することができる。

［ほかの言葉に換える］

　「ダルマさんがころんだ」と同じ長さ（時間）になるような言い換えをし，違う言葉でも時間の判断ができるようにする。言い換えを考える時には，同じ長さ（文字数）になるように子どもと確認するとよい。

［短い言葉を一定回数繰り返す］

　長い言葉の代わりに，「ゾウさん」，「1・2・3」などのフレーズを一定回数繰り返すようにする。慣れてきたら繰り返し回数を，だんだん多くすることもできる。ここでの時間判断の手がかりは，1フレーズではなく，フレーズの繰り返し回数であり，時間判断に加えて数の概念も含んだ経験を与えることができる。

［数を数える］

　この言い換えは，言葉ではなく，1～10までの数唱であり，オニにもほかの子どもにも数についての認識が必要になり，数概念の発達に役立つ遊びになる。

> ■指導・援助のポイント
> 【保育者の援助・環境設定】
> 　言い換えの言葉は保育者が一方的に決めるのではなく，子どもと話し合って決めるようにする。その時，言葉の長さや繰り返しの回数に子どもの意識が向くように配慮する。

2 追いかけキャッチ

ボールを追いかけて捕まえる遊びは，子どもが喜んで行うものである。

ここでは，これにいろいろな条件を工夫して，数量，時間，空間の経験を含んだ遊びにする具体的な工夫を紹介する。

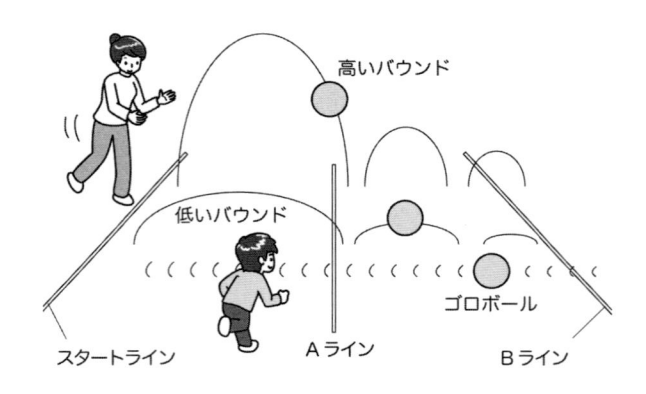

[投げ方を変える]

ゴロ，低いバウンド，高いバウンド。

いろいろな投げ方のボールを追いかける遊びのなかで，高い，低いの空間関係の経験や，ボールの速さと追いかけて捕まえるタイミングについての経験を遊びのなかに含めることができる。

[キャッチする場所を決める]

ラインを無視してできるだけ早くキャッチ，Aラインのこちらで（向こうで）キャッチ，Bラインのこちらで（向こうで）キャッチ，AラインとBラインの間でキャッチなど，キャッチする場所を決めて遊ぶ。

こうした条件を加えることにより，距離の理解，距離とキャッチのタイミングなど，時間や距離に関わる経験ができる。

■指導・援助のポイント
【保育者の援助・環境設定】
　ボールを保育者が投げる時は，「高く投げるよ」，「速いボールでいくよ」などの言葉を添えるとよい。また，子どもが投げられるようであれば，同様に，「高く投げて」，「速いボールでお願い」などの指示を出すようにする。
　Aライン，Bラインの呼び方は，くまさんの線，おうまさんの線など，子どもが親しみやすく理解しやすい呼び方に変えることもできる。

3 「お届け物でーす」

　スタートラインから，行き先案内係のところでお届け物を取り，お届け先を聞く。教えてもらったお届け先の段ボール箱にお届け物を入れる。配達が終わった子は，行き先案内係の子と交代する。お届け物は，玉入れの球，ボール，ぬいぐるみ等何でも良いが，たくさん（少なくとも子どもの人数分）必要である。

　この遊びをリレー形式の競争にすることができる。この場合は，遊びの場を2セット用意するとよい。競争の結果は，一定時間内に届けたお届け物の合計（どちらが多いか），一定数のお届け物の終了時間（どちらが早いか）などを手がかりとして判定する。

　競争でない場合は，こちら，むこう，左，右などの空間関係の経験ができ，競争にした場合は，それらに，時間や数の経験が加わる。

①名前で指示
　「ライオンさんのところ」など名前で指示。

②距離で指示
　「こっち（近く）」，「真ん中」，「向こう（遠く）」など，距離で指示。

③左右で指示
　「こちら（左）」，「真ん中」，「あちら（右）」など，左右で指示。

■ 指導・援助のポイント

【保育者の援助・環境設定】

　理解が困難な時は，ジェスチャーを加えてもよい。

　行き先案内係は，最初は保育者が行い，子どもたちが興味を示し，できそうだと言い始めたら，子どもが行うようにするのがよい。保育者が行き先案内係の時は，案内係の交代は省略する。

　2セット用意して，リレー遊びにすることができる。

　リレー遊びに慣れてくると，子どもが勝つためにはどうしたよいか，たとえば，近いダンボールにしようなど，いろいろ考えて作戦を工夫することが予想される。

　競争する場合には，2セット以上を使用するとよいが，戻ってくる時の順路を決める，セットの間に境界線を引くなどの方法で，子どもがぶつからないように配慮することが必要である。

6 脱中心化と運動

　幼児期では，その発達初期では，知覚や運動，思考が，すべて自分の視点から行われる。自分を中心に知覚し，身体を動かし，考えを巡らす。極端にいうと，自分の見たものをほかの者が違うように見ている，自分がこのまま走って行くと向こうから来る人とぶつかってしまう，自分のほしいものをほかの人もほしいと思っているなどのように，ほかの人の視点から，知覚し，運動し，考えることができない。この傾向は，年齢が増し，様々な経験をするにつれて，徐々に幅広い柔軟な視点へと変化していく。ピアジェ（Piaget, J）は，この変化の過程を発達研究の重要な観点として位置づけ，「自己中心性から社会化」への過程と考えた。その後，この過程が幼少期に限らず，生涯にわたる発達に適用できることから，「中心化～脱中心化」の過程として説明するようになった（ピアジェ，2007）。

　幼児期において，自己に中心化された子どもの考え方や行動が，他者の視点や考えを考慮した柔軟なものになっていく（脱中心化）ためには，いろいろなものやことがら，人に接する経験が必要である。カミイとデブリーズ（Kamii, C. & DeVries, R.）は，脱中心化を促し，「可能な限りの発達」を実現するためには，集団遊び（集団ゲーム）がきわめて有効であると述べている（カミイ・デブリーズ，1984）。同時にそうした発達を促すよいゲームの条件として以下の3つの基準をあげている。①どうやったらよいかを子どもたちが自分で考えられるような興味性と挑戦性がある，②子どもたちが自分でゲームの結果を判断できる，③ゲームに全員が参加できる。

　子どもたちの発達を促すためには，上記の条件に留意し，発達のレベルに即した集団遊びが展開されるように配慮する必要がある。以下に紹介する遊びも，それが子どもの発達レベルに見合っているかどうかを確かめながら段階的に紹介してほしい。

1 郵便屋さんリレー

> きっかけとなった遊びや経験

- 郵便屋さんごっこで，みんなでつくったポストに各自のお手紙を入れて遊ぶ。
- 跳び箱（巧技台）に代わるがわる入って遊ぶ。これによって，跳んだり，登ったりという視点に，なかに入るという視点を加えることができる（脱中心化）。

> 遊び方

2チームに別れ，それぞれのチームで跳び箱のなかに1人が入る（これがポスト）。

お手紙に見立てたものを，跳び箱ポストに入れ，なかの子から返事をもらって帰る。返事は，入れてもらった手紙をそのまま返事に見たてて返す。これを，リレー形式で繰り返す。

■ 指導・援助のポイント
【保育者の援助・環境設定】
2つの遊びの経験をもとに工夫して（跳び箱に対する視点をより広げて：脱中心化して）新しい遊びが展開される。
普通の跳び箱遊びが苦手で嫌いな子どもでも，この遊びでなかに入ると大喜びすることが多いので，そのような子どもがなかに入れるように配慮するのもよい。
お手紙に見立てる物としては楕円形の厚紙など角がないものを使用することが必要である（角が目にあたってけがをするなどの危険を回避するため）。

2 リスさんの森

前提となる知識，ルール

- リスさんの森にはリスさんがいる。リスさんは，2人の子どもが向き合って両手をつないでつくった木のお家に住んでいる（木のお家にリスさん1匹が入った状態→「お家セット」）。
- リスの森の木は，不思議な木で，歩いたり，走ったりできる。
- リスさんは，オオカミが苦手で，オオカミが来たら野原に逃げ出す（木は怖くないので逃げない）。
- 木は，木こりさんが苦手で，やってきたら野原に逃げ出す（リスさんは怖くないので逃げない）。
　　（子どもに確認：木こりさんは，木を切るお仕事をしている人）
- 山火事は，リスさんも木も怖いので，両方とも野原に逃げ出す。
- 怖いものがいなくなったら，木もリスさんも森に帰って，リスさんはお家に入る。

遊び方

〈オオカミが来た！〉

①合図役の子（1人～3人）が「オオカミが来た！」と大きな声で教える。→②リスさんが逃げる→③しばらくして，合図役の子が「いなくなったよ」と告げて，変身する（1人の場合→リスさんに，2人の場合→木のお家に，3人の場合→お家セットに）→④リスさんは急いで森に帰り，空いている好きなお家に入る（もとのお家でなくてもよい）→⑤リスさんがお家に入ったら，リスさんも木も，座ってお休み。座れなかった子（お家セットができなかった子），あるいは，座るのが最も遅かった子は，次の合図役になる。

〈木こりさんが来た！〉

①合図役の子（1人～3人）が「木こりさんが来た！」と大きな声で教える。→②木役の子が逃げる（お家をつくっている2人の子どもは手を離してバラバラになって逃げる）→③しばらくして，合図役の子は「いなくなったよ」と告げて，変身する（1人の場合→リスさんに，2人の場合→木のお家に，3人の場合→お家セットに）→④木役の子は，急いで森に帰ってお家をつくり，リスさんをそこに入れる。⑤リスさんがお家に入ったら，リスさんも木も，座ってお休み。座れなかった子（お家セットができなかった子），あるいは，座るのが最も遅かった子は，次の合図役になる。

〈山火事だ！〉

①合図役の子（1人～3人）が「山火事だ！」と大きな声で教える。→②リスさんも木も逃げる（お家をつくっている子どもは手を離しばらばらになって逃げる）→③合図役の子は「消えたよ」と告げて，変身する（1人の場合→リスさんに，2人の場合→木のお家に，3人の場合→お家セットに）→④リスさんと木役の子は急いで帰ってきて，木役の子2人がお家をつくり（もとのペアでなくてもよい），リスさんが入る。⑤リスさんがお家に入ったら，リスさんも木も，座ってお休み。座れなかった子（お家セットができなかった子），あるいは，座るのが最も遅かった子は，次の合図役になる。

〈オオカミが来た！〉

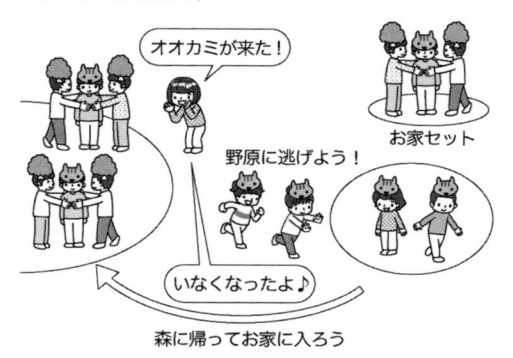

「オオカミが来た！」
「野原に逃げよう！」
お家セット
「いなくなったよ♪」
森に帰ってお家に入ろう

〈木こりさんが来た！〉

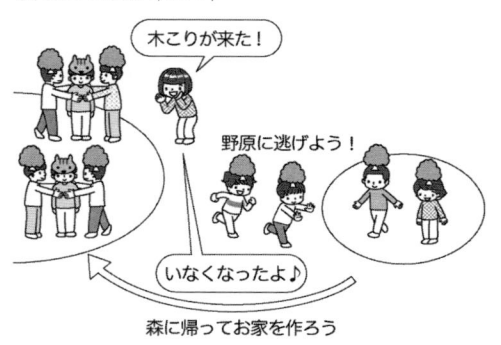

「木こりが来た！」
「野原に逃げよう！」
「いなくなったよ♪」
森に帰ってお家を作ろう

〈山火事だ！〉

「山火事だ！」
「野原に逃げよう！」
「消えたよ♪」
森に帰ってお家を作ろう／お家に入ろう

■指導・援助のポイント

【保育者の援助・環境設定】

リスさん役と木役の区別が必要な時は，紅白帽やお面を使ったり，リスさん役が両手で頭のところに耳をつくる，などの方法を工夫する。

⑤で座るのは，お家セットができたことをみんなに知らせるため。

はじめから①～⑤までをやることが難しい場合には，①～②までを練習をかねて行ってもよい。

合図役は，はじめは保育者がやってもよい。

合図役の子は，「いなくなったよ」と告げたあと，変身してゲームに加わるようにする。そのために，合図役の子の変身先（1人→リス，2人→木のお家，3人→お家セット）を，しっかりと確認し，理解させておくことが必要である。

夢中になって走り回ることが予想されるため，衝突には十分注意。

引っ越しゲームという視点に加え，役割による怖いものの違いを理解し（脱中心化し），遊びを展開する。野原から戻って，お家セットをつくる時，木になってもリスさんになってもよいことにすると，より複雑な視点変更が必要になってくる。野原に逃げる代わりに，お家セットを解体し，一人ひとりバラバラになり一定時間森のなかを走り回る（逃げ回る）という設定にしてもよい。

3 グー・チョキ・パー鬼

[前提となる知識，ルール]

　通常，多くの鬼ごっこの基本的なルールは，「鬼役」と「逃げ役」に分かれて行われ，鬼が追いかけ，逃げ役が逃げるというものである。これに，いろいろなルールが加わり，高鬼，色鬼，氷鬼など，様々な鬼ごっこ遊びが工夫され行われている。

　ここでは，そのなかの「ドロケイ」型鬼ごっこに，三すくみ（それぞれに怖い相手と捕まえられる弱い相手があり，弱い相手に対しては，鬼になり，怖い相手に対しては，逃げ役になる）の観点を加えた鬼遊びを紹介する。通常の鬼ごっこでは，鬼はあくまでも捕まえる人，逃げ役はあくまでも逃げる人であるが，グー・チョキ・パー鬼では，鬼がある時は逃げ役になり，逃げ役がある時は鬼になるという新たな視点を含んだ遊びとなっている。

〈グー・チョキ・パー鬼の三すくみ状態〉
- 「グー」は「パー」に弱い（「パー」は［鬼］であり→「グー」は［逃げる］）。
- 「パー」は「チョキ」に弱い（「チョキ」は［鬼］であり→「パー」は［逃げる］）。
- 「チョキ」は「グー」に弱い（「グー」は［鬼］であり→「チョキ」は［逃げる］）。

[遊び方]

〈準備として，ドロケイをアレンジした簡単な鬼ごっこ〉

　ドロケイの「どろぼう」と「警官」を，「グー」と「パー」，「パー」と「チョキ」，「チョキ」と「グー」の関係に置き換え，それぞれの組み合わせで鬼ごっこをする。

　○例：「グー」と「パー」

　「グー」と「パー」に分かれ，それぞれの陣地を決める。「パー」は「グー」を追いかけ，捕まえたら陣地に連れてくる。「グー」は，「パー」のスキを見つけて，仲間の「グー」を助けようとする。

〈三すくみの視点を導入したドロケイ〉
- 「グー」，「チョキ」，「パー」に分かれる。
- 「パー」は「グー」を，「グー」は「チョキ」を，「チョキ」は「パー」をそれぞれ捕まえて自分の陣地に連れてくる。
- 捕まっていない子は，それぞれの鬼の隙をついて仲間を助けにいく。

「グー」と「パー」の場合

フルメンバー「三すくみ」の場合

■ 指導・援助のポイント
【保育者の援助・環境設定】
　慣れないうちは，理解を助けるためにお面や紅白帽などを利用して，視覚的な手がかりを与えるとよい。
　三すくみの関係であれば「グー」・「チョキ」・「パー」でなくても，ドラえもん・のび太・ネズミなどの役割で楽しむこともできる。
　ドロケイの視点に加え，自分の役割による怖いものの違いを理解するとともに，相手の弱点を理解して（脱中心化して）作戦を考えることが可能になる遊びである（たとえば，「チョキ」がわざと「パー」を捕まえないで，その後ろに隠れて「グー」の陣地に近づき仲間を助けようとする）。
　遊びに熱中すると，かなり交錯して走り回る遊びとなるので，お互い同士ぶつからない約束をする，慣れないうちは，遊びの場に障害物がないようにするなど，安全への配慮が必要である。

第Ⅱ部　遊びのなかで進んで運動する子どもを育てる

まとめ ■■■■■■■■■■■■■■■■■■■■■■■■■■■■■■■■■

　本章では，幼児期に求められる多様な運動経験の具体的な活動例をあげた。これらはいわゆる教材と言ってもいいだろう。しかし，これらはあくまでも活動を考える時の手がかりとなるごく一部の参考例にすぎない。これらの活動をしなければいけないとか，これらの活動さえすればいいというものでは決してない。それならもっと他にこんな活動もある，もっといい活動を知っているということがあれば，それは素晴らしいことである。

　子どもの自己決定を尊重する遊びとしての運動指導は，子どもと指導者が協力してつくりあげる一種の創造活動である。本に書いてある活動や他の園でやっていることをそのままやっても，うまくいかないことのほうが多い。子どもたちの興味・関心や能力，園の環境，指導者の個性などを生かして活動を工夫し，発展させ，柔軟に自分たちの園の，クラスの新しい活動をつくり出していっていただきたいものである。

■■■■■■■■■■■■■■■■■■■■■■■■■■■■■■■■■■■■■

引用文献

岩崎洋子（編）（2002）園生活から生まれる乳幼児の運動――4～5歳児編．チャイルド本社．

岩崎洋子（編）（2008）保育と幼児期の運動遊び．萌文書林．

岡沢哲子（1996）幼稚園の運動遊び場面における有能感テストの作成．スポーツ教育学研究，**16**(1)，66．

柏木惠子（2003）子どもの「自己」の発達．東京大学出版会，p. 55．

カミイ，C.・デブリーズ，R.（成田錠一訳）（1984）幼稚園・保育所集団遊び．北大路書房．

国眼厚志（1996）自然観察で楽しく遊ぼう．明治図書．

近藤充夫（監修）（1979）体育あそび120．チャイルド本社．

近藤充夫（監修）（1994）新版改訂乳幼児期の運動遊び．建帛社．

近藤充夫・落合優（編著）（1991）こころとからだの育ち．フレーベル館．

杉原隆・柴崎正行（編）（1990）保育内容「健康」（保育講座6）．ミネルヴァ書房．

杉原隆（編著）（2008）新版　幼児の体育．建帛社．

体育科学センター（編）（1986）幼児の体育カリキュラム．学習研究社．

David L. Gallahue（杉原隆監訳）（1999）幼少年期の体育　発達的視点からのアプローチ．大修館書店．

日本保育学会（1970）日本の幼児の精神発達．フレーベル館．

日本発達心理学会（編）（子安増生・白井利明編集責任）（2011）時間と人間．新曜社．

ピアジェ，J.（中垣啓訳）（2007）ピアジェに学ぶ認知発達の科学．北大路書房．

平田智久ほか（編）（2010）保育内容「表現」（最新保育講座11）．ミネルヴァ書房．

勝井晃（1968）方向概念の発達的研究．教育心理学研究，**16**(1)，42-49．

松田岩男（監修）（1971）幼児の運動遊び．ひかりのくに．

文部科学省（2011）平成20年告示　幼稚園教育要領・保育所保育指針〈原本〉．チャイルド本社，p. 13．

文部科学省（2012）幼児期運動指針．
柳澤秋孝（2003）からだ力がつく運動遊び．主婦の友社．
柳澤秋孝（2006）子どもの心と頭をきたえる親子あそび．新紀元社．
幼少年教育研究所（編）（2009）遊びの指導．同文書院．

第III部

MKS幼児運動能力検査とその活用

●

　第III部として，子どもの運動発達を客観的に把握するための運動能力検査を取り上げた。保育者は日常の保育，特に子どもが運動している場面を観察して，子どもの運動発達の様子を読み取っている。このような観察は適切に行えば，一人ひとりの子どもの運動能力を緻密に深く理解することが可能である。しかし，このような観察は主観的になったり，不正確になったりしがちである。運動能力検査は，観察場面を共通にし，結果を数量的に表すことによって，子どもの運動能力を客観的にわかりやすく表すことができる。ただし，子どもは大人と比べて，検査場面で普段の力を十分発揮できないことも多い。したがって，検査結果は，日常の運動場面での観察と合わせて解釈することが重要である。このことによって，運動能力をより正確に把握できるだけでなく，保育者の観察力も高まり，子ども理解を深めることが可能となる。

　保育実践における運動能力検査の主要な役割は，一人ひとりの子どもや，クラス・園といった集団の運動能力発達を的確に把握して，保育展開に役立てることにある。しかしこれまで，運動能力検査の結果をどのように保育に役立てるかについてはあまり取り上げられてこなかった。そこで第III部では，MKS幼児運動能力検査を紹介し，保育に役立てるための結果の処理と解釈，日常の保育での利用方法について解説することにした。

　なお，幼児の運動能力の種目別発達曲線，幼児の運動能力判定基準表（男女別），総合判定基準表を巻末資料I（pp. 201-204）としてまとめて掲載しているので，そちらも適宜参照のこと。

第10章
MKS幼児運動能力検査とは

> **導入**
>
> この運動能力検査は4, 5, 6歳の子どもを対象とし, 25m走, 立ち幅跳び, ボール投げなど6種目の下位検査で構成されている。測定の結果は, 全国標準によって各種目とも1〜5点の5段階で評価されるので, 何種目かを選んで実施することもできる。全6種目を実施すると, 運動能力全体が同様に判定できる。
>
> なお, この章は, 幼児運動能力研究会のホームページ (http://youji-undou.nifs-k.ac.jp) をもとに, 一部修正・加筆したものである。

1 MKS幼児運動能力検査の特徴

MKS幼児運動能力検査[*]の最大の特徴は, 幼児期の子どもを対象とした全国標準をもつ日本で唯一の運動能力検査であるということである。判定基準は北海道から沖縄にいたる全国の幼稚園・保育所に通う約1万2,000名の4, 5, 6歳児の測定値をもとに作成されている。

幼児期を対象とした運動能力検査はこのほかにもいくつかあるが, それらは全てある一部の地域の子どもを対象として基準がつくられている。運動能力の発達には地域差が認められることが多いので, 日本全国の子どもと比較して発達が判定できるのはこの検査だけといってよいだろう。

このほかにも本検査の特徴として, 1961年以来8回にわたり調査が行われ (表10-1),

---

[*] MKS幼児運動能力検査の利用について
　「MKS幼児運動能力検査は, 幼児の発達の理解に広くご活用いただくため, どなたでも利用できます。ご利用に際し, 何らかの文章等で発表をされる場合は, 本検査を使用したことを必ず出典とともに明記して下さい。ただし, 検査および判定基準表等を営利目的で使用することは固く禁じます。」(MKS幼児運動能力検査ホームページより)。なお, この検査は, 文部科学省の「体力向上の基礎を培うための幼児期における実践活動の在り方に関する調査研究」でも使用された。

表10-1 調査年・論文発表年と測定種目

調査年	論文発表年	測定種目
1954〜1959	1961	立ち幅跳び・テニスボール投げ・棒上片足立ち・長座体前屈・伏臥上体そらし・ディッピング
1962〜1964	1965	25m走・立ち幅跳び・ソフトボール投げ・体支持持続時間・棒上片足立ち・長座体前屈・伏臥上体そらし
1966〜1967	1968 1971	25m走・立ち幅跳び・ソフトボール投げ・体支持持続時間・両足連続跳び越し・棒上片足立ち・長座体前屈・伏臥上体そらし
1973	1974 1975	25m走・立ち幅跳び・ソフトボール投げ・体支持持続時間・両足連続跳び越し
1986	1987	25m走・立ち幅跳び・ソフトボール投げ・体支持持続時間・両足連続跳び越し・捕球・的当て蹴り
1997	1998 1999 2002	25m走（または往復走）・立ち幅跳び・ソフト（またはテニス）ボール投げ・体支持持続時間・両足連続跳び越し・捕球
2002	2004 2006 2007	同上
2008	2010 2011	同上

常に新しいその時代の子どもについての判定基準が用意されてきたことがあげられる。これに伴い，信頼性や練習など測定条件や，様々な環境と運動能力の関係についての研究も積み重ねられ，結果の解釈に役立つ豊富なデータが存在することがあげられる。これらのデータについては，これまでに発表された論文（表10-2）を参照のこと。

2 作成の経緯

　この検査はこれまで，「東京教育大学体育心理学研究室作成の幼児運動能力検査の改訂版」と呼ばれてきたものである。しかし，以下に述べるように，当初のものとは大幅に種目が入れ替えられてきた。そこで2011年，Webに掲載するに当たってこの検査の開発に中心的な役割を果たしてきた松田岩男，近藤充夫，杉原隆の3名のイニシャルをとって，「MKS幼児運動能力検査」と改称することとした。

　おおもととなる検査の基準が最初に発表されたのは1961年である。東京都内の幼児期の子ども1,000名弱を対象として測定されたデータで作成された上・中・下の3段階評価であった。この時，50m走，垂直跳び，ソフトボール投げ，連続片足跳び，懸垂などについても測定がなされていたが，基準は発表されていない。これらの種目は先行研究に基づ

表10-2 MKS幼児運動能力検査に関連する論文

先行研究	・松井三雄・松田岩男・森國太郎（1955）幼児の運動能検査に関する研究．体育学研究，1(9)，524～533． ・松井三雄・松田岩男・鷹野健次・太田哲男（1951）運動能検査の作成（第1報）体育學研究，1(1)，46～49．
1954～1959年調査	・松田岩男（1961）幼児の運動能力の発達に関する研究．東京教育大学体育学部紀要，1，38～53．
1962～1964年調査	・松田岩男・近藤充夫（1965）幼児の運動能力検査に関する研究．東京教育大学体育学部紀要，5，23～35．
1966～1967年調査	・松田岩男・近藤充夫（1968）幼児の運動能力検査に関する研究――幼児の運動能力発達基準の作成．東京教育大学体育学部紀要，7，33～46． ・松田岩男・杉原隆・南貞巳・和田尚（1971）幼児の運動能力と居住地区，遊び，母親の養育態度との関係について．東京教育大学体育学部紀要，10，41～47．
1973年調査	・松田岩男・近藤充夫・杉原隆・南貞巳（1974）行動観察と運動能力テストからみた幼児の運動能力の発達．東京教育大学体育心理学研究室． ・松田岩男・近藤充夫・杉原隆・南貞巳（1975）幼児の運動能力の発達とその年次推移に関する資料．東京教育大学体育学部紀要，14，31～46．
1986年調査	・近藤充夫・松田岩男・杉原隆（1987）幼児の運動能力1　1986年の全国調査結果から．体育の科学，37(7)，551～554． ・近藤充夫・松田岩男・杉原隆（1987）幼児の運動能力2　1986年と1973年の調査との比較．体育の科学，37(8)，624～628． ・杉原隆・松田岩男・近藤充夫（1987）幼児の運動能力3　各種目の分布と幼稚園・保育所の比較．体育の科学，37(9)，698～701． ・杉原隆・松田岩男・近藤充夫（1987）幼児の運動能力4　園環境からの分析．体育の科学，37(10)，790～793． ・杉原隆・松田岩男・近藤充夫（1987）幼児の運動能力5　運動指導との関係．体育の科学，37(11)，867～870．
1997年調査	・近藤充夫・杉原隆・森司朗・吉田伊津美（1998）最近の幼児の運動能力．体育の科学，48(10)，851～859． ・杉原隆・近藤充夫・森司朗・吉田伊津美（1999）幼児の運動能力判定基準と，園・家庭環境および遊びと運動発達の関係．体育の科学，49(5)，427～434． ・近藤充夫・杉原隆（1999）幼児の運動能力検査の標準化と年次推移に関する研究．平成9～平成10年度文部省科学研究費補助金（基盤研究B）研究成果報告書． ・吉田伊津美・杉原隆・近藤充夫・森司朗（2002）幼児の運動能力の年次推移．体育の科学，52(1)，29-33．
2002年調査	・杉原隆・森司朗・吉田伊津美（2004）幼児の運動能力発達の年次推移と運動能力発達に関与する環境要因の構造的分析．平成14～平成15年度文部科学省科学研究費補助金（基盤研究B）研究成果報告書． ・杉原隆・森司朗・吉田伊津美・近藤充夫（2004）2002年の全国調査からみた幼児の運動能力．体育の科学，54(2)，161～170． ・吉田伊津美・杉原隆・森司朗・近藤充夫（2004）家庭環境が幼児の運動発達に与える影響．体育の科学，54(3)，243～249． ・森司朗・杉原隆・吉田伊津美・近藤充夫（2004）園環境が幼児の運動発達に与える影響．体育の科学，54(4)，329～336． ・T. Sugihara, M. Kondo, S. Mori, & I. Yoshida. (2006) Chronological Change in Preschool Children's Motor Ability Development in Japan from the 1960s to 2000s. *International Journal of Sport and Health Science*, 4, 49-56. ・杉原隆・近藤充夫・吉田伊津美・森司朗（2007）1960年代から2000年代に至る幼児の運動能力の時代変化．体育の科学，57(1)，69～73．
2008年調査	・森司朗・杉原隆・吉田伊津美・筒井清次郎・鈴木康弘・中本浩揮・近藤充夫（2010）2008年の全国調査からみた幼児の運動能力．体育の科学，60(1)，56～66． ・杉原隆・吉田伊津美・森司朗・筒井清次郎・鈴木康弘・中本浩揮・近藤充夫（2010）幼児の運動能力と運動指導ならびに性格との関係．体育の科学，60(5)，341～347． ・杉原隆・吉田伊津美・森司朗・中本浩揮・筒井清次郎・鈴木康弘・近藤充夫（2011）幼児の運動能力と基礎的運動パターンとの関係．体育の科学，61(6)，455～461．

いて選択されたものである。

　1965年には東京都内の幼児約2,000名を対象として，5段階の判定基準が作成された。最初に全国的規模での標準化が行われて基準が発表されたのは1968年である。1万名以上の幼児が対象となっている。その後，1974年には棒上片足立ち，長座体前屈，伏臥上体そらしが削除され，1987年には捕球と的当て蹴りが試験的に行われた。1998年には的当て蹴りが削除，25m走の代替え種目として往復走，ソフトボール投げの代替え種目としてテニスボール投げが行えるようになった。これ以降，現行の6種目となっている。これらの測定種目の入れ替えは主として実施上の問題点と幼児期の運動発達の特徴を考慮して行われてきたものである。

3 MKS幼児運動能力検査実施要項

　MKS幼児運動能力検査は，実施要項にしたがって適正に実施した時に正確な結果が得られる。実施に当たっては，この実施要項を注意深く読んでから行って下さい。

実施上の注意
①測定用具類の整備について
　検査に用いる用具類は，あらかじめ点検して不備がないようにしておく。また，検査を実施する場所についても，検査の支障になるものを片付け，地面や床面などを整備しておく。
②測定者について
　実施方法を十分理解し，同一種目を2人以上で測定する場合は，結果にくい違いがないようにしておく。また運動に適した服装をし，運動靴を着用して行う。この他，全体を総括する者が1名いることが望ましく，総括者は全体の流れをみたり，子どもたちをはげましたりして，検査が円滑に流れるように配慮する。
③子どもについて
　順番を待っている間には検査中の友達の応援をする。ただ待ち時間が長い時や検査の合間には，簡単な手遊びをしたり，短い歌を歌ったりして気分転換を図るようにする。
　また，検査をいやがる子には「先生と一緒に」などと誘い入れたり，「あとで」と言って最後に実施するようにする。いやがってやろうとしない場合は，無理に実施しない。
④待機について
　少し離れたところに"集合ライン"を引いて，子どもを待機させるようにするとよい。
⑤安全について
　事故や怪我のないよう，安全には十分配慮して実施する。
⑥実施要項解説のための参考DVDについて
　MKS幼児運動能力検査には実施要項を解説する参考DVDがある。参考DVDは実施要項の理解を助け，検査の正確な実施に役立てるためのものである。必要な方はp.183に記載した問い合わせ先まで。

1 25m走

①準　備
　1．30mの直走路をつくり，25mのところに印をつけ旗を2本立てておく。
　2．ストップウォッチ
　3．旗（スタート合図用1本，25m地点2本）
　4．決勝用テープ

②方　法
　1．スタートラインを踏まないようにして，両足を前後に開き，「用意」の姿勢をとらせる。
　2．合図係りは，スタートラインの3～5m斜前方に立ち「ヨーイ・ドン」の合図と同時に小旗を下から上にあげてスタートさせる。
　3．テープを30mのゴールラインのところにはり，そこまで疾走させる。
　4．男児どうし，女児どうし，2～3人ずつ走らせる。

③記　録
　1．旗が上がってから，25m地点を通過するまでの時間を，1/10秒単位で測る（1/100秒単位は切り捨てる）。
　2．1回だけ行う。

④その他の注意
　1．励みになるように，まわりで応援させる。
　2．補助者は子どもの後ろに立ち，出発の合図の前にスタートする子には，服の背中をつまみ，合図と同時にはなしてやる。また，出発の合図の前にスタートした場合は，旗を上げないで止めてやりなおしさせる。
　3．出発の合図に気づかない子には，背中を軽く押してやってもよい。

⑤説　明
　「線をふまないようにして立ちます。ヨーイといったら片方の足をうしろにひきます。そしてドンといって旗をあげたら，むこうのテープまでいっしょうけんめいに走りましょう。」

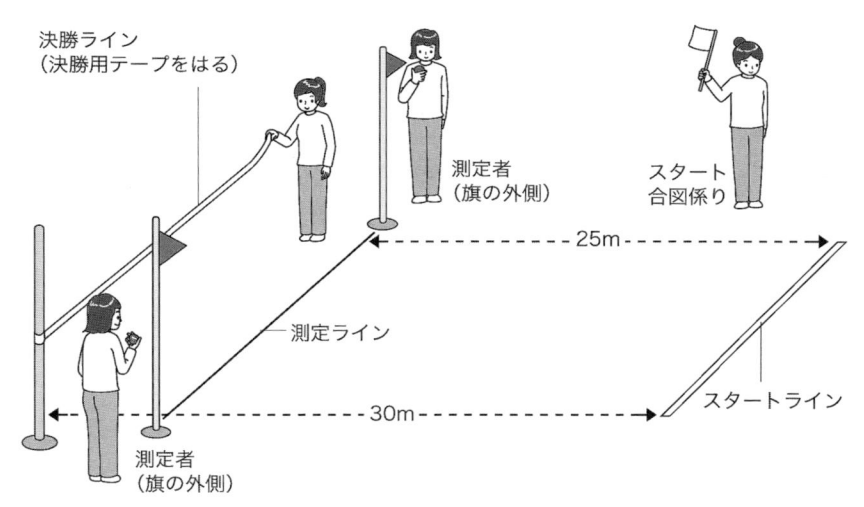

2 立ち幅跳び

①準　備
　1．メジャー（1.5～2 m）
　2．屋内の床に幅2 cmの踏み切り線（ビニールテープ）をひき，その線に垂直にメジャーをはる。
　3．被験者は靴下などをぬいで，はだしになる。
　4．踏み切り線には10cm間隔で，足を置く場所をテープで示す。

②方　法
　1．踏み切り線をふまないようにして両足をわずかに離して立ち，両足同時踏み切りでできるだけ遠くへとぶ。
　2．二重踏み切りや片足踏み切りをしないように示範する。
　3．二重踏み切りや片足踏み切りはやりなおしさせる。

③記　録
　1．踏み切り線と着地した地点（踏み切り線に近い方の足の踵の位置）との最短距離をcm単位で測定する（cm未満は切り捨てる）。測定者は被験者の踵の位置が見やすいようにメジャーの横に立つ。
　2．2回測定し，よい方を記録する。
　3．着地では，静止させる必要はない。

④その他の注意
　1．踏み切る時手を振って反動を利用させる。
　2．踏み切る時声をかけて励ます。

⑤説　明
　「この線をふまないようにして立ちます。手をふって両足をいっしょにしてできるだけ遠くへ跳びましょう。このようになったら（二重踏み切りと片足踏み切りをやって見せて）やりなおしです。」

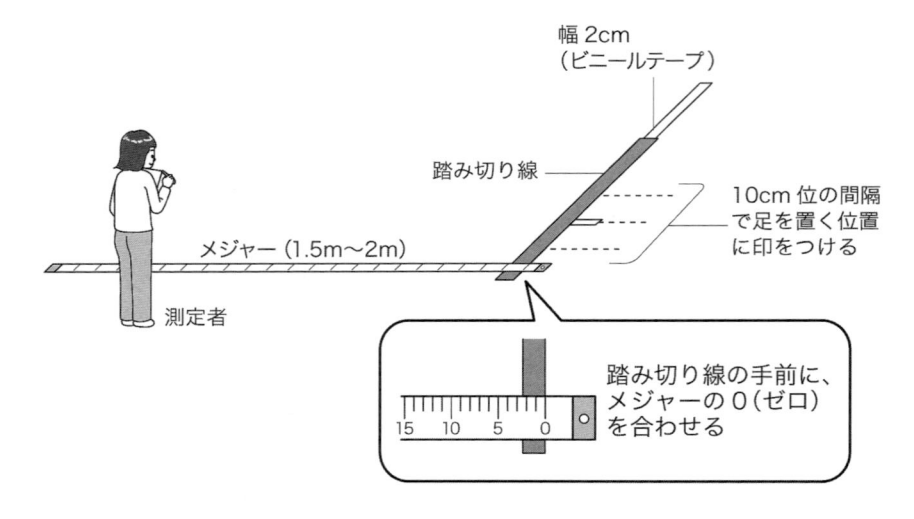

3 ボール投げ（ソフトボールかテニスボールのいずれかで実施）

①準　備
　1．ソフトボール教育1号（周囲26.2～27.2cm，重さ136～146g）2個以上，または硬式テニスボール（公認球：あまり古いものは不可）2個以上
　2．メジャー
　3．1m間隔，幅6mの線を引き（15～20m），間の50cmのところに印をつけておく。

②方　法
　1．両足を投げる手と逆になるように前後に開いて，前足が制限ラインを踏まないように立ち，上手投げで投げる様子を示範する（右手投げは左足が前になるようにして立つ）。
　2．制限ラインを踏んだり踏み越したりすることなく，助走なしで，利き手の上手投げで遠くへ投げさせる。
　3．足の開き方がどうしても平行になったり，逆になったりしていても無理になおす必要はない。
　4．あらかじめ引いてある投球線を越えた場合には，メジャーを使ってはかる。

③記　録
　1．ボールの落下地点を確かめ，制限ラインからの最短距離を50cm単位で測定する（50cm未満は切り捨てる，図参照）。
　2．2回投げさせ，よい方を記録する。
　3．ボールが6mの幅から外れた場合はやりなおしをさせる。

④その他の注意
　1．その場で片足をあげて投げてもよい。ただし制限ラインを踏み越してはいけない。
　2．下に叩きつけるように投げる場合は，上に高く投げるよう促す。

⑤説　明
　「線を踏まないようにしてボールをもっている手と反対の方の足を前に出します。そして，できるだけ高く遠くへ上からなげましょう。」

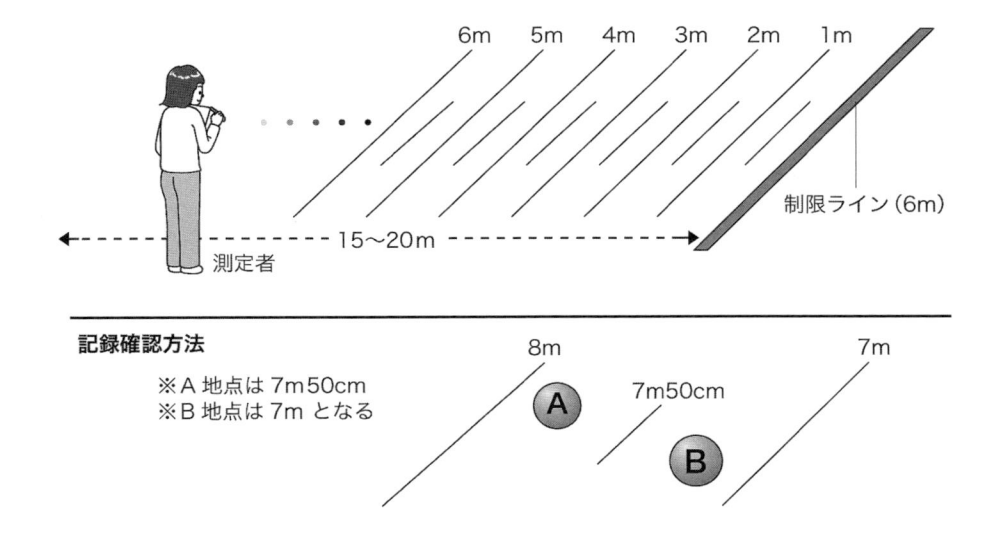

記録確認方法
　※A地点は7m50cm
　※B地点は7mとなる

4 体支持持続時間

①準　備

  1．子どもが立って腕を体にそって下げた時に肘の高さ（およそ70〜75cm）ぐらいの机2個（または巧技台）を肩幅（約30〜35cmぐらい）にあけておく。机（巧技台）の端から1〜2mm出るようにビニールテープをはる（子どもの手を置く位置がわかるように）。
  2．机の上に手をおいた時に，両肘が伸びて「用意」の姿勢が取れるような高さの台を子どもの体格に合わせて用意する。
  3．ストップウォッチ

②方　法

  1．机と机の間に被験者を立たせる。このとき適当な高さの台の上に乗る。
  2．「用意」の合図で，手をそれぞれの机の上におき，両腕を伸ばす。
  3．「始め」の合図で，足を床（または台）から離す（補助台を抜く）。
  4．両腕で体重を支えられなくなるまで続ける。180秒（3分）を最高とし，それ以上になったらやめさせる。
  5．次の場合は失敗であることを示範する。
   （イ）腕が曲がった時。
   （ロ）てのひら以外の身体のどの部分でも机や床に触れた時。
  6．何か所か用意するときは，横一列に並べる。

③記　録

  1．足が床（または台）から離れてから，床に着くまでの時間を秒単位で測定する（秒未満は切り捨てる）。
  2．1回だけ行わせる。
  3．最高180秒（3分）とする（3分経ったら止めさせる）。

④その他の注意

  1．激励の言葉をかけて励ます。
  2．ストップウォッチを子どもにみせてはいけない。
  3．親指を，机の上にはったビニールテープから出ないようにさせる。
  4．「用意」の時に，肘が入って両腕がしっかりと伸びるようにする。
  5．体がゆれる場合には，腰のあたりを軽く押さえてゆれをとめてやる。
  6．30cmぐらいの狭い間隔のものと35cmの広い間隔のものを用意し，子どもの体格に応じた台で行わせる。
  7．ひざは曲げても伸ばしたままでもよい。

⑤説　明

  「両手を机のはしのところにおきます。『ヨーイ・はじめ』で腕を伸ばしたまま足を床からはなします。そのままたくさんぶらさがっていましょう。足をふると早くおちます。このようになったら（方法5．の失敗例（イ）（ロ）を示範して）おしまいです。」

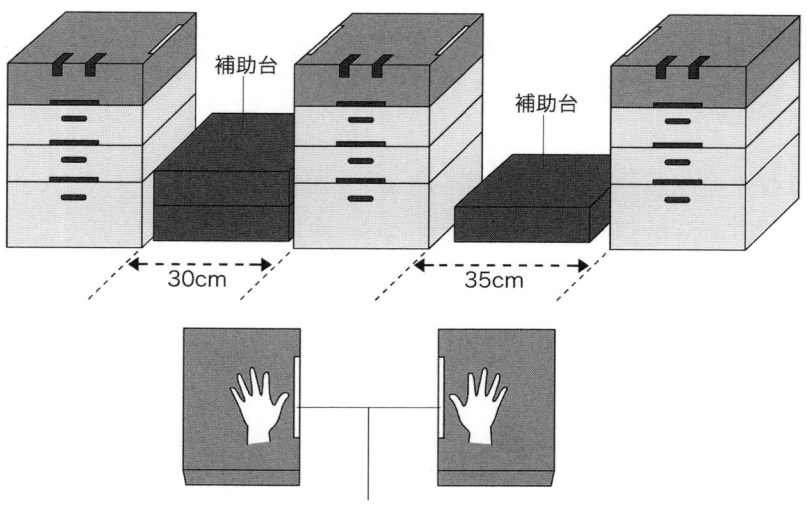

第10章 MKS幼児運動能力検査とは

補助台 補助台

←30cm→ ←35cm→

1〜2mmの幅でテープを貼る。
この線を出ないように台の上に手をおく。

5 両足連続跳び越し

①準　備
  1．メジャー
  2．積木（およそ幅5cm，高さ5cm，長さ10cm）を10個
  3．屋内の床に4m50cmの距離を，50cm毎にビニールテープで印をつけ，そこに10個の積木を並べる。
  4．ストップウォッチ
  5．ビニールテープ

②方　法
  1．子どもを最初の積木から20cmのところにスタートのビニールテープをはった線の前に立たせ，「始め」の合図で，両足を揃えてつけて，10個の積木を1つひとつ正確にそして迅速に連続して跳び越す。
  2．次の場合は失敗であることを示範する。
   （イ）両足を揃えて跳ばない時（両足が積木の幅以上離れた場合）。
   （ロ）積木を2個以上一度に跳び越した時。
   （ハ）積木の上にあがったり，けとばして散乱させた時。

③記　録
  1．「始め」の合図から，失敗せずに積木10個を跳び終わるまでの時間を1/10秒単位で測定する（1/100秒単位は切り捨てる）。
  2．2回行い，良い方を記録する（2回目は反対方向から行うと良い）。

④その他の注意
  1．速さだけを強調せず，1つひとつきちんと跳び越すことを強調する。
  2．両足が少しくらい離れている場合（積木の幅程度）は良いが，大きく離れたりバラバラになった場合はやりなおしさせる。
  3．「お休みなしで跳ぶ」「兎さんのように跳ぶ」などの表現で跳び方を示しても良い。

⑤説　明
  「両足を揃えて，積木を1つずつお休みなしでつぎつぎにとびこしましょう。このようになった時は（方法2．の失敗例（イ）（ロ）（ハ）を示範して）やりなおしです。」

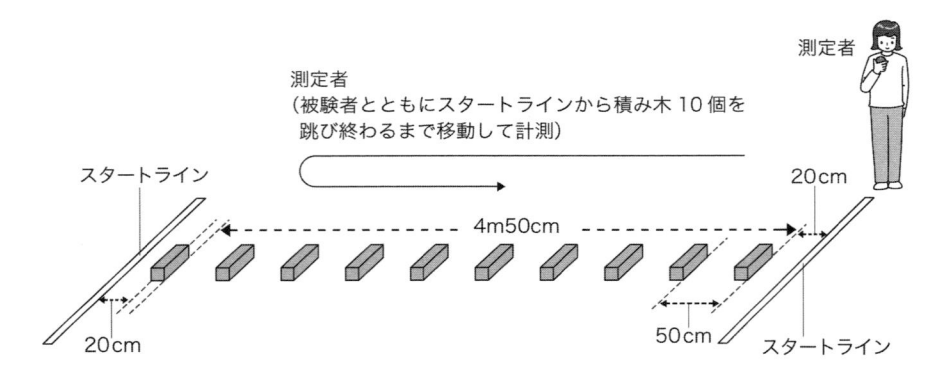

6 捕 球

①準　備
　1．ゴムボール（およそ直径12～15cm，重さ約150g）2個以上
　2．スタンド（高さ170cm以上のもの：玉入れのポールなど）
　3．テープ又は紐（布製が良い。ゴムはスタンドが引っ張られるため不向き）
　4．3m離して2本の線を引き，中央にスタンドを立て170cmの所に紐をはる。

②方　法
　1．一方の線の後ろの方に子どもを立たせる。
　2．測定者はもう一方の線のところに立ち，紐の上を越してボールを下手投げで胸のところに投げてやり，キャッチさせる。
　3．3球練習させたのち，10球行う。

③記　録
　1．10球のうち何回キャッチできたかを記録する。

④その他の注意
　1．ボールを投げる前には，「投げるよ」とか，「いくよ」とか合図してから投げるようにすること。
　2．ボールは紐に引っかからない程度の高さで，あまり高くならないように投げること。
　3．投げたボールが胸もとへいったもののみを有効とし，大きくそれた時はやりなおしとする。うまく胸もとに投げられるよう少し練習してから行うとよい。
　4．手を出して待っているところへボールを投げ込むことのないよう，ボールを投げるまでは，手をさげさせておくこと。
　5．線の前に出てキャッチしてもよい。
　6．2名以上並行して行う場合は，両者の間隔を1m50cm以上離して行う。

⑤説　明
　「先生がひもの上からボールを投げるから，落とさないようにとりましょう。」

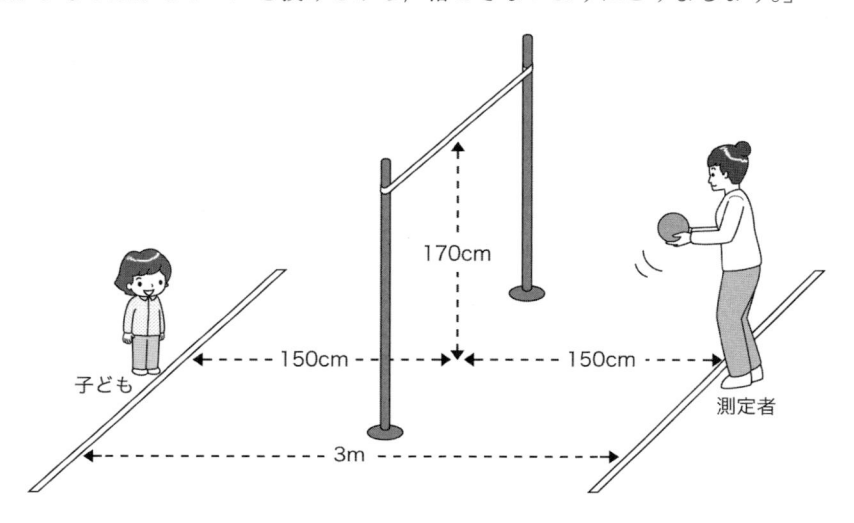

第Ⅲ部　MKS幼児運動能力検査とその活用

7 | 往復走（25m走が行えない場合の代替え種目）

①準　備
1. 地面に15mの往復路をつくり，スタートラインから5m先に印をつけ（測定ライン），その位置に旗を立てる（図参照）。スタートラインは1人分ずつ短めにしておく。
2. ストップウオッチ
3. 旗（スタート合図用1本，スタートラインから5m地点2本）
4. 決勝用テープ
5. 折り返し地点に立てるコーンまたは旗2本（間隔を4mあけ，真んなかの2mの所に線を入れる）

②方　法
1. スタートラインを踏まないようにして，両足を前後に開き，「用意」の姿勢をとらせる。
2. 合図係りは，スタートラインの3～5m斜め前方に立ち，「ヨーイ・ドン」の合図と同時に小旗を下から上に上げてスタートさせる。
3. テープをスタートラインと同じ位置にはり，15m先の折り返しラインに置かれたコーン（または旗）を回って，スタートラインのところまで疾走させる。
4. 男児同士，女児同士，2人ずつ走らせる。

③記　録
1. 旗が上がってから，復路の10m地点（測定ライン）を通過するまでの時間を1/10秒単位で測る（1/100秒単位は切り捨てる）。
2. 1回だけ行う。

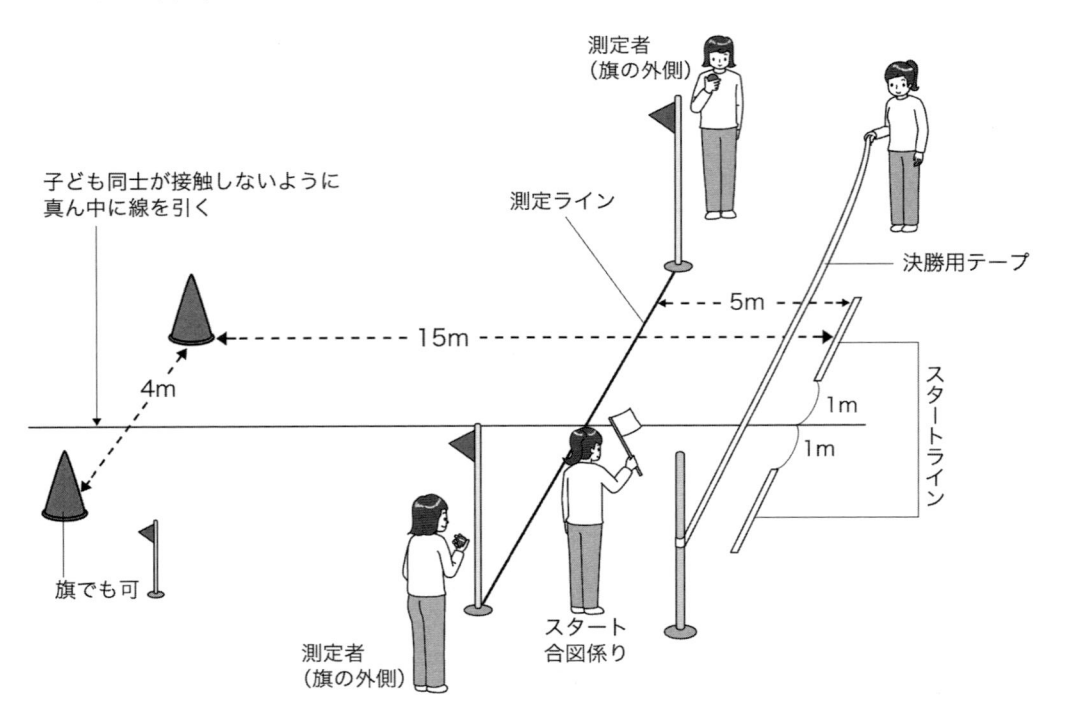

④その他の注意
1．励みになるように，まわりで応援させる。
2．補助者は子どもの後ろに立ち，出発の合図の前にスタートする子には，服の背中をつまみ，合図と同時にはなしてやる。また，出発の合図の前にスタートした場合は，旗を上げないで止めてやりなおしさせる。
3．出発の合図に気づかない子には，背中を軽く押してやってもよい。
4．コーンまたは旗はどちら回りでもよいが，真んなかの線をできるだけ越えないように走らせる。

⑤説　明
「線を踏まないようにして立ちます。ヨーイ・ドンといって旗を上げたら，あそこにおいてある三角のコーン（または旗）をまわって，ここまでいっしょうけんめい走って戻ってきましょう。」

まとめ

運動能力検査は，全ての子どもが同じ条件で行う運動を観察することによって，個人差を客観的に測定することを目的としている。実施要項はそのためのものである。一人ひとりの子どもの測定記録は5段階評定点に直して解釈される。測定記録を5段階評定点に変換する判定基準表は巻末資料として掲載した。また，各測定種目の発達曲線も同じく巻末資料として掲載したので，参考にしてほしい。

[本検査に関する問い合わせ先]

幼児運動能力研究会
　〒891-2393　鹿児島県鹿屋市白水町1番地　鹿屋体育大学内
　TEL：0994-46-4979/0994-46-2558　FAX：0994-46-4979
　E-mail：mks_ma_prs@yahoo.co.jp

幼児運動能力研究会メンバー
- 杉原　隆（東京学芸大学名誉教授，一般財団法人田中教育研究所所長）
- 森　司朗（鹿屋体育大学体育学部伝統武道・スポーツ文化系教授）
- 吉田伊津美（東京学芸大学総合教育科学系教育学講座幼児教育学分野准教授）
- 筒井清次郎（愛知教育大学教育学部保健体育講座教授）
- 鈴木康弘（十文字学園女子大学幼児教育学科准教授）
- 中本浩揮（鹿屋体育大学体育学部伝統武道・スポーツ文化系講師）

第11章
検査結果の処理と解釈

導入

　検査終了後，記録をできるだけ早い時期に整理し，検査実施目的に即した結果を得るための処理をする。検査結果の処理には，集団（全体，学年，クラスなど）の結果と個人の結果を求める場合がある。ここでは，集団と個人に分けて検査実施目的に即して，結果の処理と解釈に関して考えていくことにする。

1 検査実施の目的

　本検査は，子どもの運動発達の様子を明らかにし，保育者の子どもの運動に対する見方や計画を立てて指導していることが適切であるかを客観的に捉え，子どもの活動や園環境や保育の計画の改善を行うことが目的である（近藤，1979，図11-1）。そのため，検査終了後は，検査結果を「園として」「クラスまたは学年として」「個人として」の3点から反省を進め，保育の計画や指導方法を適切なものにするための結果処理をしていくのである。ここでは，この3点を集団（園全体，学年，クラス）と個人の2点に分けて考えていく。

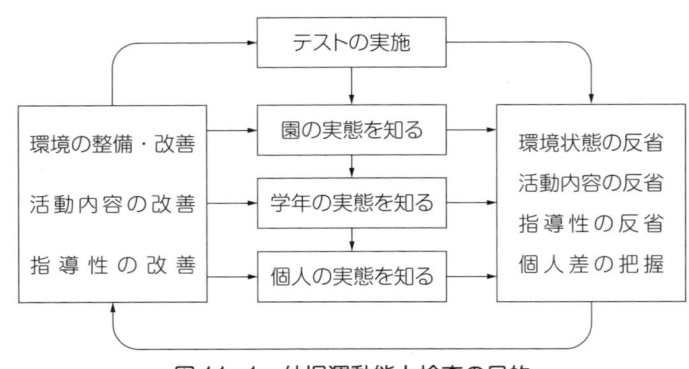

図11-1　幼児運動能力検査の目的
出所：近藤（1979）を改変。

第11章　検査結果の処理と解釈

2 集団結果の処理と解釈

1 発達曲線を描く

　実測記録は，初めに個人記録として処理される。整理された個人記録の結果をもとに，次に種目別・男女別・年齢別に（6か月区切り：4歳0か月〜4歳5か月，4歳6か月〜4歳11か月のように）平均値と標準偏差を求め，園全体での測定の傾向を確認する。たとえば，園の年齢別での平均値をプロットして発達曲線を描き，その結果と全国平均の発達曲線を並べて描くことで，園の運動能力発達の現状を読み取ることができる（全国平均値については，巻末資料参照のこと）。たとえば，図11-2には体支持持続時間に関して，全国調査の発達曲線とA幼稚園の発達曲線を並べて描いてある。この結果では，A幼稚園の体支持持続時間は4歳前半を除く全ての年齢段階で全国調査の結果を下回っていることが示され，A幼稚園での体支持持続時間の発達は4歳後半から，全国平均と比べると悪くなっていることがわかる。

　また，一般に集団が小さい時は平均値を求めるよりも中央値のほうがその集団を代表する値としては適切である。中央値とはその集団の各人の記録をよい方から並べた時の中央（真んなか）の子どもの記録である。人数が奇数であれば（全体の人数＋1）/2番目の子どもの記録（5人ならば3番目の子どもの記録），人数が偶数ならば（全体の人数）/2番目の子どもの記録と次の子どもの記録の2人の記録の平均値が中央値になる（10人ならば5番目と6番目の子どもの記録の平均値）。さらに，この中央値を中心に50％の範囲なら「ふつう」

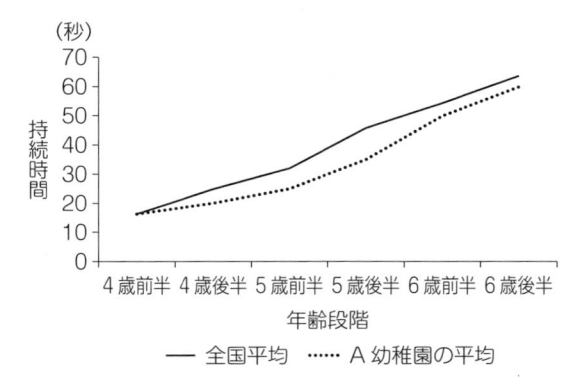

図11-2　体支持持続時間における全国調査の発達曲線とA幼稚園の発達曲線

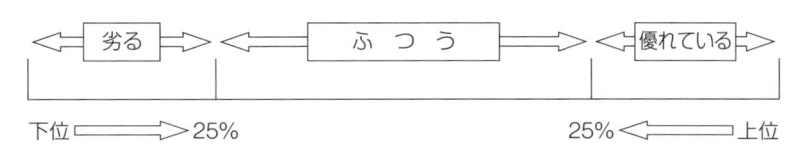

図11-3　中央値を用いた場合の発達の判断基準

であり，集団の上位25％に当たる順位の記録は「その集団のなかで優れている」記録であり，集団の下位25％に当たる順位の記録の子どもは「その集団のなかで劣る」記録として判断できる（図11-3）。

2 運動能力判定基準

個人やクラスや園の運動能力を年齢差，男女差の影響を受けずに，全国基準と比較判定するために，これまで調査で得られたデータを用いて幼児期の子どもの運動能力判定基準を作成してきた。現在，最も新しい運動能力判定基準表は2008年の調査時に作成したもの（森ほか，2010）である（巻末資料参照）。この基準表の作成においては，5段階評定点の理論的出現率（評定1と5：各年齢段階の子どものおよそ7％が入る記録，評定2と4：各年齢の子どものおよそ24％が入る記録，評定3：各年齢の子どものおよそ38％が入る記録）になるよう標準化を行っている。また，各種目で得られた評定点は，6種目で合計され，運動能力を総合的に表す5段階評定点として標準化されている。

3 運動能力判定基準を用いた集団の傾向の整理と解釈

個人の記録を5段階評定点に直して集団の出現率をグラフ（ヒストグラム）に示すことによって，クラスや園全体の運動発達の様子を，全国的な傾向と比べることができる。図11-4は，B保育園での往復走で実際に測定した個人の記録を5段階評定点に換算して，各評定点の出現率を，全国的な傾向である理論的出現率と並べて描いたものである。その結果，分布の形が，全国の分布状態を示す理論的出現率と比べると，B保育園では「1」と「5」の子どもの出現率が最も高く，次いで「2」と「4」が多く，「3」を示す子ど

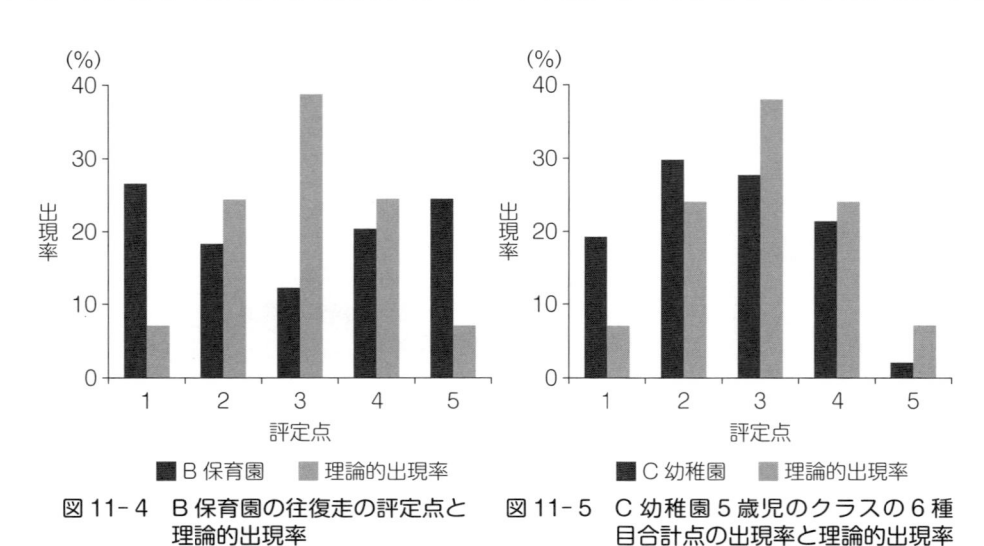

図11-4　B保育園の往復走の評定点と理論的出現率

図11-5　C幼稚園5歳児のクラスの6種目合計点の出現率と理論的出現率

もの数が一番少ない結果が読み取れる。この結果は，B保育園では，運動能力の高い園児と低い園児の二極化を示していると解釈される。そのため，運動能力をただ高めるためではなく，運動能力の高い園児，低い園児それぞれに対応した視点からB保育園の運動遊びに関する環境構成や保育の計画を考える必要があることを意味している。

一方，図11-5は，C幼稚園5歳児のクラスの6種目合計点の出現率と理論的出現率を並べて描いたものである。全国の分布状態を示す理論的出現率と比べると，C幼稚園の分布は，評定点「1」，「2」の園児の数が最も多く，理論的出現率を大きく超えている一方で，評定点「5」の出現率が低く，全体としては，全国平均の分布よりも下回っていることが示されている。この場合，このクラスでは，園全体で子どもたちが主体的に運動に取り組む環境を増やすこと，評定点の低い「1」，「2」の子どもについては個別の指導を考え，一斉指導においても配慮をもって指導するという目標を立て，その達成のための保育の計画の改善が図られることになる。

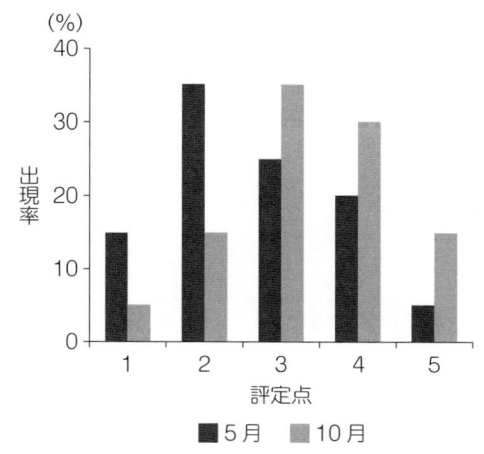

図11-6 D幼稚園の春と秋の運動能力の出現率

このように集団の5段階評定点の出現率を見る方法は，全国の平均的な運動能力の分布状態との比較だけでなく，同じ園での変化を見ることにも利用できる。たとえば，図11-6はD幼稚園の春と秋に2回の運動能力の比較を行ったものである。この結果では，6種目の合計評定点で春の測定では，「2」の出現率が最も高く，次いで「3」，「4」の順であった。そのため，D幼稚園では，春の測定時点で得られた結果に関して園内での運動遊びの指導のあり方が検討され，「保育者自身が運動に関心をもち，子どもたちが自信をもって運動に関わっていける人的環境の役割をしよう」という目標を立て，その目標に従って，個別指導や一斉指導の保育の計画を見直し，実施を行った。その結果，秋の測定では，春の測定に比べて，「3」の出現率が最も高く，次いで「4」，「5」の出現率が春の測定結果を上回っていた。

3 個人結果の処理と解釈

1 個人プロフィールの作成

個人のプロフィールの作成方法としては，素点（記録）と運動能力判定基準の評定点をもとに図11-7のようなプロフィール用紙を作成し記入する。プロフィールはテストの実

第Ⅲ部　MKS幼児運動能力検査とその活用

名前　　　　　　　　　　　　　　　㊚・女　　　生年月日　　　　○○年　○月　○○日

	1回目	2回目
身長	110.5cm	116.6cm
体重	18.9kg	21.3kg

		1999年(○)		2000年(▲)	
		記録	評定点	記録	評定点
種目	25m走（往復走）	8.8	4	8.2	4
	立ち幅跳び	65	2	117	4
	ソフト（テニス）ボール投げ	5	4	7	4
	体支持持続時間	12	3	33	4
	両足連続跳び越し	6.1	3	5.7	3
	捕球	5	3	8	4
6種目合計点		19	3	23	4
検査日		1999年5月15日		2000年6月15日	

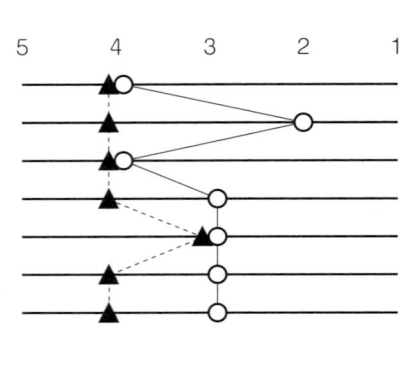

行動上の特徴

図11-7　個人プロフィール表

出所：近藤（1979）を参考に筆者作成。

施回数に合わせて素点（記録）や運動能力判定基準の評定点を記録できるようになっており，個人の発達的変化を考察することができる。

2　個人の結果の解釈

　集団だけでなく，個人プロフィールを作成し，運動能力の個人の結果を整理することはクラスや園全体の運動能力を高め，さらには個々のもっている能力を高めるための重要な方向性を示してくれる。たとえば検査のテスト種目や総合点数で運動能力の評定点が「1」「2」のようになると運動能力が標準より低い子どもということになり，個々に応じた環境の見直しが要求される。一方，「4」「5」のような評定点になると標準より進んでいる子どもということになる。たとえば，図11-7の結果では，個人のプロフィールの得点が，1999年の測定では，立ち幅跳びだけが「2」と低い値を示し，ほかの種目は3点以上であったが，2000年には，立ち幅跳びの得点も「4」に上昇し，すべての種目の得点が「3」点以上になっている。近藤（1979）はこのような個人の診断に関して，（1）総体的に劣っているのか，優れているのか，（2）テスト種目によって劣るものと優れているものとが

あるのか，を考えることが大切であると述べている。さらに，近藤はこのような結果に対して，全体が評定点の「3」段階以上にある場合は，個人的には実際の活動よりも運動活動への興味を持続させることを考え，評定点が「1」あるいは「2」，またはある種目は「2」である種目は「4」とプロフィールのバランスが悪い時などは，その原因を診断し，子どもたちの運動能力の判定において，①身体的に発育が遅れている，②病弱である，③知的発達が遅れている，④性格的な面で問題である，という点に配慮するべきと述べている。これらの点を踏まえると，図11-7の結果は，個人の診断として，立ち幅跳びの結果に関して，その原因を診断し処方したことによって，2000年では改善していることがプロフィール表の結果から読み取ることができる。

　近藤（1979）はこのように判定解釈に基づき処方を考える必要を述べており，身体的能力の問題か性格的な問題かによってその子どもへどのような運動を多く経験させるかの指導を考える必要があり，指導が単なるトレーニングをすることといった内容にならないように注意すべきだと述べている。たとえば，普段の運動場面では運動能力は高いのに，検査当日に力が発揮できなくて記録が低くなっているなど，測定結果と日常の場面とは異なることがある。このように検査当日もてる力が発揮できない理由の1つには，その当日の子どもの心のコンディションの問題が考えられる。運動能力の検査で測定者が保育者以外の人が行う場合などでは，日常不安傾向の高い子どもは初めての測定者に慣れていないため，不安が高くなり，緊張すると同時に落ち着いて測定を受けることができなくなり，結果として，普段の実力（運動能力）を発揮できなくなっているのである。このように，個別の運動能力の結果は，身体的な能力だけでなく，日常の行動傾向（性格的な問題など）とつき合わせながら解釈していくことが重要なことである。

まとめ

　検査の目的を達するためには，集団（全体，学年，クラスなど）と個人の2つの観点からの結果の処理と解釈が必要である。集団の結果に関しては，運動能力発達の現状を読み取るために実測記録の発達曲線や年齢差や男女差の影響を受けずに全国基準と比較判定できる運動能力判定基準で処理と解釈でき，個人結果に関しては，記録と運動能力判定基準の評定点をもとに個人プロフィールを作成し，個人の発達的変化を解釈することができる。

引用文献

近藤充夫（1979）幼児の体力と運動遊び（保育実技シリーズ⑭）．フレーベル館．
森司朗ほか（2010）2008年の全国調査からみた幼児の運動能力．体育の科学，**60**(1), 56-66.
杉原隆ほか（2010）幼児の運動能力と運動指導ならびに性格の関係．体育の科学，**60**(5), 341-347.

第12章
日常の保育と運動能力検査

導入

　運動能力検査は,「できるかできないか」「優れているか劣っているか」など検査結果だけを見て評価するものではない。運動能力検査の結果は,その背景にある子どもの生活や遊びの状況,一人ひとりの子どもの心の動きと関連づけて捉え,日々の保育に生かしていくことが大切である。この章では,保育者は,運動能力検査の結果をどのように読み取り,日常の保育に生かしているのか,運動能力検査と日常の保育とのつながりについて考える。

1 運動能力検査の生かし方

1 心身の相関の理解

　子どもの体の動きは心の動きと切り離すことができない。「怖い」「不安」といった気持ちは,子どもの体を緊張させる。「うれしい」「楽しそう」と心が動くと,思わず体も動き出す。心と体は相互に密接に関連している。

　たとえば入園当初,友達がすべり台をすべる様子をじっと見ている子どもが,そのうちにすべり台に上ってすべってみる。そして何度も繰り返す。こういった光景は保育でよく見られる。すべり台をやったことのない子どもは,はじめは「怖い」という気持ちでたたずんで見ているけれども,楽しそうに遊んでいるほかの子どもたちの動きに誘われて,「おもしろそう」と心が動き,思わず体も動き始める。「すべるおもしろさ」を体験すると,繰り返しその動きを楽しむようになり,体を動かして遊ぶ楽しさを知っていく。環境や他者への安心感が子どもの心を動かし,自ら体を動かして遊ぶ楽しさへとつながっていくのである。

　また,多くの子どもが友達との関わりを求めるようになり,逃げたり追いかけたりして鬼遊びを楽しんでいるなかで,なかなか遊びに入れない子どももいる。母親と離れる不安が強く,この日も担任が手をつないで迎え入れた子どもである。この子どもは先生と一緒

にいることで安心して鬼遊びを楽しむようになっていく。母親と離れる不安な気持ちをやわらげる保育者の関わりによって，子どもの体は動き始める。体を動かすことで心が開放され，「やりたい」と自ら鬼遊びに参加するようになっていくのである。

　運動能力検査においても，子どもの取り組み（体の動き）は，心の動きと密接に関連していることをおさえておく必要がある。クラス集団のなかで気持ちが安定している子どもは，「おもしろそう」「やってみよう」と興味をもって取り組む。初めてのことに慎重な子どもは，ゆっくりと丁寧に取り組むため，結果としてタイムが遅くなることもある。気持ちが沈んでいる時や大勢の人のなかで落ち着かない時は，不安や緊張感が検査結果に影響を及ぼす。友達の応援を受けて頑張る気持ちが増し，記録が伸びることもあるし，プレッシャーを感じて体が緊張してしまうこともある。運動能力検査では，子どもの心の動きと体の動きは連動していることを十分に考慮し，その結果を保育に活用していくことが大切である。

2 運動経験の偏りを理解し保育の計画に生かす

　運動能力検査は，「できるか，できないか」「優れているか，劣っているか」を評価するものでなく，その背景にある子どもの生活や遊びの状況，一人ひとりの子どもの心の動きと関連づけて読み解き，保育に活用していくことが重要である。運動能力検査の結果から子どもの運動経験の偏りを理解し，課題を捉えて保育の計画に生かしていくことが大切である。

　子どもの運動能力全国調査の時代推移を見ると（第5章の図5-1参照；p.66），小学校以降にみられる体力・運動能力の低下はすでに幼児期から始まっていることがわかる。「体支持持続時間」は，1973年以降最近まで大きく低下している。さらに，1986年から1997年の約10年間に男女児ともすべての種目，年齢区分において低下している。

　子どもが遊びのなかで様々な体の動きを獲得することを目指している園においても，運動能力検査を実施したところ，「体支持持続時間」「両足連続跳び越し」「ソフトボール投げ」の3項目の評定点は基準点より低いという結果であった。これは子どもが遊びのなかで多様な動きを経験する機会が少なくなっていることを改めて実感するものであった。

　子どもを取り巻く環境が変化し，子どもどうしで遊ぶことが少なくなった今，子どもが自由にボールで遊ぶ経験は少なくなっている。「投げる」に類する動きは，クラブチームや体操教室など特化した形で運動として経験するようになっている。また，「跳ぶ」に類する動きに関しては，「縄跳び」という活動に直結しがちで，結果を気にするあまり「跳べない」「できない」という苦手意識をもつようになり，意欲的に取り組むことができない子どももいる。

　では，「投げる」「跳ぶ」に類する運動経験の偏りを捉え，それらを日常の保育のなかにどのように取り入れていけばいいのだろうか。単に「ボール投げ」「縄跳び」という活動

を取り入れるのではなく，子どもがどんなボールや縄に触れ，何を楽しんでいるのか，どのように体を動かして遊んでいるかに注目したい。ボールや縄の材質・大きさ・重さによっても，投げ方や跳び方は異なり，様々な遊び方が予想される。また，その子どもなりに頑張っていることや，以前よりできるようになったことを具体的に認めるなど，一人ひとりの経験内容や取り組みのプロセスに目を向けていくことが大切である。

　実際の保育から，「投げる」経験の偏りを捉えて保育者はどのように計画を立てたのか，子どもの動きはどのように引き出されたのか保育プロセスを追ってみる。

　5月下旬，4歳児担任は，運動能力検査の結果から，「投げる」経験が不足していることを捉え，「ソフトボール投げ」の体験を次の日の遊びに生かせないかと考えた。
　そこで，週案でねらい・内容をおさえ，「投げる」に関する動きを引き出す環境の構成や援助（☆）を工夫した。

【週案のねらい（○）と内容（•）】（特に運動遊びに関連するものを抜粋）
　○自分から環境に関わり，自分なりの遊びを見つける。
　　•戸外で様々に体を動かして遊ぶ。
　　•つくったり見立てたりしてイメージをもちながら遊ぶ。
　○安心できる友達のそばで自分なりの動きを出して遊ぶことを楽しむ。
　　•気に入った友達に話しかけたりそばで遊ぼうとしたりする。

＜5月28日＞
　☆保育室にボール遊びのコーナーを設定。鬼の口に見立ててボックスを組み立てておく。子どもの動きを予想して多様な動きが引き出せるように高さや角度を考慮。
　☆紙ボール（新聞紙とビニールテープ，子どもの手に収まる程度の大きさ）をつくって用意しておく。保育者もやってみて楽しい雰囲気をつくる。

写真12-1　紙ボールを投げて遊ぶ鬼コーナー
　　　　　（保育室）

　特に，K・M・Yは繰り返しこの場で遊んでいた。投げる距離を自分で決めて投げ方を調整したり，姿勢を低くして転がり出てくるボールを受けたり，ひっかかったボールをもぐって取ったりする動きを楽しんでいた。また「じゃあ，K君はそっちから入れてみて」と3人で持ち場を決めて相手やボールに対応して動くことも楽しんでいた。

第12章　日常の保育と運動能力検査

＜6月2日＞
☆プールの設置に伴い，紙ボール投げのコーナーをテラスに移動する（互いの遊びが見えるように）。
☆投げる位置が意識できるように幅のあるゴムマットを子どもと一緒に敷いてみる。
☆子どもが紙ボールをつくって遊べるように，製作机と材料をそばに置く。

> ボール投げのコーナーをテラスに移すと，参加する子どもが増えてきた。「あの穴に入れる」「鬼の頭を通り越した」と，投げる距離や高さ，角度，強さなど，手ごたえのある自分なりの目標をもち，投げ方が変化してきた。鬼の側に回ってボールを受けたり投げ返したりし，キャッチボールを始める子どももいる。

写真12-2　テラスのボール投げコーナーで

＜6月3日＞
☆一斉活動で「新聞紙で遊ぶ」体験を取り入れる（遊び歌，新聞紙の上に数人で乗る，船，屋根，ちぎって雨，嵐，風など，イメージとストーリー性をもたせて解放的に。最後は散らかった新聞紙を集めて大きな紙ボールをつくる）。
☆午前中の活動でつくった大きな紙ボールを，午後は園庭で使えるように場をつくる。

> 保育室で新聞紙に乗ったりちぎったりして心と体を開放させて遊んだ。「大雨ー」「風がふいてきたー」「かくれてー」などと言いながら，歓声をあげて遊んだ。最後にみんなで散らかった紙を集めて大きな新聞紙ボールをつくった。午後，園庭で大きな新聞紙ボールを投げて遊んだ。両手で抱えて体をひねり全身で投げていた。

写真12-3　園庭で紙ボールを投げる

　6月8日，保育者は，子どもと一緒に，巧技台（一本橋，枠，蓋），フープ（小）を，橋や島に見立てて配置し，多様な動きが引き出せるようにモデルとなって一緒に遊んだ。子どもは，ボールを投げるだけでなく，一本橋を渡す（バランス），巧技台の蓋（一段高さ10

センチ）を並べて飛び石に見立てて跳んで渡る，両足を揃えてフープを跳ぶなど，いろいろな動きをしていた。

　6月11日以降，テラスに鬼コーナーがなくなっても，この場所で紙ボールを投げて遊んでいた。場所に遊びのイメージが残っているのだろう。特別に，ものや場所を設定していなくても，「投げる」「様々に体を動かす」などの動きを楽しむようになってきた。

　このように，運動能力検査の結果から，「投げる」経験の不足という子どもの運動経験の偏りを捉え，多様な動きが経験できるように指導計画を立て，遊びの場や遊具・用具など環境を工夫した。指導計画を立てる際には，①空間の特徴を把握する，②遊具・用具の特徴を理解して環境を構成する，③安全と動線に配慮する，④一人ひとりの子どもがどこにおもしろさを感じて遊び何を体験しているかを読み取って関わる，⑤変化を捉え繰り返し体験できるように環境を再構成していくことなどに留意した。

3　個々人の経験の偏りを理解し援助に生かす

　運動能力検査の結果を捉えて保育に活用する際，全体的な傾向を捉えて計画に生かしていくとともに，個々人の経験の偏りを理解して援助することが大切である。

　日常の保育のなかで保育者が経験的に理解している子どもの姿と検査結果にズレがあると感じることがある。個々人の経験の偏りをどのように理解して援助に生かしていけばよいのだろう。

　たとえば，前述の運動能力検査実施園で，2010年度は，T児は5項目とも保育者が思ったよりも評定点が低いという結果が出た。また，S子は思いがけなく評定点が高いという結果が出た（表12-1）。T児は，製作が得意で，つくったものを使って友達とごっこ遊びを楽しむことが多く，言葉のやりとりは活発なので，保育者は特別に配慮して関わることはなかった。S子は，保育者から見ると目立たない子どもで，一人でも友達と一緒でも静かに穏やかに遊んでいた。

　保育者の予想と検査結果にズレがあったので，保育者はT児やS児の遊びをよく見るように心がけた。T児は，室内での遊び（製作）は多いが，一斉活動以外，戸外で体を動かして遊ぶことは少ない。初めてのことには慎重で丁寧にゆっくり取り組むので運動能力検査では評定が低くなっている。家庭でも外で遊ぶことはほとんどなく，体を動かして遊ぶ経験が少ないことがわかった。そこで保育者は，T児ができるだけ外で遊ぶ機会をもてるように積極的に誘いかけた。T児がつくったものを使って戸外で遊ぶ場をつくる。保育者も遊びの仲間になって一緒に動く。一斉活動場面の鬼ごっこでは，T児が追ったり追われたりするように個別に関わり，T児が体を動かして遊ぶ楽しさを感じていけるような機会を積極的に提供した。S子は，保育者が提供した遊びにも繰り返し取り組み，興味を広

表 12-1　T児・S子の評定点の変化

		月齢	合計	25m走	ソフト	立ち幅	両足	体支持
T児	2010年度	58	8	2	1	2	1	2
	2011年度	70	12	3	2	3	2	2
S子	2010年度	50	16	4	4	3	2	3
	2011年度	62	19	4	5	3	4	3

出所：運動能力検査結果より筆者作成。

げていることがわかった。保育者は，S子のしていることを一緒にやってみてS子が何を楽しんでいるのかを捉え，S子の気づいたことを言葉にして認める援助を心がけた。特に運動会後，S子は，一本の縄から「道」「へび」「犬のお散歩」「電車」「リボン」などいろいろな発想をして様々な動きを楽しんでいた。兄姉のしている縄跳びにも興味をもち，「できるようになりたい」と繰り返し，友達と一緒にいろいろな跳び方を考えてやってみるなど意欲も増していた。

日常の遊びと運動能力検査をつないで子ども理解に努め，いろいろな角度から子どもの生活や遊びへの取り組みを把握し，子ども理解と指導に生かすことが大切である。

2　日常性とのつながり

これまで述べてきたように，運動能力検査への取り組みや結果は，その背景にある子どもの生活や遊びの状況，一人ひとりの子どもの心の動きと関連づけて捉え，日々の保育に生かしていくことが大切である。運動能力検査で体験したことが日常の遊びにつながり，子どもが遊びのなかで多様な動きを身につけていけるような保育を展開したい。ここでは，検査がきっかけとなって動きの幅が広がった例，検査種目から広がった遊びの例を取り上げ，日常の保育と運動能力検査のつながりを捉えることにする。

1　検査がきっかけとなって動きの幅が広がる例

先に述べた事例では，「ソフトボール投げ」の体験を，翌日「紙ボールを投げて遊ぶ鬼コーナー」で再現している（5/28）。ここでは，投げる距離や位置を調整する，転がり出てくるボールを受ける，高い位置のボールを取るなどの動きが出ている。

「鬼コーナー」をテラスに移動（6/2）したことによって，投げる距離が伸びる，目標を決め，高さ・角度・強さなどを調整して投げる，相手の動きに対応してキャッチボールをするなどの動きが見られ，足を前に出して重心を移動させて投げるなど姿勢が変化している子どももいる。

さらに，「新聞紙で遊ぶ」「戸外で遊ぶ」（6/3）では，心と体が解放され，大きな紙ボー

ルを両手で体をひねって投げるというような体全体を使ったダイナミックな動きも出てきた。

「鬼コーナー」と巧技台やフープなど組み合わせた（6/8）ことにより，投げるだけでなく，バランスをとる，リズミカルに跳ぶ，両足を揃えて跳ぶなど，動きが多様になっている。

このように運動能力検査の「ソフトボール投げ」をきっかけとして動きの幅は広がっていく。子どもの動きを引き出す空間や遊具・用具の設定，具体的な動きのイメージをもてるような言葉かけやモデルとなる動き，子どもの動きに応じて環境を再構成するなど，子どもが遊びのなかで多様な動きを楽しむことができるような保育者の援助が重要である。

2 検査種目から広がった遊びの事例

運動能力検査の種目は，子どもにとっては遊びのイメージを想起させる体験でもある。運動能力検査で体験したことを，遊びのなかで再現する姿はよく見られる。「○○みたい」「○○になったつもり」と，イメージ豊かに想像の世界に遊ぶ姿は幼児期の特徴であり，検査種目から日常の遊びが広がっていく。

たとえば，「25m走」のラインが残っている園庭で，いろいろな走り方を楽しんでいる子どもたちがいる。「チータは速いんだよ」とチータになって何度もかけっこをする子ども。「ペンギンはよちよち歩くけど，水のなかは猛スピードで泳ぐ」とペンギン歩きをしたり，園庭を泳ぐように走り回ったりする子どももいる。「忍者は音がしないようにスススーと走る」など，動物や忍者になって自在に走る。アスレチックでは，猿になったつもりでぶら下がったり，猫になって音がしないように飛び降りたりして変身ごっこを楽しんだりしている。

「レスキュー隊ごっこ」をして遊んでいた子どもたちは，運動能力検査を体験して，レスキュー隊の基地に，体を鍛える場所をつくった。保育者は，「体支持」から広がった「訓練」のイメージを遊びのなかで実現できるように，巧技台を子どもと一緒に組み立てた。ジャングルジムでは，「（ビルの）○階の窓があいたぞ！」などボールを投げ，怪我人を助け出すイメージで遊んでいた。

このように検査種目がきっかけとなって遊びが広がり，遊びのなかで多様な動きを経験するようになっていく。運動能力検査と日常の遊びとのつながりを捉え，子どもの遊びや動きの経験が広がっていくように保育を構想することが大切である。

まとめ

運動能力検査では，まず，子どもの体の動きと心の動きは密接に関連していることをおさえておく必要がある。そして，その結果を子どもの生活や遊びの状況と関連づけて読み解き，運動経験の偏りを理解していくことが重要である。さらに，そこから見えてきた子どもにと

って必要な運動経験を、どのようにしたら日常の保育に取り入れられるかを考えて指導計画を立てることが求められる。保育者は、子どもが遊びのなかで多様な動きを身につけていけるように保育の展開を工夫し、多様な動きを引き出す遊びの場や遊具などの環境を工夫している。また、子ども自身が体を動かして遊ぶことの楽しさを知っていけるように一人ひとりの子どもの特性を大切にした援助をしている。さらに、検査がきっかけとなって「投げる」動きの幅が広がった事例や、検査種目から走る楽しさやイメージを広げながら体を動かして遊ぶ楽しさが広がっていった事例から、運動能力検査と日常の保育のつながりを理解することができる。

巻 末 資 料

I MKS幼児運動能力検査の種目別発達曲線及び判定基準表 …… 201
　・幼児の運動能力の種目別発達曲線
　・幼児の運動能力判定基準表（男児）
　・幼児の運動能力判定基準表（女児）
　・総合判定基準表
II 幼児期運動指針 ………………………………………………… 205

巻末資料Ⅰ　MKS幼児運動能力検査の判定基準表及び種目別発達曲線

幼児の運動能力の種目別発達曲線

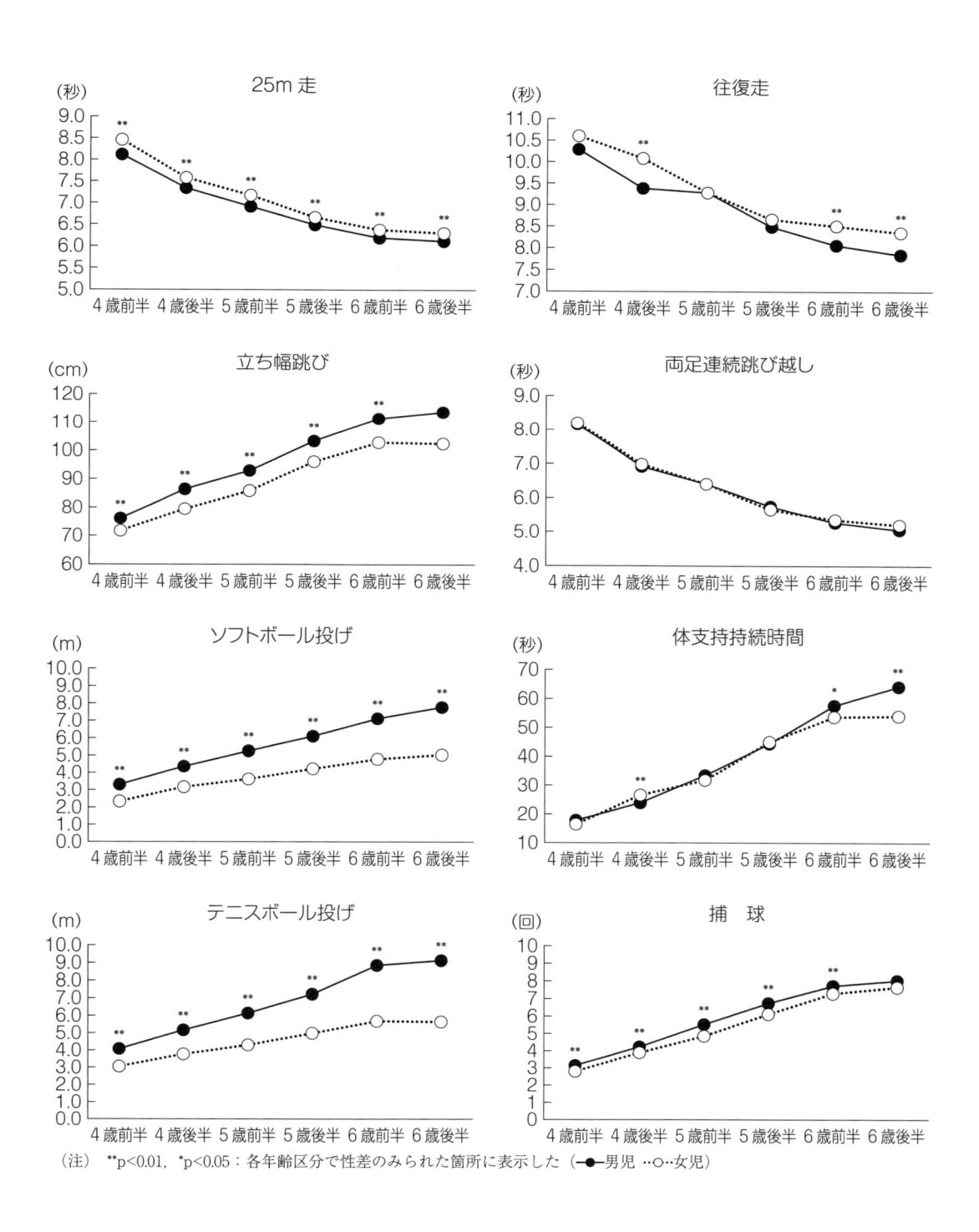

(注) **p<0.01, *p<0.05：各年齢区分で性差のみられた箇所に表示した　（―●―男児　…○…女児）

幼児の運動能力判定基準表（男児，2008年）

種　目	評定点	4歳前半	4歳後半	5歳前半	5歳後半	6歳前半	6歳後半
25m走（秒）	5点 4点 3点 2点 1点	〜6.7 6.8〜7.5 7.6〜8.4 8.5〜9.8 9.9〜	〜6.2 6.3〜6.8 6.9〜7.6 7.7〜8.7 8.8〜	〜5.9 6.0〜6.5 6.6〜7.1 7.2〜8.0 8.1〜	〜5.6 5.7〜6.1 6.2〜6.7 6.8〜7.5 7.6〜	〜5.3 5.4〜5.8 5.9〜6.4 6.5〜7.0 7.1〜	〜5.0 5.1〜5.5 5.6〜6.0 6.1〜6.7 6.8〜
往復走（秒）	5点 4点 3点 2点 1点	〜8.5 8.6〜9.6 9.7〜10.8 10.9〜13.1 13.2〜	〜8.1 8.2〜8.9 9.0〜10.0 10.1〜11.6 11.7〜	〜7.9 8.0〜8.6 8.7〜9.6 9.7〜11.1 11.2〜	〜7.5 7.6〜8.2 8.3〜8.9 9.0〜10.1 10.2〜	〜7.3 7.4〜7.7 7.8〜8.4 8.5〜9.6 9.7〜	〜6.9 7.0〜7.5 7.6〜8.1 8.2〜9.4 9.5〜
立ち幅跳び（cm）	5点 4点 3点 2点 1点	104〜 89〜103 68〜88 46〜67 0〜45	114〜 97〜113 78〜96 58〜77 0〜57	120〜 104〜119 85〜103 62〜84 0〜61	130〜 113〜129 96〜112 76〜95 0〜75	138〜 121〜137 103〜120 85〜102 0〜84	145〜 127〜144 109〜126 87〜108 0〜86
ソフトボール投げ（m）	5点 4点 3点 2点 1点	6.0〜 4.0〜5.5 2.5〜3.5 1.5〜2.0 0〜1.0	7.5〜 5.0〜7.0 3.5〜4.5 2.5〜3.0 0〜2.0	8.5〜 6.5〜8.0 4.5〜6.0 3.0〜4.0 0〜2.5	10.0〜 7.5〜9.5 5.0〜7.0 3.0〜4.5 0〜2.5	11.5〜 8.5〜11.0 5.5〜8.0 3.5〜5.0 0〜3.0	12.5〜 9.0〜12.0 6.5〜8.5 4.5〜6.0 0〜4.0
テニスボール投げ（m）	5点 4点 3点 2点 1点	7.0〜 5.0〜6.5 3.5〜4.5 2.0〜3.0 0〜1.5	8.5〜 6.0〜8.0 4.0〜5.5 2.5〜3.5 0〜2.0	10.5〜 7.5〜10.0 5.0〜7.0 3.0〜4.5 0〜2.5	12.0〜 8.5〜11.5 6.0〜8.0 3.5〜5.5 0〜3.0	15.0〜 10.0〜14.5 7.0〜9.5 4.5〜6.5 0〜4.0	16.0〜 11.0〜15.5 7.5〜10.5 5.0〜7.0 0〜4.5
両足連続跳び越し（秒）	5点 4点 3点 2点 1点	〜5.0 5.1〜6.3 6.4〜8.8 8.9〜13.2 13.3〜	〜4.6 4.7〜5.5 5.6〜7.0 7.1〜10.6 10.7〜	〜4.4 4.5〜5.3 5.4〜6.5 6.6〜9.6 9.7〜	〜4.1 4.2〜4.9 5.0〜5.8 5.9〜8.0 8.1〜	〜4.0 4.1〜4.6 4.7〜5.4 5.5〜6.7 6.8〜	〜3.7 3.8〜4.5 4.6〜5.3 5.4〜6.6 6.7〜
体支持持続時間（秒）	5点 4点 3点 2点 1点	48〜180 21〜47 7〜20 2〜6 0〜1	57〜180 29〜56 12〜28 4〜11 0〜3	81〜180 39〜80 17〜38 5〜16 0〜4	98〜180 54〜97 25〜53 9〜24 0〜8	127〜180 70〜126 33〜69 13〜32 0〜12	155〜180 81〜154 36〜80 22〜35 0〜21
捕球（回）	5点 4点 3点 2点 1点	8〜10 5〜7 2〜4 1 0	9〜10 6〜8 3〜5 1〜2 0	10 8〜9 4〜7 1〜3 0	― 9〜10 6〜8 2〜5 0〜1	― 10 7〜9 4〜6 0〜3	― 10 8〜9 4〜7 0〜3

（注）前半は0-5か月齢，後半は6-11か月齢を示す。

幼児の運動能力判定基準表（女児，2008年）

種　目	評定点	4歳前半	4歳後半	5歳前半	5歳後半	6歳前半	6歳後半
25m走（秒）	5点 4点 3点 2点 1点	～7.0 7.1～7.7 7.8～8.8 8.9～10.1 10.2～	～6.4 6.5～7.0 7.1～7.8 7.9～8.9 9.0～	～6.0 6.1～6.7 6.8～7.4 7.5～8.3 8.4～	～5.8 5.9～6.2 6.3～6.9 7.0～7.7 7.8～	～5.5 5.6～6.0 6.1～6.5 6.6～7.3 7.4～	～5.5 5.6～5.9 6.0～6.4 6.5～7.1 7.2～
往復走（秒）	5点 4点 3点 2点 1点	～8.8 8.9～9.7 9.8～10.8 10.9～13.2 13.3～	～8.3 8.4～9.3 9.4～10.3 10.4～12.0 12.1～	～8.0 8.1～8.8 8.9～9.8 9.9～11.2 11.3～	～7.7 7.8～8.3 8.4～9.1 9.2～10.4 10.5～	～7.5 7.6～8.1 8.2～8.8 8.9～10.0 10.1～	～7.2 7.3～7.9 8.0～8.6 8.7～9.8 9.9～
立ち幅跳び（cm）	5点 4点 3点 2点 1点	97～ 81～96 64～80 45～63 0～44	104～ 90～103 72～89 52～71 0～51	112～ 96～111 78～95 59～77 0～58	120～ 105～119 89～104 70～88 0～69	126～ 111～125 95～110 79～94 0～78	130～ 115～129 98～114 81～97 0～80
ソフトボール投げ（m）	5点 4点 3点 2点 1点	4.0～ 3.0～3.5 2.0～2.5 1.5 0～1.0	5.0～ 4.0～4.5 2.5～3.5 2.0 0～1.5	5.5～ 4.5～5.0 3.0～4.0 2.0～2.5 0～1.5	6.5～ 5.0～6.0 3.5～4.5 2.5～3.0 0～2.0	7.5～ 5.5～7.0 4.0～5.0 3.0～3.5 0～2.5	8.0～ 6.0～7.5 4.5～5.5 3.5～4.0 0～3.0
テニスボール投げ（m）	5点 4点 3点 2点 1点	5.0～ 3.5～4.5 2.5～3.0 2.0 0～1.5	6.0～ 4.5～5.5 3.5～4.0 2.0～3.0 0～1.5	6.5～ 5.0～6.0 4.0～4.5 2.5～3.5 0～2.0	7.5～ 6.0～7.0 4.5～5.5 3.0～4.0 0～2.5	8.5～ 6.5～8.0 5.0～6.0 3.5～4.5 0～3.0	9.0～ 7.0～8.5 5.5～6.5 4.0～5.0 0～3.5
両足連続跳び越し（秒）	5点 4点 3点 2点 1点	～5.2 5.3～6.3 6.4～8.9 9.0～12.6 12.7～	～4.7 4.8～5.7 5.8～7.2 7.3～10.8 10.9～	～4.5 4.6～5.4 5.5～6.5 6.6～9.5 9.6～	～4.2 4.3～5.0 5.1～5.8 5.9～7.5 7.6～	～4.1 4.2～4.7 4.8～5.6 5.7～6.6 6.7～	～4.0 4.1～4.6 4.7～5.3 5.4～6.3 6.4～
体支持持続時間（秒）	5点 4点 3点 2点 1点	46～180 19～45 7～18 2～6 0～1	66～180 32～65 14～31 4～13 0～3	76～180 39～75 16～38 6～15 0～5	105～180 52～104 25～51 9～24 0～8	123～180 64～122 30～63 12～29 0～11	125～180 70～124 37～69 20～36 0～19
捕球（回）	5点 4点 3点 2点 1点	8～10 4～7 1～3 0 ―	9～10 6～8 2～5 0～1 ―	10 7～9 3～6 0～2 ―	10 8～9 5～7 2～4 0～1	― 9～10 7～8 3～6 0～2	― 10 8～9 4～7 0～3

（注）前半は0-5か月齢，後半は6-11か月齢を示す。

総合判定基準表

総合判定基準表（6種目合計点）

1	2	3	4	5
6点〜12点	13点〜16点	17点〜19点	20点〜23点	24点〜30点

判定解釈

評定点	評価	判定解釈	理論的出現率
5点	非常に高い	発達が標準より非常に進んでいる	7%
4点	かなり高い	発達が標準よりかなり進んでいる	24%
3点	ふつう	標準的な発達である	38%
2点	少し低い	発達が標準より少し遅れている	24%
1点	かなり低い	発達が標準よりかなり遅れている	7%

> 巻末資料Ⅱ　幼児期運動指針

幼児期運動指針

（平成24年3月
文部科学省　幼児期運動指針策定委員会）

1　幼児を取り巻く社会の現状と課題

　現代の社会は，科学技術の飛躍的な発展などにより，生活が便利になっている。生活全体が便利になったことは，歩くことをはじめとした体を動かす機会を減少させるだけでなく，子どもにとっては，家事の手伝いなどの機会を減少させた。さらに一般的な生活をするためだけであれば，必ずしも高い体力や多くの運動量を必要としなくなっており，そうした大人の意識は，子どもが体を動かす遊びをはじめとする身体活動の軽視につながっている。

　都市化や少子化が進展したことは，社会環境や人々の生活様式を大きく変化させ，子どもにとって遊ぶ場所，遊ぶ仲間，遊ぶ時間の減少，そして交通事故や犯罪への懸念などが体を動かして遊ぶ機会の減少を招いている。

　文部科学省で平成19年度から21年度に実施した「体力向上の基礎を培うための幼児期における実践活動の在り方に関する調査研究（以下，文部科学省調査という。）」においても，体を動かす機会の減少傾向がうかがえる結果であったことから，このような社会の変化は幼児においても同様の影響を与えていると考えられる。このことは，結果的に幼児期からの多様な動きの獲得や体力・運動能力に影響している。

　幼児にとって体を動かして遊ぶ機会が減少することは，その後の児童期，青年期への運動やスポーツに親しむ資質や能力の育成の阻害に止まらず，意欲や気力の減弱，対人関係などコミュニケーションをうまく構築できないなど，子どもの心の発達にも重大な影響を及ぼすことにもなりかねない。

　このような状況を踏まえると，主体的に体を動かす遊びを中心とした身体活動を，幼児の生活全体の中に確保していくことは大きな課題である。

2　幼児期における運動の意義

　幼児は心身全体を働かせて様々な活動を行うので，心身の様々な側面の発達にとって必要な経験が相互に関連し合い積み重ねられていく。このため，幼児期において，遊びを中心とする身体活動を十分に行うことは，多様な動きを身に付けるだけでなく，心肺機能や骨形成にも寄与するなど，生涯にわたって健康を維持したり，何事にも積極的に取り組む意欲を育んだりするなど，豊かな人生を送るための基盤づくりとなることから，以下のような様々な効果が期待できる。

(1)　体力・運動能力の向上

　体力は人間の活動の源であり，健康の維持のほか，意欲や気力といった精神面の充実にも大きくかかわっており，人が生きていくために重要なものである。特に幼児期は，神経機能の発達が著しく，タイミングよく動いたり，力の加減をコントロールしたりするなどの運動を調整する能力が顕著に向上する時期である。この能力は，新しい動きを身に付けるときに重要な働きをする能力であるとともに，周りの状況の的確な判断や予測に基づいて行動する能力を含んでおり，けがや事故を防止することにもつながる。このため，幼児期に運動を調整する能力を高めておくことは，児童期以降の運動機能の基礎を形成するという重要な意味を持っている。

　また，日ごろから体を動かすことは，結果として活動し続ける力（持久力）を高めることにもつながる。

(2)　健康的な体の育成

　幼児期に適切な運動をすると，丈夫でバランスのとれた体を育みやすくなる。特に運動習慣を身に付けると，身体の諸機能における発達が

促されることにより、生涯にわたる健康的で活動的な生活習慣の形成にも役立つ可能性が高く、肥満や痩身を防ぐ効果もあり、幼児期だけでなく、成人後も生活習慣病になる危険性は低くなると考えられる。また、体調不良を防ぎ、身体的にも精神的にも疲労感を残さない効果があると考えられる。

(3) 意欲的な心の育成

幼児にとって体を動かす遊びなど、思い切り伸び伸びと動くことは、健やかな心の育ちも促す効果がある。また、遊びから得られる成功体験によって育まれる意欲や有能感は、体を活発に動かす機会を増大させるとともに、何事にも意欲的に取り組む態度を養う。

(4) 社会適応力の発達

幼児期には、徐々に多くの友達と群れて遊ぶことができるようになっていく。その中でルールを守り、自己を抑制し、コミュニケーションを取り合いながら、協調する社会性を養うことができる。

(5) 認知的能力の発達

運動を行うときは状況判断から運動の実行まで、脳の多くの領域を使用する。すばやい方向転換などの敏捷な身のこなしや状況判断・予測などの思考判断を要する全身運動は、脳の運動制御機能や知的機能の発達促進に有効であると考えられる。

幼児が自分たちの遊びに合わせてルールを変化させたり、新しい遊び方を創り出したりするなど、遊びを質的に変化させていこうとすることは、豊かな創造力も育むことにもつながる。

3　幼児期運動指針策定の意図

幼児期における運動の実践は、心身の発育に極めて重要であるにも関わらず、全ての幼児が十分に体を動かす機会に恵まれているとはいえない現状がある。そこで、幼児の心身の発達の特性に留意しながら、幼児が多様な運動を経験できるような機会を保障していく必要がある。

その際、幼児期の運動は、一人一人の幼児の興味や生活経験に応じた遊びの中で、幼児自らが体を動かす楽しさや心地よさを実感することが大切であることから、幼児が自発的に体を動かして遊ぶ機会を十分保障することが重要である。さらに、幼児が楽しく体を動かして遊んでいる中で、多様な動きを身に付けていくことができるように、様々な遊びが体験できるような手立てが必要となる。

これらを実現するためには、保護者や、幼稚園、保育所などの保育者をはじめ、幼児に関わる人々が幼児期の運動をどのようにとらえ、どのように実施するとよいのかについて、おおむね共有していくことが重要である。そこで、運動習慣の基盤づくりを通して、幼児期に必要な多様な動きの獲得や体力・運動能力を培うとともに、様々な活動への意欲や社会性、創造性などを育むことを目指し、幼児期の運動の在り方についての指針を策定した。なお、ここで示す幼児とは、3歳から6歳の小学校就学前の子どもを指す。

4　幼児期の運動の在り方

(1) 運動の発達の特性と動きの獲得の考え方

幼児期は、生涯にわたって必要な多くの運動の基となる多様な動きを幅広く獲得する非常に大切な時期である。動きの獲得には、「動きの多様化」と「動きの洗練化」の二つの方向性がある。

「動きの多様化」とは、年齢とともに獲得する動きが増大することである。幼児期において獲得しておきたい基本的な動きには、立つ、座る、寝ころぶ、起きる、回る、転がる、渡る、ぶら下がるなどの「体のバランスをとる動き」、歩く、走る、はねる、跳ぶ、登る、下りる、這(は)う、よける、すべるなどの「体を移動する動き」、持つ、運ぶ、投げる、捕る、転がす、蹴る、積む、こぐ、掘る、押す、引くなどの「用具などを操作する動き」が挙げられる。通常、これらは、体を動かす遊びや生活経験などを通して、易しい動きから難しい動きへ、一つの動きから類似した動きへと、多様な動きを獲得していくことになる。

「動きの洗練化」とは、年齢とともに基本的な動きの運動の仕方（動作様式）がうまくなっていくことである。幼児期の初期（3歳から4歳ごろ）では、動きに「力み」や「ぎこちなさ」が見られるが、適切な運動経験を積むことによって、年齢とともに無駄な動きや過剰な動きが

減少して動きが滑らかになり，目的に合った合理的な動きができるようになる。

次に，目安として幼児期における一般的な運動の発達の特性と経験しておきたい遊び（動き）の例について示す。なお，幼児の発達は，必ずしも一様ではないため，一人一人の発達の実情をとらえることに留意する必要がある。

① 3歳から4歳ごろ

基本的な動きが未熟な初期の段階から，日常生活や体を使った遊びの経験をもとに，次第に動き方が上手にできるようになっていく時期である。特に幼稚園，保育所等の生活や家庭での環境に適応しながら，未熟ながらも基本的な動きが一通りできるようになる。次第に自分の体の動きをコントロールしながら，身体感覚を高め，より巧みな動きを獲得することができるようになっていく。

したがって，この時期の幼児には，遊びの中で多様な動きが経験でき，自分から進んで何度も繰り返すことにおもしろさを感じることができるような環境の構成が重要になる。例えば，屋外での滑り台，ブランコ，鉄棒などの固定遊具や，室内での巧技台やマットなどの遊具の活用を通して，全身を使って遊ぶことなどにより，立つ，座る，寝ころぶ，起きる，回る，転がる，渡る，ぶら下がるなどの「体のバランスをとる動き」や，歩く，走る，はねる，跳ぶ，登る，下りる，這（は）う，よける，すべるなどの「体を移動する動き」を経験しておきたい。

② 4歳から5歳ごろ

それまでに経験した基本的な動きが定着しはじめる。

友達と一緒に運動することに楽しさを見いだし，また環境との関わり方や遊び方を工夫しながら，多くの動きを経験するようになる。特に全身のバランスをとる能力が発達し，身近にある用具を使って操作するような動きも上手になっていく。

さらに遊びを発展させ，自分たちでルールや決まりを作ることにおもしろさを見いだしたり，大人が行う動きのまねをしたりすることに興味を示すようになる。例えば，なわ跳びやボール遊びなど，体全体でリズムをとったり，用具を巧みに操作したりコントロールさせたりする遊びの中で，持つ，運ぶ，投げる，捕る，転がす，蹴る，積む，こぐ，掘る，押す，引くなどの「用具などを操作する動き」を経験しておきたい。

③ 5歳から6歳ごろ

無駄な動きや力みなどの過剰な動きが少なくなり，動き方が上手になっていく時期である。

友達と共通のイメージをもって遊んだり，目的に向かって集団で行動したり，友達と力を合わせたり役割を分担したりして遊ぶようになり，満足するまで取り組むようになる。それまでの知識や経験を生かし，工夫をして，遊びを発展させる姿も見られるようになる。

この時期は，全身運動が滑らかで巧みになり，全力で走ったり，跳んだりすることに心地よさを感じるようになる。ボールをつきながら走るなど基本的な動きを組み合わせた動きにも取り組みながら，「体のバランスをとる動き」「体を移動する動き」「用具などを操作する動き」をより滑らかに遂行できるようになることが期待される。そのため，これまでより複雑な動きの遊びや様々なルールでの鬼遊びなどを経験しておきたい。

(2) 運動の行い方

幼児期は，生涯にわたる運動全般の基本的な動きを身に付けやすく，体を動かす遊びを通して，動きが多様に獲得されるとともに，動きを繰り返し実施することによって動きの洗練化も図られていく。また，意欲をもって積極的に周囲の環境に関わることで，心と体が相互に密接に関連し合いながら，社会性の発達や認知的な発達が促され，総合的に発達していく時期である。

そのため，幼児期における運動については，適切に構成された環境の下で，幼児が自発的に取り組む様々な遊びを中心に体を動かすことを通して，生涯にわたって心身ともに健康的に生きるための基盤を培うことが必要である。

また，遊びとしての運動は，大人が一方的に幼児にさせるのではなく，幼児が自分たちの興味や関心に基づいて進んで行うことが大切であるため，幼児が自分たちで考え工夫し挑戦できるような指導が求められる。なお，幼児にとって体を動かすことは遊びが中心となるが，散歩や手伝いなど生活の中での様々な動きを含めて

とらえておくことが大切である。

　これらを総合的に踏まえると，幼稚園，保育所などに限らず，家庭や地域での活動も含めた一日の生活全体の身体活動を合わせて，幼児が様々な遊びを中心に，毎日，合計60分以上，楽しく体を動かすことが望ましい。また，その推進に当たっては，次の3点が重要である。

① 多様な動きが経験できるように様々な遊びを取り入れること

　幼児期は運動機能が急速に発達し，体の基本的な動きを身に付けやすい時期であることから，多様な運動刺激を与えて，体内に様々な神経回路を複雑に張り巡らせていくことが大切である。それらが発達することにより，普段の生活で必要な動きをはじめ，とっさの時に身を守る動きや将来的にスポーツに結び付く動きなど多様な動きを身に付けやすくすることができる。そのためには，幼児が自発的に様々な遊びを体験し，幅広い動きを獲得できるようにする必要がある。幼児にとっての遊びは，特定のスポーツ（運動）のみを続けるよりも，動きの多様性があり，運動を調整する能力を身に付けやすくなる。幼児期には体を動かす遊びなどを通して多様な動きを十分経験しておくことが大切である。

　体を動かす遊びには，先に挙げたように多様な動きが含まれる。例えば，鬼遊びをすると，「歩く，走る，くぐる，よける」などの動きを，夢中になって遊んでいるうちに総合的に経験することになる。そのため，幼児期には様々な遊びを楽しく行うことで，結果的に多様な動きを経験し，それらを獲得することが期待される。

② 楽しく体を動かす時間を確保すること

　多様な動きの獲得のためには，量（時間）的な保障も大切である。一般的に幼児は，興味をもった遊びに熱中して取り組むが，他の遊びにも興味をもち，遊びを次々に変えていく場合も多い。そのため，ある程度の時間を確保すると，その中で様々な遊びを行うので，結果として多様な動きを経験し，それらを獲得することになる。

　文部科学省調査では，外遊びの時間が多い幼児ほど体力が高い傾向にあるが，4割を超える幼児の外遊びをする時間が一日1時間（60分）未満であることから，多くの幼児が体を動かす実現可能な時間として「毎日，合計60分以上」を目安として示すこととした。幼児にとって，幼稚園や保育所などでの保育がない日でも体を動かすことが必要であることから，保育者だけでなく保護者も共に体を動かす時間の確保が望まれる。

　なお，幼児が体を動かす時間は，環境や天候などの影響を受けることから，屋内も含め一日の生活において，体を動かす合計の時間として設定した。

③ 発達の特性に応じた遊びを提供すること

　幼児に体を動かす遊びを提供するに当たっては，発達の特性に応じて行うことが大切である。幼児は，一般的に，その時期に発達していく身体の諸機能をいっぱいに使って動こうとする。そのため，発達の特性に応じた遊びをすることは，その機能を無理なく十分に使うことによってさらに発達が促進され，自然に動きを獲得することができ，けがの予防にもつながるものである。また，幼児の身体諸機能を十分に動かし活動意欲を満足させることは，幼児の有能感を育むことにもなり，体を使った遊びに意欲的に取り組むことにも結び付く。

　したがって，幼児期の運動は，体に過剰な負担が生じることのない遊びを中心に展開される必要がある。発達の特性に応じた遊びを提供することは，自発的に体を動かして遊ぶ幼児を育成することになり，結果として無理なく基本的な動きを身に付けることになる。

　これらを踏まえ，幼児の興味や関心，意欲など運動に取り組んでいく過程を大切にしながら，幼児期に早急な結果を求めるのではなく，小学校以降の運動や生涯にわたってスポーツを楽しむための基盤を育成することを目指すことが重要である。

　なお，運動の在り方に示した内容を推進するに当たっては，次のような配慮をすることが望まれる。

- 幼児期は発達が著しいが，同じ年齢であってもその成長は個人差が大きいので，一人一人の発達に応じた援助をすること。
- 友達と一緒に楽しく遊ぶ中で多様な動きを経験できるよう，幼児が自発的に体を動かしたくなる環境の構成を工夫すること。

- 幼児の動きに合わせて保育者が必要に応じて手を添えたり見守ったりして安全を確保するとともに，固定遊具や用具などの安全な使い方や，周辺の状況に気付かせるなど，安全に対する配慮をすること。

- 体を動かすことが幼稚園や保育所などでの一過性のものとならないように，家庭や地域にも情報を発信し，共に育てる姿勢をもてるようにすること。

あ と が き

　本書の企画は，2012年5月に行われた日本保育学会第63回大会の企画シンポジウムにさかのぼる。シンポジウムのテーマは「Children First～保育学としての保育内容を問う～」というもので，河邉が企画し，杉原は話題提供者の一人だった。シンポジウムの目的は，遊びの重要性を確認し，いかに遊びを保育内容として定立させるかを協議することだった。
　この場で杉原は子どもの運動発達を研究する立場から，運動能力テストのデータ分析を通して，遊びのかたちで自己決定的に運動を経験している子どもの方が，指導者の指示に従って運動している子どもよりはるかに運動能力が高いという調査結果を報告した上で，遊び中心の保育という考えは保育関係者のなかではごく当たり前のこととして受け入れられているが，保護者をはじめとする一般社会では，遊びは学習・勉強と対立する活動と捉えられることが多く，「遊ばせているだけでは教育にならない」という考え方が根強くあると指摘した。そして，子どもの育ちを保障するというChildren Firstという観点で保育を展開するためには，遊びの定義を暫定的にでも明確にして，その遊びによって子どもがしっかり育つということを多くの人が納得できるかたちで示す必要があると提言した。
　この提言に対して，満席の会場からは深い納得とさらに深く議論をしたいという熱気が感じられた。会場にはミネルヴァ書房の西吉誠氏も参加しており，私たちは，この時の杉原の提言を膨らませる書籍を出すことで意見が一致したのである。遊びと運動体験の重要性を「今」だからこそ世に問う意味を後押しし，形にしてくださった西吉氏に心より感謝申し上げる。
　私たちはいろいろな読者が本書を手にとってくれることを想定している。運動指導の専門家が読んでくださった場合，幼児期の運動発達を十分に理解し，それに即した運動指導の方向性を追求してくださることを期待する。あるいは，保育実践者が読んでくださったならば，運動発達と指導の問題にとどまらず，遊びを保育内容として定着させるための基本的な考え方や指導方法を改めて確認してくださることだろう。
　保育をめぐるシステムが急速に変わろうとしている今だからこそ，多くの方に読んでいただき，子どもの発達にとって豊かな遊びが不可欠であることを確認し合うきっかけとなることを願っている。

2014年4月

編著者

河邉貴子

杉原　隆

さくいん

■ あ　行 ■

遊び　34
　——相手　69
　——時間　69
　——志向得点　53
　——体験　101
　——のイメージ　99
　——のおもしろさ　99, 101, 102
　——の指導　37, 40
　——の状況　87
　——の定義　34, 38, 39
　——の内容　68
　——のバリエーション　95
　——の頻度　76
　——の変容　65
　——の有用性　87
　——のレパートリー　102
　——場所　68, 73
　——保育　53
　——要素　37, 52, 54, 146
生きる力　4
一斉活動　101, 115, 193, 194
一斉指導　60
一斉保育　53, 75
遺伝　17, 18
移動　128, 132, 142, 144
　——運動　16
イメージ　102, 107, 121, 123, 192
運動遊び　4, 38, 40, 54, 62, 73, 128, 156
　——プログラム　55
運動意欲　50
運動技能　19, 92, 95
運動強度　28
運動嫌い　39, 57
運動経験　4, 25, 45-47, 49-51, 67, 79, 94
　——の偏り　191, 194
運動好奇心　49
運動コントロール能力　9, 10, 18, 25, 45, 61

　——の発達　9, 19, 21, 46
運動指導　10, 36, 45, 50, 54, 57, 74, 76
　——の原則　43, 51
運動手段論　32
運動好き　50, 57
運動体力　8, 25, 27
　——の発達　15, 25
　——の分化　28
運動能力　7, 8, 18, 46, 51-54, 57, 58, 67, 73-80, 102, 171, 186, 189
　——検査　171, 190
　——全国調査　51, 58
　——の構成　8
　——の年次推移　66
　——判定基準表　186, 202, 203
運動の多様性　46
運動パターン　9, 14, 18, 48, 128, 142
　——のバリエーション　10, 19, 47, 128, 142
運動発達　12
　——の段階　14, 15
　——の特徴　7, 14, 25, 29, 74
運動文化論　32
運動目的論　32
運動遊具　77-79
運動有能感　57, 58, 147
MKS幼児運動能力検査　46, 171
　——実施要項　174
園環境　73
援助　98
園庭　74, 79

■ か　行 ■

概念的知能　61
外発的動機づけ　34, 37-40, 43, 147
学習　17, 18, 86, 87
獲得動機　43
家庭環境　76
感覚運動的知能　61
環境の工夫　98

環境の構成　90, 107, 117, 118, 122, 123, 192
環境を通した教育　88
観察学習　110
観察者　98
感情　39, 40, 43
技術指導　51, 52, 57, 60
きまり　50, 60
競争　42, 57
筋力　8, 25
空間的コントロール　9, 24
健康　5, 6, 56
　　──づくり　6
原始反射　16
行動体力　5, 6
小型化　29, 45, 51, 57, 60
個人差　7, 14, 26, 110, 112
個人プロフィール　187
個性　35
固定遊具　103, 113
子ども理解　90

■ さ　行 ■

最適期　24
ジェネラルムーブメント　16
時間的コントロール　9, 22
持久力　8, 26
自己概念　56
自己課題　91, 92
自己形成力　86
自己決定　34-41, 43, 50, 52, 55, 63, 86, 88, 92,
　　101
自己刺激的運動　56
自己中心性　160
自己中心的　62
自主性　38
自然　50
　　──環境　142
　　──体験　142
質的特徴　63
質的変化　12, 29
児童期　13, 18
指導形態　55, 74
指導者主導　51, 57, 74, 86
自発運動　16

自発性　38, 89
社会性　60, 102
社会的動機づけ　42
社会的発達　15
集団　76, 116, 118, 151, 185, 186
　　──遊び　102, 160
　　──生活　119
主体性　89, 94
瞬発力　8, 26
生涯発達　14, 29, 45, 63
　　──心理学　12
　　──モデル　14
状況的学習論　87
承認動機　42
助言　100
助力　101
シラー，F.　32
人格形成　56, 86, 93
心身の相関　190
新生児　16
心拍数　28
心理社会的環境　67, 75, 79
親和動機　42
随意運動　14, 16, 41
睡眠時間　93
スポーツ教育　32
スポーツクラブ　70, 74, 95
スポーツ参加　25
性格　58
生活リズム　93
成熟　17
成長ホルモン　27
正統的周辺参加　87
青年期　13, 25
性ホルモン　27
早期教育　85
総合判定基準表　204
操作　128, 136, 142, 145
　　──運動　17

■ た　行 ■

体育　31
胎児　15
体操教室　70, 74

胎動　16
タイミングコントロール　22
体力　3, 4, 7, 8, 28, 56, 94
　　──づくり　4, 6
　　──トレーニング　27
　　──の概念　5
脱中心化　62, 160
楽しさ　39, 40
多様な動き　93-95, 98, 117, 118, 128, 142, 194
男女差　27
知覚－運動協応　9, 61
知的能力　61
知的発達　15, 49, 63
知能　63
中高年期　13
デシ，E. L.　35
動機づけ　34
動作得点　67

■　な　行　■

内発的動機づけ　34-42, 50, 146
習い事　70, 79
乳児期　16
認知能力　156

■　は　行　■

ハザードマップ　103
発達　12
　　──曲線　185, 201
　　──の複合性　13
バランス　128, 129, 142, 143
反射　14
ピアジェ，J.　61, 160
非遊び要素　37
評定点　186, 187, 189, 191, 194
敏感期　9, 24, 27, 128

フォーム　19
不器用　25
物理的環境　67, 74, 77, 79
フレーベル，F. W. A.　31
分化　15, 19, 25, 28, 61
保育形態　53, 75
保育者主導　90
保育所保育指針　4
ホイジンガ，J.　32
防衛体力　5

■　ま　行　■

無力感　57
目玉保育　85

■　や　行　■

優越動機　42
遊具　75, 103
U字型現象　16
有能感　35, 36, 40, 42, 50, 57, 58, 92
幼児期　13
幼児期運動指針　96, 128, 205
幼児楽観主義　57
幼稚園教育要領　4, 32, 46, 51, 96

■　ら　行　■

ライフスタイル　69
力量的コントロール　9, 21
領域「環境」　49
領域「健康」　5, 32, 46, 91, 96, 97
領域「言葉」　50
領域「人間関係」　50, 97
量的変化　12
理論的出現率　186
ルール　45, 50, 62, 99, 151
連続体　37

《執筆者紹介》 五十音順，執筆担当

赤石元子（あかいし・もとこ） 第12章
元東京学芸大学附属幼稚園（小金井園舎）副園長
主著 『今日から明日につながる保育』（共著）萌文書林，2009年
　　 『新訂　事例で学ぶ保育内容〈領域〉人間関係』（共編著）萌文書林，2018年

岡澤哲子（おかざわ・てつこ） 第9章第3節，第4節
帝塚山大学教育学部教授
主著 『新　子どもの健康』（共著）三晃書房，2010年
　　 『身体表現をたのしむあそび作品集』（共著）かもがわ出版，2018年

落合　優（おちあい・まさる） 第9章第5節，第6節
横浜創英大学こども教育学部教授
主著 『健康』（共著）東京書籍，2000年
　　 『保育内容「健康」』（共著）光生館，2010年

河邉貴子（かわべ・たかこ） 第7章，第Ⅱ部扉文，導入 第8章，まとめ 第8章
編著者紹介参照。

杉原　隆（すぎはら・たかし） 第1章，第2章，第3章，第4章，第Ⅰ部扉文，第Ⅲ部扉文，
導入 第9章，まとめ 第9章
編著者紹介参照。

鈴木康弘（すずき・やすひろ） 第9章第1節，第2節
十文字学園女子大学教育人文学部教授
主著 『演習・保育内容　健康』（共著）建帛社，2008年
　　 『保育と幼児期の運動遊び』（共著）萌文書林，2008年

田代幸代（たしろ・ゆきよ） 第8章第2節
共立女子大学家政学部教授
主著 『遊びが育つ保育──ごっこ遊びを通して考える』（共編著）フレーベル館，2020年
　　 『新訂　事例で学ぶ保育内容〈領域〉健康』（共編著）萌文書林，2018年

堂本真実子（どうもと・まみこ） 第8章第1節
認定こども園若草幼稚園園長
主著 『保育内容　領域　表現』（編著）わかば社，2018年
　　 『子ども理解と援助──より深い専門性の獲得へ』（単著）わかば社，2023年

森　司朗（もり・しろう） 第11章
鹿屋体育大学教授
主著 『生涯スポーツの心理学』（共著）福村出版，2011年
　　 『幼児教育知の探究⑮　領域研究の現在〈健康〉』（共著）萌文書林，2020年

吉田伊津美（よしだ・いづみ） 第5章，第6章
東京学芸大学教職大学院教授
主著 『幼児の運動あそび』（編著）チャイルド本社，2015年
　　 『保育内容　健康』（編著）光生館，2018年

幼児運動能力研究会　第10章

《本文中イラスト》
すどう　まさゆき

《編著者紹介》

杉原　隆（すぎはら・たかし）
東京学芸大学名誉教授・一般財団法人田中教育研究所所長
主著　『新版　運動指導の心理学』（単著）大修館書店，2008年
　　　『生涯スポーツの心理学』（編著）福村出版，2011年

河邉貴子（かわべ・たかこ）
聖心女子大学現代教養学部教授
主著　『遊びを中心とした保育』（単著）萌文書林，2005年
　　　『保育記録の機能と役割』（単著）聖公会出版，2013年

幼児期における運動発達と運動遊びの指導
——遊びのなかで子どもは育つ——

2014年5月30日　初版第1刷発行	〈検印省略〉
2024年2月20日　初版第7刷発行	定価はカバーに表示しています

編著者　杉原　　隆
　　　　河邉　貴子
発行者　杉田　啓三
印刷者　田中　雅博

発行所　株式会社　ミネルヴァ書房
607-8494　京都市山科区日ノ岡堤谷町1
電話代表　(075)581-5191
振替口座　01020-0-8076

©杉原・河邉ほか，2014　　創栄図書印刷・新生製本

ISBN978-4-623-07022-0
Printed in Japan

子どもを「人間としてみる」ということ
──子どもとともにある保育の原点
子どもと保育総合研究所／編
四六判／308頁
本体 2200円

保育表現技術
──豊かに育つ・育てる身体表現
古市久子／編著
Ｂ５判／184頁
本体 2400円

子どもの心の育ちをエピソードで描く
──自己肯定感を育てる保育のために
鯨岡 峻／著
Ａ５判／296頁
本体 2200円

保育の場に子どもが自分を開くとき
──保育者が綴る14編のエピソード記述
室田一樹／著
Ａ５判／242頁
本体 2400円

見えてくる子どもの世界
──ビデオ記録を通して保育の魅力を探る
岸井慶子／著
Ａ５判／220頁
本体 2400円

子どもの心的世界のゆらぎと発達
──表象発達をめぐる不思議
木下孝司・加用文男・加藤義信／編著
Ａ５判／226頁
本体 2400円

０１２３発達と保育
──年齢から読み解く子どもの世界
松本博雄・常田美穂・川田 学・赤木和重／著
Ａ５判／240頁
本体 2200円

───── ミネルヴァ書房 ─────
http://www.minervashobo.co.jp/